教育部人文社会科学项目"东巴文谱系整理及历时演变研究"成果

中央高校基本科研业务费项目"纳西东巴经跋语分类整理与研究"成果

比较文字学丛书之三

NAXI DONGBAJING BAYU JI BAYU YONGZI YANJIU

纳西东巴经跋语及跋语用字研究

邓章应　郑长丽◎著

人民出版社

序

　　邓章应博士与其高徒郑长丽合著的《纳西东巴经跋语及跋语用字研究》即将付梓，嘱我写几句话，使我想起了东巴经跋语研究的由来和相关的一些问题。

　　纳西族东巴文不仅用于书写宗教经典，有时候也用于日常生活，我们称之为应用性文献。最早注意东巴文应用性文献的是李霖灿先生，他在《么些族文字的发生和演变》一文中说："么些文字的日常应用，大致不出谱牒、记账、书信三项，谱牒、账目，我曾在么些地区着意搜求，毫无所获。书信则只见到几封最近军人的家书，这可见么些文字在日常应用上份量的稀少。"李先生没有把东巴经的跋语视为东巴文的"日常应用"，但他非常重视纪年跋语在确定东巴经写本年代时的决定性作用。1956 年李先生在美国国会图书馆帮助整理东巴经时，便通过一则东巴经跋语来考证"世界第一早的么些经典"。可以说，李霖灿先生是东巴文应用性文献和跋语研究的先驱。

　　我是在李先生大作的启发下开始东巴文应用性文献研究的。1999 年 8 月，我向中国语言学会第十届年会提交了题为《纳西东巴文应用性文献的语言文字考察》的论文，建议重视对东巴文应用性文献的研究。同年 10 月，又将这篇论文提交到"'99 中国丽江国际东巴文化艺术节学术研讨会"上交流，孙宏开先生在作大会学术总结时，认为这篇文章开辟了东巴文研究的一个新的领域。我在文中将东巴文应用性文献分为医书、账本、契约、谱牒、歌本、规程、书信、日记、文书、对联、墓铭等类，并说："另外，在不少东巴经末尾，有一些跋语性质的文字。……这些文字或述经过，或抒胸臆，与经文正文在内容和文字上有所不同，也应视为应用性文字，今后有必要加以收集和研究。"此后，我又考察过《纳西东巴古籍译注全集》的跋语，根据其中的纪年跋语考察了《全集》中的纪年经典，并利用跋语考证了几位东巴的生年。

　　其后，陆续有甘露利用经书跋语研究东巴文假借字的文体差异，杨亦花通过经书跋语研究著名大东巴和世俊、和文质的生平，和继全对哈佛大学所藏东巴经跋语进行考察研究，邓章应利用经书跋语研究东巴经典的传承，郑长丽的硕士论文对《纳西东巴古籍译注全集》的跋语进行较为全面的整理等。

　　本书收集了目前刊布的所有东巴经书跋语，对其地域、时代、用字、历史文化进行了较为深入的研究。东巴是"人神之媒"，在庄严肃穆的经书正文中，东巴难以掺入个人的际遇情感，但在经书之外的跋语中，则可以敞开襟怀，直抒"人"的七情六欲。大凡对神灵的虔诚、对经艺的追求、对生活和子孙的祈愿、抄写经书的艰辛、经书的经济价值、经书的传承、东巴的年龄里籍、抄书时的一些历史事件，在跋语中都有反映。经书跋语是东巴心灵的窗户，是东巴自己留下的真实史料，有的跋语对于确定写本的时代地域有决定性的作用。以往的东巴文化研究，有一定程度的"见物不见人"的倾向，研究经书多，研究东巴少，对经书末尾的跋语往往未予重视。本书的出版，必将推动对东巴群体、东巴经跋语、东巴文应用性文献乃至整个东巴文化的研究，对其他民族文献的整理研究也有重要的参考价值。谨向两位作者通过自己的勤奋和努力所作出的重要学术贡献表示敬意和祝贺。

　　本书的出版是东巴经跋语研究新的起点，若要将研究进一步推向深入，建议应注意以下几点：一要尽量收集海内外公私收藏东巴经中的跋语材料，按地区、时代、东巴系统地汇集整理。二要加强田野调查，将跋语材料和口碑材料、乡土史志结合起来。和继全《美国哈佛大学燕京图书馆馆藏东巴经跋语初考》解决了好多问题，主要得益于深入细致的田野调查。三要加强对跋语语言文字的解读和疑难问题的研究。有的跋语没有现成的译文，有的虽有译文但仍须校核考订，只有提高了独立解读原始材料的能力，才能进一步提高研究的水平。四要注意将跋语研究与解决东巴文化研究的实际问题结合起来，诸如东巴的生平、里籍、师承，经书的版本、分域、断代，经义的流派、嬗变，以及相关的语言、文字、历法、经济、历史问题等。

　　期待作者和朋友们有更多的好作品面世。

喻遂生

2012 年 12 月 14 日

目　录

第一章 绪论

东巴经是东巴文化的主要载体，它是历代东巴们用东巴文记录的宗教祭词及相关资料，经过长期累积与不断抄写传承，形成内容丰富、卷帙浩繁的古籍文献。东巴经内容涉及纳西族古代社会形态、民族历史、原始信仰、宗教哲学、科学技术、天文历法、地理军事、文学艺术等，实为纳西族传统文化的百科全书。

东巴经在正文之外还经常写有一些跋语性质的文字，这些文字与经书正文在内容、语言、文字等方面有很大不同：其内容多是纪实性的，有些还直接反应出当时纳西族的社会生活状况；其语言不像经文那样保守化和程式化，而更加生动活泼；其文字字词关系更为严密，基本上是逐词记录语言。东巴经跋语与经文相比，具有独特的研究价值。

第一节 东巴经跋语的定义及特点

一、东巴经跋语的定义

传统意义上的"跋语"与"序言"相对，是书写在书籍、文章、金石拓片等后面的短文，内容大多为评价、鉴定、考释之类。

喻遂生师在《纳西东巴文应用性文献的语言文字考察》一文中注意到具有应用性文献性质的东巴经跋语，"在不少东巴经末尾，有一些跋语性质的文字"，并举《纳西东巴古籍译注全集》①（以下简称《全集》）中两则经书跋语：《祭风·白色娆鬼毒鬼仄鬼出世》跋语："写于皇历光绪十三年猪年的二月二十七日，写于我人生二十七岁之时。愿东巴健康长寿，家中呈现一派吉祥迹象。"《大祭风·超度凶死者·为死者招魂·迎请朗究神》跋语："写于鼠年，是拉汝瓦庚山脚下欧姆敬初坞的乌宙恒写的，写于这年六月二十日。由超度凶死者

---

① 东巴文化研究所：《纳西东巴古籍译注全集》，云南人民出版社 1999—2000 年版。

和招魂两卷合成，没有漏掉一丝一毫，只能比别人所写的多。是我四十三岁那年写的，此后，我的名声将永存。愿东巴长寿，卜师永传。"喻遂生师提出"这些文字或述经过，或抒胸臆，与经文正文在内容上和文字上有所不同，也应视为应用性文字，今后有必要加以收藏和研究"。[①]

后来喻遂生师还专门对跋语中的纪年方式作了研究，清理了带有纪年跋语的经书。并再次指出东巴经跋语属于应用性文献的范畴，其内容、语言、文字和经典正文往往有很大的不同。"在颂经时，东巴是'人神之媒'，肃穆威严；在跋语中，他们可以敞开襟怀，直抒胸臆，反映了农民巫师'人'的一面，读起来很有意思，也很有研究价值。"[②]之前李霖灿先生亦注意到了带有纪年的跋语内容，他在《美国国会图书馆所藏么些经典》一文中撰写了"下编•有年代经典之初步研究"部分，指出在美国国会图书馆收藏的东巴经中发现了"上至康熙七年，下至民国二十七年的一批纪年经书"，并指出"这些本身纪有年代的经典，自是么些文化研究的第一等资料，因为它们的时代确定，若依照时代的先后排列起来加以观察，可以正确地推究出古今法仪演变的异同，可以探讨古今字体的蜕变痕迹"[③]

和继全博士指出："东巴古籍中跋语记载着与抄录经文有关的大量详实可靠的史实，对东巴文化的发展、尤其是近代东巴祭司的社会地位和活动情况、各地文化交往等一系列问题的研究，它的史料价值是经文本身所无法比拟的。跋语不仅涉及具体时间，还涉及到了地名、人名、东巴的师承关系、格言、谚语、习俗等内容，研究经书的跋语对研究纳西族东巴教的发展、传承等状况，以至研究纳西族的社会历史等方面都是珍贵的资料。"[④]

我们认为东巴经跋语指的是东巴在经文正文外书写的记述性文字和感叹性文字，经文跋语的内容一般是说明抄经的时间、地点；东巴的村名、人名；写经时的年龄及相关情况，表达良好的祝愿等。

东巴经跋语一般写在经书的末尾，也有少数插写在经书正文中或经书前边，甚至还有书写在经书封面上的。如《全集》41 卷《为东巴什罗除秽》的封面（第249 页）：

---

① 喻遂生：《纳西东巴文应用性文献的语言文字考察》，载《纳西东巴文研究丛稿》，巴蜀书社 2003 年版，第 255 页。

② 喻遂生：《〈纳西东巴古籍译注全集〉纪年经典述要》，载《纳西东巴文研究丛稿》（第二辑），巴蜀书社 2008 年版，第 285 页。

③ 李霖灿：《么些研究论文集》，台湾故宫博物院 1984 年版。

④ 和继全：《美国哈佛大学燕京图书馆馆藏东巴经跋语初考》，载《中央民族大学学报》2009 年第 5 期。

　　封面上的这一排文字 ，汉译作"是恒柯督的经书"，交代了此册经书的产生地域。该册经书封面上的字迹与正文中的一样，都为抄经者所写，所以我们可将经书封面上由抄经人写的类似跋语性质的文字看作跋语。另外如《全集》76 卷《超度拉姆仪式·拉姆的来历·迎接神灵》。

　　东巴经仪式规程虽然与经文跋语同属应用性文献，并且较短的规程常直接附在经书正文前边或后面，与跋语所处位置基本相同。但规程内容与经书正文的仪式有关，并且较长的规程还可以独立成卷，故我们不将规程放在跋语中。

　　如《全集》）61 卷《超度死者·先辈超度后辈》经书后面的一则规程：

　　第二行最后一格段首符号 后面便是规程内容，汉译作：

　　　　这一本经书，是《先辈超度后辈》的书，是与《献冥食》一起诵读的书。

　　做仪式时，需要一碗除秽水，需要九个有手纹的面团，需要九块鲜肉，要把麻布缠绕在亡灵身上。解结用的绳子，则要挂在绵羊的头角上。

　　另外需要说明的是，有些东巴经经过赠予或购买转移到了不是东巴的个人或机构，然后这些个人或机构在东巴经写上了一些备注性的话或作了标签。这类内容，我们不视为东巴经跋语。

　　如李霖灿所收藏的来自刘家驹先生的一本《除秽经》。

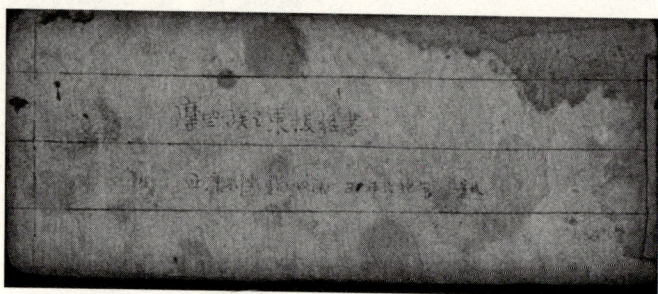

经书封底有两行汉字："摩些族之东拔经书""西康刘家驹收藏 31 年火把节
叶枝",数字 1 有涂改痕迹。东拔为汉语音译,现在一般写作"东巴"。这段话是
李霖灿所写,从传统跋语的角度看,这是标准的跋语,但我们本书只讨论东巴所
写的跋语,故不讨论这类内容。

二、东巴经跋语的内容

(一)记载写经人

例 1.《全集》27 卷《禳垛鬼仪式·镇压属相相克的灾祸鬼》

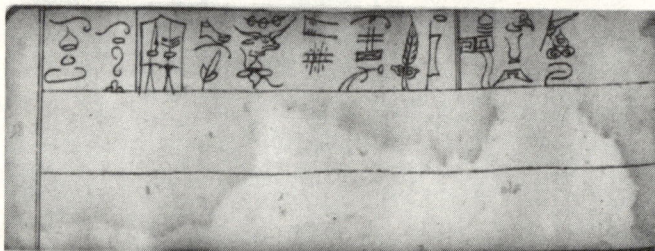

这是经书的最后一页,这一页的最后一格即为跋语部分。

汉译:是构若[kə^{55}zo^{33}]的经书。

根据《全集》译注时的注释,构若是本世纪初丽江县鸣音乡太和行政村坞督
自然村的东巴。

例 2.《全集》6 卷《祭署·把署与猛鬼分开》

最后一格为跋语部分，汉译作：这本书是东注[to^{33}dzy^{55}]写的。

（二）记载经书地域

例1：《全集》87卷《分开吊死者和活人》

哥巴文跋语汉译：这是白龙潭[uɔ^{33}ly^{33}k'ɯ^{33}]的书。

这本经书是丽江坝大研镇祥云乡庆云村和凤书东巴书写的经书。

例2：《全集》47卷《祭端鬼·驱端鬼·献牲》

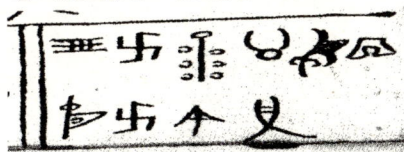

汉译：这是富饶之地昌柯都[tʂ'ər^{33}k'o^{33}dv^{21}]的经书。

例3：《全集》21卷《祭风·招回凶死者的魂魄》

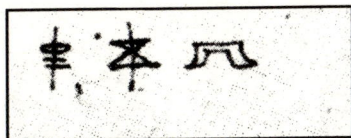

汉译：中村[ly^{55}ts'æ^{55}]的（经书）。

这是丽江大研镇盘朵坞村和林东巴所写。

例4：《全集》77卷《超度拉姆仪式·送拉姆·射杀毒鬼仄鬼》

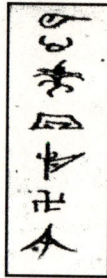

汉译：这是南山恒柯督[huɯ⁵⁵k'o³³dv²¹]的经书。

（三）记载抄写时间

1.年月日

例：《全集》32 卷《禳垛鬼仪式·解结绳·丢弃里朵》跋语：

最后一行哥巴文 为跋语，汉译作：写于鼠年三月初四。

2.干支某年

例 1：《全集》21 卷《祭风·将署和龙送回住地》

汉译：这本经书是补托（干支）属铁的那一年写的。

例 2：《全集》97 卷《以第一声春雷占卜·用两个贝占卜·寻物打卦》

汉译：干支属猪这年写的。

3.多少岁

例：《全集》65 卷《超度金姆·为能者招魂，给能者献冥马》

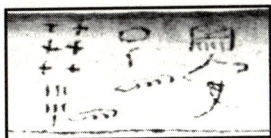

汉译：六十七岁那年写的。

4.年号

例：《全集》83 卷《超度楚鬼·寻找器物》

汉译：这本经书是大清皇帝光绪二十一年写的。愿这一本经书能千代百代地使用下去。

大清光绪二十一年为 1895 年。

（四）备注式

例 1：《全集》81 卷《大祭风·抛卡吕面偶》

汉译：这一本经书，不知道是哪一个地方的东巴所写的，所说的与其他经书不大一样。

此跋语用水笔书写，是后来的东巴加上去的。

例 2：《全集》36 卷《退送是非灾祸·抛放雄罗面偶》

汉译：这是祭送雄罗面偶仪式的规程经文呀。

例 3：《全集》78 卷《祭绝后鬼·绝后鬼的出处与来历》

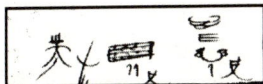

汉译：祭绝后鬼的经书两册，值碎银一钱。

（五）感慨或祝福

例:《全集》73 卷《超度什罗仪式·灵魂从血海里接上来·把本神送回去（下卷）》

汉译:论这些经书,在人类生活的世上,在辽阔的大地上,知道经书价值的人会说经书有用,不知道经书价值的人会说经书无用。说是容易做是难。

要特别指出的是,如果经书跋语只有感慨或祝福之类的话,我们后边根据跋语提供的信息研究经书的地域分类和断代,就没有统计这类跋语。

（六）综合式

更多的跋语采用综合的方式,有的既记录了地域、又记录了写经人,有的还记录了经书给了谁等以及一些抒情的内容。

例:《全集》68 卷《开神路·合集》

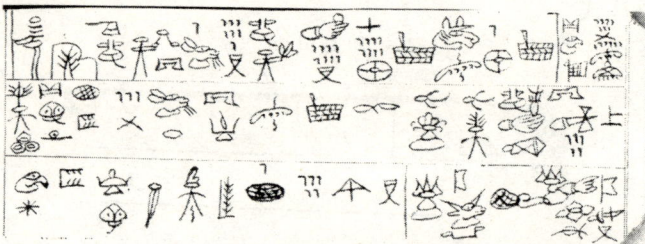

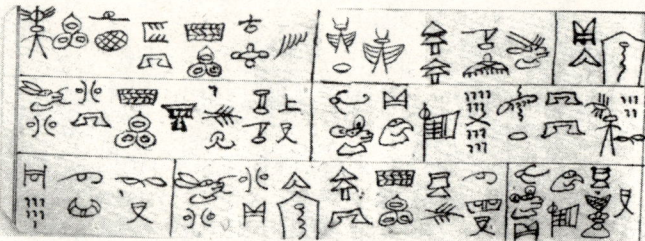

汉译:这本经书是干支轮到属铁的那一年写的,从七月借起来,到八月十八

日才开始写的，是属马的一天写完的。是乌构杲[uə³³kə⁵⁵ga³³]七十六岁那年写的，侄儿乌巴拿梦恒[uə³³pa³³na³³mu⁵⁵huɯ²¹]三十岁的那一年，把这本经书写完后给他了。我们家，是祖父和父亲也是做东巴的一个东巴世家。这是构都恒[kə⁵⁵tɣ³³huɯ²⁴]家族的哈巴吉[ha³³pa³³dʑi²¹]家超度女能人时用的一本经书。祝东巴的嘴里出现福分，东巴的手里出现俸禄。给侄儿拿梦恒[na²¹mu⁵⁵huɯ²¹]的这本经书，很下功夫地认真地写了，写时，比乌次吉[uə³³tsʻɿ⁵⁵dʑi²⁴]家族的人勒补补[le³³bɣ²⁴bɣ²⁴]家的经书，想写得更好一些，舅父乌构杲，已经是七十六岁的人了，以前没有做过什么不对的事情，如果这本经书写的水平不能超过乌次吉家族的勒补补家经书时，侄儿会埋怨我这个乌构杲舅父了呀！

法杖生千节，祝东巴活到千岁。法杖生百节，祝东巴活到百岁。祭祀的人家，祝有福有禄，生活富裕，人丁兴旺。遗留福泽时，把酒敬给下面的人呀！念这本《开神路》经书时，东巴看见的字，不一定全部熟悉，用手书写学了以后，就会学好了。

三、东巴经跋语的特点

经文跋语与经书正文之间一般用段首符号（ 𝌆、𝌆、𝌆 ）隔开或另起一行，书写行款也与正文有所不同，其显性特征比较明显，故能较容易地确定出经书中的跋语。与经书正文相比，经文跋语具有以下一些特点：

1.书写行款方面

经文跋语属于应用性文献，字序几乎都与语言顺序一致，一部分按从上到下、从左至右的行款顺序书写，一部分横行从左至右逐字排列书写，少量竖行从上到下逐字排列书写。而经书正文一般是从上到下、从左至右书写，每句话之间画一竖线隔开，每格内文字不完全按语序排列，而是按事理关系成几何排列，如天在上，地在下等。

2.叙述内容方面

经书正文多为神话传说，而经文跋语多是纪实性的，一般是说明抄经的时间、地点，东巴的村名、人名，写经时的年龄和经书传抄过程，写经时的社会状况和东巴当时的心理活动等等。总之，内容比经书正文更贴近现实生活，对东巴文化的发展、近代东巴祭司的社会地位和活动情况、各地文化交往等问题的研究具有重要的史料价值。

如《全集》8 卷《祭署•给署供品•给署献活鸡•放五彩鸡》这册经书的跋语（第 234、235 页）：

这本书是好地方阿时主妥鲁村东巴普支登梭写的，是自己的书，愿长寿日久。这本书原由祖父梭补余登写存，后由中央博物院带去，说是要一本收藏,他们带去后,我手中无书,没办法了,好地方牛罗胜有个名叫和才的人,在中央博物院,他把如何做,按规矩抄送来一本。这书是看着和才的写本写的,虽然字写得不好,但首尾不差错的写下来了,后来者兄弟子女大小们,用好眼慢慢看吧,准备好你的薄嘴舌,好好念诵吧,不知不要不管,要更深的懂得书,手迹不一样,不会与他人的相混。去学习学习吧,愿东巴的继承者不断增加!愿像野坝子籽,蔓菁籽似的多!

此则跋语交代了抄经者的法名和处所、经书的传抄过程、东巴抄经时的心理活动等等,使我们更加全面地了解到此册经书的来龙去脉和抄经东巴当时的想法。

3.使用语言方面

经书正文"由于年代古老,师法严格,语言保守,程式化严重,保留了不少套话、宗教词语和现代口语中已不说的古词语。如[bi^{33}]太阳,口语说[n̩i^{33}me^{33}];[ts'o^{21}]人,口语说[ɕi^{33}];[dze^{33}]饭,口语说[hɑ^{33}]。"[①]而经文跋语是即兴之作,记录口语,生动活泼,不像经文那样保守和程式化。

4.用字和字词关系方面

由于"东巴经用于请神送鬼,法事庄严,令人不敢懈怠",[②]故经书正文中使用文字较严谨,一般用东巴文书写。用东巴文字书写的经文大都没有完全记录语言,只是记录关键词句,以提示情节,启发记忆。相比之下,经文跋语中的字词关系都较经文严密,大部分逐词记录语言,所以使用了大量的假借字。

---

① 喻遂生:《纳西东巴文应用性文献的语言文字考察》,载《纳西东巴文研究丛稿》,巴蜀书社2003年版,第282页。
② 喻遂生:《纳西东巴文应用性文献的语言文字考察》,载《纳西东巴文研究丛稿》,巴蜀书社2003年版,第281页。

第二节 东巴经跋语类型

一、不同地域的跋语

本书目的之一是为东巴文和东巴文献断代分域做准备，所以主要工作便是依据跋语中反映的地名或人名信息，按跋语所在经书的产生地域将写有跋语的经书进行分类，也即将经文跋语按地域、东巴进行归类。然后再进一步考察各地经书特点及各地经文跋语中的用字特色。

李霖灿先生早在《论么些经典之版本》一文中就依据纳西族迁徙路线的顺序，按照从北至南再至西的方向将东巴经典的分布地域划作四区：①

第一区在西康省无量河流注于金沙江附近，这是么些象形文字的发源地带，字数既小，经典亦不过百本左右，这就是所谓的"若喀"地域，意思是江边湿热之地，主要的村落名字为洛吉、苏支、药迷、上下海罗等。

第二区在第一区之南，当金沙江 N 字大湾北端河套的左近，主要村落有中甸县的白地六村和丽江县的剌宝东山二区……这一带的经典有"图形细致、笔画均匀"的特色……另一个特色是这一区内还是只有象形字，象形字的动物多画全身的轮廓。而不像下一区那么喜欢只画动物的头部。不过，这只可以作为鉴定版本的辅助证据，因为么些经典都是手抄本，本区有这项倾向，但不保险一定如此。

第三区更向南，以丽江城附近为大本营。这一区的版本以简练的三行式为基本式，动物多只画其头部及特征显著部分，展开一册经典，见其笔画简洁，文字稀疏，给人一种老辣成熟的感觉。

第四区在丽江之西，因为么些人迁到了丽江之后就改向西方的维西一带发展。这一区是现今么些族这种巫教的最后地，巫师多，经典很多。这一区经典的特征是行列较密及字与字间空隙的减少。

从上述东巴经的分布情况看，可按地域分为若喀经、白地经、丽江经、鲁甸经四类。在李先生基础上，我们将有较多跋语的地域分为三区：1. 宝鸣大地区，分布在丽江的宝山、鸣音、大东；②2. 丽江坝区，丽江坝区和周边地区，经书简称为丽江经；3. 鲁甸区，丽江的鲁甸、巨甸，经书简称为鲁甸经。除此以外，还有

---

① 李霖灿：《论么些经典之版本》，载《么些研究论文集》，台湾故宫博物院 1984 年版，第 101 页。

② 李霖灿先生所说的丽江剌宝、东山二区，按现在的行政区划应是丽江的宝山、鸣音、大东三乡。因这三乡地处山区，社会经济发展落后于坝区，其经书书写风格接近。

零星刊布的俄亚经跋语、白地经跋语和维西经跋语，这三个地域我们单独列出。

二、不同文种形式的跋语

经书跋语既可用东巴文也可用哥巴文书写，还有东巴文哥巴文夹杂书写。

（一）东巴文书写的跋语

1.经书正文为东巴文，跋语也为东巴文

《全集》1 卷 257《祭祀绝户家的天·献牲献饭》的跋语：

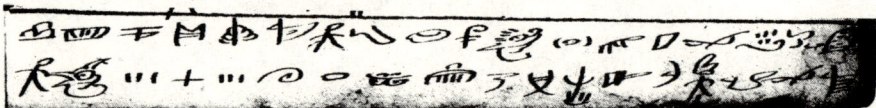

字释： ◪ lv^{33}石也，像垒石。

◫ dy^{21}地也，地方载物也。两字连读假借作 $lv^{33}dy^{21}$鲁甸，地名。

〒 $p'ər^{21}$解（结）也，从线解开。假借作盘。

闪 $uə^{33}$村寨也，截山之半取义。

◭ $çy^{55}$柏。

少 $t'e^{33}$旗也。

天 zo^{33}子也，男也，丈夫也。三字连读假借作 $çy^{55}t'e^{55}zo^{33}$徐特若，山名。

 $k'ɯ^{33}$足也。

○ $t'ɣ^{55}$奶渣也，像其团。两字连读假借作 $k'ɯ^{33}t'ɣ^{55}$前边。

 $lɯ^{33}$蕨，一般读作 di^{21}。

 bu^{21}猪也，翘咀长鬃。两字连读假借作 $lɯ^{33}bu^{21}$能干。

(○) py^{33}哥巴字。

 by^{21}匍匐也，驼背也，像人伏地行。与上字连读作 $py^{33}by^{21}$东巴的古称。

▯ to^{33}板也。

 $iə^{21}$烟草叶。两字连读假借作 $to^{33}iə^{21}$东尤，人名。

 $ŋə^{21}$我也，一般写作 天，从人 $ŋə^{33}$五声，此为"五"之藏语音。

 i^{21}漏也，从蛋破流液。假借作句末语气词 i^{33}的。

 o^{21}谷堆也。假借作 ua^{21}是。

天 zo^{33}子也，男也，丈夫也。

 y^{21}羊也，绵羊也，歧角。假借作生。

ııı $sŋ^{33}$三。

十 $ts'ər^{21}$十。

••• $sŋ^{55}$三。

⟋ k'ɤ⁵⁵弯曲，假借作岁。

◖ kʏ³³蛋也。假借作 gʏ³³有。

目也，像张目。假借作时。

pər⁵⁵梳子也。假借作写。

se²¹哥巴字，标写表完成的助词"了"。

me³³雌也，母也，像雌阴。假借作句末语气词 me⁵⁵的。

py²¹祭也，木偶也。假借作诵。

tʂu⁵⁵锥子。假借作后代。

mə³³暮也，像日没将尽。假借作不。

bɯ²¹绝也，绝育也，从女流血示绝育。引申作断。

t'ʏ²¹桶也，附耳。假借作 t'ʏ³³出。

iə²¹烟草叶。假借作 iə⁵⁵现

ho²¹肋也，像肋骨。假借作表祝愿的语气词 ho⁵⁵。

全段标音：

lʏ³³dy²¹p'ər²¹uə³³ɕʏ⁵⁵t'e⁵⁵zo³³k'ɯ³³t'ʏ⁵⁵，lɯ³³bɯ²¹py³³bʏ²¹to³³iə²¹ŋə²¹i³³ua²¹。

　鲁甸 盘 村　徐特若　　前边　　能干　东巴 东尤 我 是 的
zo³³ʏ²¹sʅ³¹tsʻər²¹sʅ⁵⁵k'ʏ⁵⁵gʏ³³nə²¹pər⁵⁵se²¹me⁵⁵。py²¹tʂu⁵⁵mə³³bɯ²¹t'ʏ³³iə⁵⁵ho⁵⁵。
男 生 三 十 三 岁 有 时 写 了 的　诵 后代 不 断 出 现 愿

汉译：书写此经书的我，就是居住鲁甸盘村的许特若山脚下贤能的东巴东尤。此经书是我三十三岁时写的。愿东巴的后代门徒永不断绝。

全段共 36 个音节，用字 36 个，记录了全部音节。36 字中哥巴字 2 个（◖、ʃ ），东巴字 34 个。东巴字中，用本义引申义的 7 个（"村"1 次、"我"1 次、"男"1 次、"三"2 次、"十"1 次、"断"1 次），其余皆假借字，共 27 个，占东巴字的 79%。其中同音假借 19 个，音近假借 8 个。

2.经书正文为哥巴文，跋语为东巴文

《么些经典译注九种》[①]（以下我们简称为《九种》）之《占卜起源的故事》经书正文和封面均采用哥巴文书写，如：

封面（第 93 页）：

---

① 李霖灿：《么些经典译注九种》，中华丛书编审委员会 1978 年版。

正文第一页（第 94 页）：

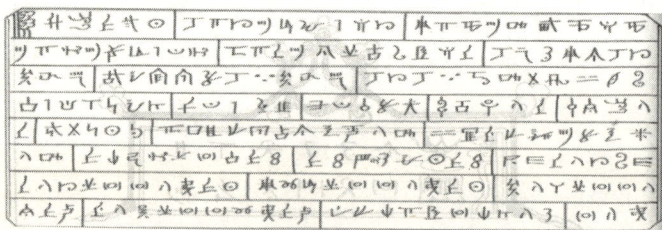

跋语页（第 122 页）：

跋语有两段：第一段汉译为："六十花甲子，癸未年写的。二月二十日的那一天才迟迟的写完了。不要责备我呀。和国槱他的书里是怎样我就怎样的写了。不知道对不对，写不好了，老了啦。和尚文印"，第二段汉译为："我生了三十岁的那一年，抗战胜利的民国三十四年，四川省南溪县李庄镇张家祠里，和才亲手抄写并附带着翻译成汉语。有不对的地方请指教。"

第一段跋语应该是经书原抄写者和尚文抄写和国槱经书时的跋语，后来由再次抄写者和才又重新抄了一遍，甚至于将和尚文原来的印章仍照着画了下来。根据李霖灿先生译经的序言中说："到了三十二年的春天，我住在鲁甸大多巴和文质的家中学习经典，为了参观么些人的婚礼，我走了一天山路来到了巴甸村和尚文多巴家中，这时候由和国槱的手中见到了这本经典。……和国槱他那册经典是把纸熏黑，用白粉来写的，黑白分明，十分美观，所以他也十分珍贵，不肯卖给别人。我便请和尚文照样的抄录一册来。"[1]故和尚文抄经的癸未年就应该是 1943 年，李霖灿 43 年春天发现这本经书并请和尚文重抄，和尚文在随后的二月二十日（应为农历）就抄完了，虽然他自称"迟迟的写完"，但也算抄写得很快。后来这本经书和才在 1945 年时又重新抄写了一次。

---

① 李霖灿：《么些经典译注九种》，中华丛书编审委员会 1978 年版，第 91 页。

（二）哥巴文书写的跋语

例1：《全集》58 卷《开丧·挎獐皮口袋》跋语

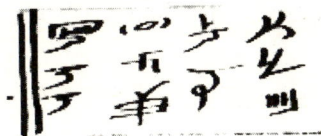

全段标音：pər^{55}se^{33}se^{21}，py^{33}bɣ^{21}to^{33}iə^{21}ŋə^{33}gə^{33}ua^{21}me^{55}。
　　　　　　写　完了　　东巴 东尤　我　的 是 呀

汉译：写完了，这是东尤东巴的经书。

全句共 11 个音节，用字 11 个，记录了全部音节，都用哥巴字书写。

例2：《全集》92 卷《用五个贝占卜》

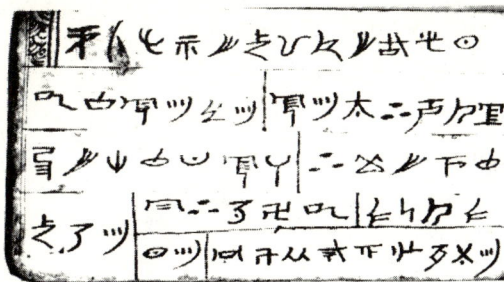

汉译：天干为鼠年的正月十六日写的书。书是由肥田沃土的谷本（今丽江坝）本满（今丽江祥云）的师兄所写。送给恩轲（今丽江长水）的师兄。不要不敬重书。愿东巴延年益寿。

这本经书是丽江和凤书东巴所写。

（三）东巴文哥巴文夹杂书写的跋语

1.不同文字写不同句子

例1：《全集》66 卷《超度长寿者·给茨爪金母燃长寿灯》跋语

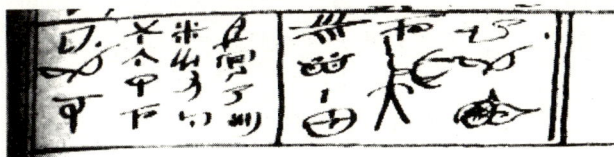

字释：☐ to^{33}板也。

⟿ iə^{21}烟草叶。两字连读假借作 to^{33}iə^{21}东尤，人名。

₸ nɯ^{33}来，主语助词，哥巴字。

✕ la³³哥巴字。

⋀ mɯ³³哥巴字。

ㅜ y²¹哥巴字。三字连读作 la³³mɯ³³y²¹拉美余，地名。

下 çi²¹哥巴字。

米 ts'ər⁵⁵哥巴字。两字连读作 çi²¹ts'ər⁵⁵刀耕火种。

𝌀 lo³³活，哥巴字。

彐 be³³做，哥巴字。

ㆍ) kʋ̩³³处，哥巴字。

ℓ nə²¹里，哥巴字。

𝍇 pər⁵⁵写，哥巴字。

㇕ se²¹哥巴字，标写表完成的助词"了"。

⺲ me⁵⁵句末语气词，哥巴字。

⁓ mæ³³尾也。引申作 mæ⁵⁵后。

𝍈 nə²¹目也，像张目。与上字连读作 mæ⁵⁵nə²¹以后。

𝍙 dɯ³³一。

⊟ n̩i³³日，天。

𝍵 kʋ̩³³p'ər²¹dzæ³³ʂʅ²¹头白牙黄。

㭲 p'ər²¹解（结）也，从线解开。假借作白。

𝍶 dzæ³³牙。

𝍷 t'ʋ²¹桶也，附耳。假借作 t'ʋ³³出。

𝍸 iə²¹烟草叶。假借作 iə⁵⁵给。

𝍹 hu⁵⁵胃也，像胃连肠。假借作表祝愿的语气词 ho⁵⁵。

全段标音：

to³³iə²¹nɯ³³la³³mɯ³³y²¹çi²¹ts'ər⁵⁵lo³³be³³kʋ̩³³nə²¹pər⁵⁵se²¹me⁵⁵。

东尤 来 拉美余 刀耕火种 活 做 处 里 写 了 呀

mæ⁵⁵nə²¹dɯ³³n̩i³³kʋ̩³³p'ər²¹dzæ³³ʂʅ²¹t'ʋ³³iə⁵⁵ho⁵⁵。

以后 一 天 头 白 牙 黄 出 给 祝

汉译：东尤在拉美余地方刀耕火种期间抽空写完的。祝将来活到满头白发，牙齿变黄。

全段共 26 个音节，用字 24 个，其中有 2 个音节（kʋ̩³³头、ʂʅ²¹黄）没有用单字记录，而是靠与事物之间的位置关系来表示，所以实际记录了 24 个音节，占总数的 92%。其中哥巴字 13 个，东巴字 11 个。东巴字中用引申义、本义的 4 个（后、一、天、牙），假借字 7 个，占东巴字的 63.6%。其中同音假借 4 个，音近假借 3 个。

例2:《九种·都萨峨突的故事》经书跋语采用两种文字混合书写。

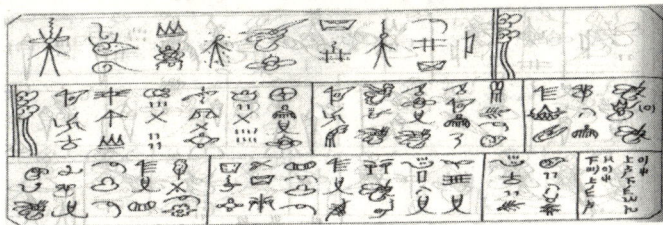

跋语汉译:这一经书,民国三十四年的十一月二十八日那天写的。原本旧经书里是什么样子就照着那样的来写了,头尾都不错。经和才的手来抄写,来诵念又来翻译完了,不过也许会有不好和不对的地方方,当诸位先生放在面前来看的时候,一看到有不好和不对的地方方,请来指教我一下,使我今后错误的地方方能得到改正。知道而不肯说那只在你,说了懂不起那就只在我了。

跋语的最后两句"知道而不肯说那只在你,说了懂不起那就只在我了。"用哥巴文书写,前边部分用东巴文书写。

根据李霖灿先生翻译经书前的序言:"民国二十八年我到了丽江,在上吉村和士贵老多巴家见到这册经典,多谢周炼心兄的指点和通译,使我发现这是一篇有文学价值的么些故事,那时我便有心想把它转译成汉文。心中想这样原始风趣的故事,再加上这种原始图画文字的经典,这两样对照起来一定是极有趣味的。只是当时还不懂么些语言,便只把经典抄下用汉文详细的记录了它的意思,心中决定将来要把这篇美丽的边疆故事全部的翻译过来。后来我便受了中央博物院的聘,在鲁甸区考察时,在和文质大多巴家又见到这本经典,我便请他一字一音的用象形记下来他们的读法。三十年冬天我同和才君回到了李庄,在中央研究院历史语言研究所内请张琨先生来记音,和才君是么些人,所读的是大多巴和文质审定的记录,所以那时张琨先生一再劝我先把经典翻译出来,说这是极宝贵的一部份资料。张先生的意思我极为赞同,所以一编完了《么些象形文字字典》和《么些标音文字字典》之后我便立刻来着手翻译经典。想不到的是等翻译这一册经典时又临时出了一点小问题。原来和文质所依据的那册经典我们没有带来,所以虽有读音记录却找不到原来速记式的古本经典。我们收到的这一本呢,又和他的读法不完全符合。……我便请和才君以多巴的身份把现在这一册经典诵念一遍。"所以这则跋语是和才在重新抄写经典时写上去的。

2.对照跋语

例1:《全集》4卷《祭畜神仪式·献牲》跋语

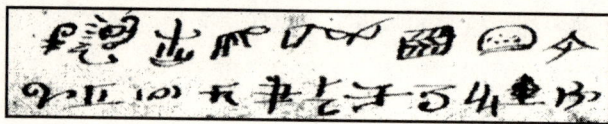

字释：𝼇 luɯ³³蕨，一般读作 di²¹。

𝼅 bu²¹猪也，翘咀长鬃。两字连读假借作 luɯ³³bu²¹能干。

𝼊 py²¹祭也，木偶也。

𝼉 bɣ²¹匍匐也，驼背也，像人伏地行。两字连读假借作 py³³bɣ²¹东巴的古称。

𝼈 to³³板也。

𝼋 iə²¹烟草叶。两字连读假借作 to³³iə²¹东尤，人名。

𝼌 buɯ³³luɯ³³经书，一般读作 bɣ²¹duɯ³³或 t'e³³ɣɯ³³。

𝼍 o²¹谷堆也。假借作 ua²¹是。

𝼎 mɯ³³天。假借作句末语气词 me⁵⁵的。

全段标音：luɯ³³bu²¹py³³bɣ²¹to³³iə²¹buɯ³³luɯ³³ua²¹me⁵⁵。

能干　东巴　东尤　　经书　是　的

汉译：这是能干的东巴东尤的经书。

全句共 10 个音节，用东巴文、哥巴文对照书写。用东巴字 9 个，因有 1 个字读双音节（经书），所以实际记录了全部音节。东巴字中用本义的 1 个（经书），其余 8 个均为假借字，占东巴字的 88.9%，其中同音假借 5 个，音近假借 3 个。用哥巴字 10 个，记录了全部音节。

例 2：《全集》45 卷《请呆鬼·偿还呆鬼债·接呆鬼气》

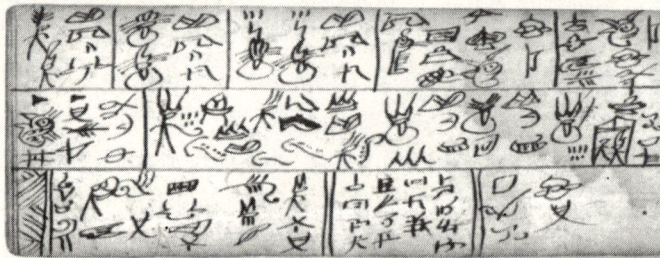

其中跋语部分：

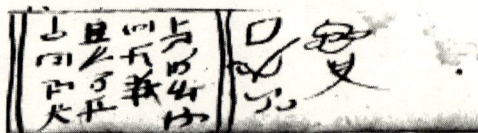

第一格为哥巴文，汉译为："这本经书是许腾山脚下的东巴东杨（东阳）的。"第二格为东巴文，汉译为："东阳的（经书）是"。

（四）汉字书写的跋语

例1：《全集》60卷《超度死者・由舅父毁坏死者冥房，献冥食，关死门》

经书末尾用汉字写着"七月二十四日"。

例2：《全集》100卷《说出处》

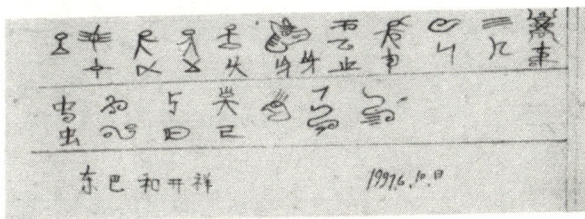

经书末尾用汉字写着"东巴和开祥，1997.6.10日"

三、跋语的位置

（一）经书末尾
大多数经书的跋语写在末尾位置，不重复举例。
（二）经书开头
1.《全集》第8卷《祭署・白"梭刷"的来历・药的来历》
经书的首页就是跋语。

汉译：这本书是干支鼠年写的。念这本书，有没有念得很流利的人？若有，就该称为老师。如果他只会念得不白不花（不流利）就不行。好锄头不去砍树挖树，快镰刀也不杀羊。即使会制作犁耙，也难安好耙齿的。

2.《全集》第 28 卷《禳垛鬼仪式·用牛作替身，偿还若罗山东面的鬼债》

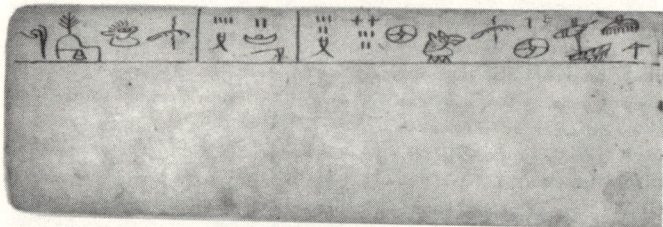

汉译：这本经书是天干为铁，属相为猪的这一年书写的。这是有两个四月的一年。这本经典是五月二十五日写的，是属相为马的那天写的啊。

（三）经书中间

例：《全集》73 卷《超度什罗仪式·灵魂从血海里接上来·把本神送回去（下卷）》

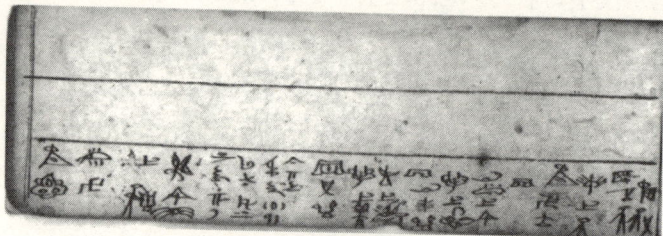

汉译：论这些经书，在人类生活的世上，在辽阔的大地上，知道经书价值的人会说经书有用，不知道经书价值的人会说经书无用。说是容易做是难。

（四）较为特殊的跋语

1.封面

《全集》41 卷《为东巴什罗除秽》封面：

封面上的这一排文字 ，汉译作"是恒柯督的经书。"

2.跋语分处两个位置

《全集》37 卷《退送是非灾祸·启神的出处来历·抛送考吕面偶》121 页有跋语：

汉译：这是东尤祭司的经书，有两位祭司的手迹呀。

结尾处又有跋语：

汉译：这是祭司东由的书。

这种情况较为特殊，因为这本经书其实是由两部分组成。经书前部写了十八位启神的出处与来历，赞颂了启神的无比威力，劝说鬼魔尽早离去，否则将被启神刺杀。经文下部是谢罪免灾的内容，仪式中祭司与祭祀主人，难免有注意不到的地方。在此，向天神谢罪，并将罪过托负给面偶，请面偶把罪过背负到仇人村寨，如有灾祸降临就请仇人去享用。实际上这是两部经书合装订成了一部经书，故存在两处跋语。

第三节 研究现状与研究意义

一、研究现状

前人研究东巴文多侧重于对东巴文字典的研究，这类研究成果最为显著。然而东巴文字典收录的字多是从东巴文献中截取出来的，有的还经过了人为归纳，不能很好地反映东巴文字系统的全貌，存在诸多问题。因此东巴文研究应立足于文献本身，从具体的语言环境出发，这样得出的结论才能更加真实可靠。经文跋语属于东巴文应用性文献，也是宝贵的研究资料。

最早涉及东巴经跋语研究的学者是李霖灿先生，他在《美国国会图书馆所藏的么些经典》一文中撰写了"有年代经典之初步研究"部分，指出在美国国会图书馆收藏的东巴经中发现了"上起清康熙七年（1668A.D.），下迄'民国'二十七年（1938）"的一批纪年经书，而"康熙七年"是至今见到的最早的经书纪年。①

喻遂生师是继李霖灿先生之后系统研究东巴经纪年跋语的学者，他以《全集》100卷为材料，对其中有纪年跋语的经典进行整理研究，写有《〈纳西东巴古籍译注全集〉纪年经典述要》②、《〈纳西东巴古籍译注全集〉中的年号纪年经典》③、《〈纳西东巴古籍译注全集〉中的花甲纪年经典》④、《〈纳西东巴古籍译注全集〉中的年龄纪年经典》⑤四篇著作，对存在问题的纪年跋语进行辩证，对部分纪年经典的绝对年代进行推勘。此外，喻遂生师还依据题词或《全集》跋语，对习阿牛、和年恒、和文质、和乌尤四位东巴的生年进行校订，写下《东巴生年校订四则》⑥。

甘露博士在其博士论文《纳西东巴文假借字研究》第四章第二节第四小节中先简单介绍了经文跋语的含义及其特点，再从《全集》中选取3册经书的跋语分别做出字释，对其中的假借字进行分析统计，得出跋语中假借字所占比率平均大

---

① 李霖灿：《美国国会图书馆所藏的么些经典》，载《么些研究论文集》，台湾故宫博物院1984年版，第127页。
② 喻遂生：《〈纳西东巴古籍译注全集〉纪年经典述要》，载《纳西东巴文研究丛稿》（第二辑），巴蜀书社2008年版，第275页。
③ 喻遂生：《〈纳西东巴古籍译注全集〉中的年号纪年经典》，载《纳西东巴文研究丛稿》（第二辑），巴蜀书社2008年版，第288页。
④ 喻遂生：《〈纳西东巴古籍译注全集〉中的花甲纪年经典》，载《纳西东巴文研究丛稿》（第二辑），巴蜀书社2008年版，第302页。
⑤ 喻遂生：《〈纳西东巴古籍译注全集〉中的年龄纪年经典》，载《纳西东巴文研究丛稿》（第二辑），巴蜀书社2008年版，第325页。
⑥ 喻遂生：《东巴生年校订四则》，载《纳西东巴文研究丛稿》（第二辑），巴蜀书社2008年版，第344页。

致为 70%。另在第五章第三节中从《九种》及《全集》里各选取 1 册写有跋语的经典，对其经文及跋语分别做出字释，然后对这两种体裁里的假借字进行比较研究，得出："由于东巴文书写的体裁不同，其文字应用的性质也有差别，假借字的比例也相应不同。""经典中假借字的使用频率大约在 50%—60% 之间，应用性文献中的假借字比例应该在 70%—80% 左右。"①甘博士后来又发表了《纳西东巴经跋语中的假借字研究》。②

和继全博士《美国哈佛大学燕京图书馆馆藏东巴经跋语初考》一文，先介绍了美国哈佛大学燕京图书馆东巴经收藏情况，后对跋语定义及其研究意义进行叙述，最后考证出哈佛燕京图书馆馆藏部分东巴经的书写时间和写经者，填补了几个东巴生平资料的空白。③此外，他的《李霖灿"当今最早的么些经典版本"商榷——美国国会图书馆"康熙七年"东巴经成书时间考》一文，通过对该经跋语的重新释读和考证，重新确定了此册经书的成书时间。④

杨亦花博士《和世俊、和文质东巴研究》一文对和世俊、和文质两位东巴的生平事迹及他们抄写的经书进行了整理研究。她通过参考前人资料并进行实地调查采访对两位东巴的生平事迹进行了一些校订和完善；还通过印章、字迹、跋语等特点，对《全集》中的经卷进行鉴别，确定出两位东巴所写的经书，并从书法、内容等方面与其他东巴抄写的经书进行比较，对两位东巴不同时期的经书进行比较，考察东巴经的历史流变。⑤

邓章应《从东巴经跋语看东巴教经典的传承》一文以《全集》跋语为材料，对其中可以反映出经书传承关系的部分跋语进行整理研究。认为东巴经的传承主要有两方面的内容，即传递和传抄。前者存在经书内容和物质传递，不会增加复本；后者只存在经书内容传递，会增加复本。还把经书传递再细分为家传、买卖、赠予等情况；把经书传抄分为一般传抄、辗转传抄、经书传抄母本的借用等情况，并分别作介绍。⑥李佳硕士论文《〈纳西东巴古籍译注全集〉祝福语用字研究》对跋语中的祝福语用字也进行了分析研究，是至今首篇对东巴文献中某类用语用字

① 甘露：《纳西东巴文假借字研究》，华东师范大学博士学位论文 2004 年。
② 甘露：《纳西东巴经跋语中的假借字研究》，载《宁夏大学学报》（人文社科版）2012 年第 4 期。
③ 和继全：《美国哈佛大学燕京图书馆馆藏东巴经跋语初考》，载《中央民族大学学报》2009 年第 5 期。
④ 和继全：《李霖灿"当今最早的么些经典版本"商榷——美国国会图书馆"康熙七年"东巴经成书时间考》，载《民间文化论坛》2010 年第 2 期。
⑤ 杨亦花《和世俊、和文质东巴研究》，第十六届世界人类学与民族学大会"纳西学研究新视野论坛"研讨论文，2009 年 7 月。
⑥ 邓章应：《从东巴经跋语看东巴教经典的传承》，载《西北民族大学学报》2012 年第 5 期。

进行全面系统研究的文章。①

上述研究成果涉及经书抄写时间的推勘、东巴生平的考订、经书的传承方式及跋语中某类用语用字的研究等方面，这些研究成果为我们继续研究东巴经跋语奠定了坚实的基础。

二、研究意义

将刊布的所有跋语汇总收集，并进行分类研究，至少具有以下几方面的价值：

1. 依据跋语中提供的地名或人名信息，按地域对东巴经进行分类，是对东巴文和东巴文献进行断代、分域研究的前提，可以进一步推动东巴文化研究的深入发展。

按地域对东巴经分类后，我们可通过总结各地经书特点，依据各地特点系联同一地域但没有跋语或有跋语而无明确人名、地名信息的经书。再在同一地域的经书群中找出若干有明确时间标记的东巴经作为断代的标准，逐步建立按时代和地域划分的文献组群，从而进一步考察纳西语、东巴文及东巴文献纵的历史流变和横的地域差异及联系。

2. 通过对跋语中的用字进行考察，可探究其用字特点、字词关系、特殊用字现象及与经文用字的差别；通过对不同地域经文跋语用字的比较，可探测各地用字特点、差异及其产生差异的原因。

3. 通过经文跋语，结合印章、字迹、封面及首页的饰画风格等特点将同一东巴的经典系联在一起，然后选取个别东巴的经书进行断代研究，可小范围考察东巴经的历史流变。

本书选取的是鲁甸东巴和乌尤的经书，他的经书在《全集》中收录较多，所写有跋语之经典共 55 册。其抄经年龄跨度大，目前见到最早的是 20 岁，最晚的是 50 岁，且各个年龄段的字迹、用字风格、经书布局等特点有所相同。

4. 对跋语中的东巴及其师承关系、经书传承关系、跋语反映的部分社会文化现象进行研究，可进一步推动东巴文化研究的深入发展。

跋语内容常常涉及抄经东巴，经书的传递或传抄过程，部分近代纳西族的社会生活状况和社会文化现象等。对其内容进行研究，在推动东巴文化研究深入发展方面具有重要的意义。

---

① 李佳：《〈纳西东巴古籍译注全集〉祝福语用字研究》，西南大学硕士学位论文 2011 年。

第四节 本书所使用文献及相关问题说明

一、本书所使用的主要文献简称

（一）引书简称

《谱》　　　　　　《纳西象形文字谱》①

《字典》　　　　　《么些象形文字字典》②

《语汇》　　　　　《纳西语英语汉语语汇》③

《全集》　　　　　《纳西东巴古籍译注全集》④

《哈佛》　　　　　《哈佛燕京学社藏纳西东巴经书》（一——四卷）⑤

《九种》　　　　　《么些经典译注九种》⑥

（二）重点材料《纳西东巴古籍译注全集》介绍

《纳西东巴古籍译注全集》（简称《全集》）由云南省社会科学院丽江东巴文化研究所历时 20 年编纂而成，是"现今刊布东巴经的唯一大型著作"。⑦《全集》100 卷，共收录东巴经典 897 种，是至今刊布东巴经数量最多、种类最为齐全的一部著作。该著作中的经典都按东巴教仪式分类排列，所以一个地域或一个东巴的经书往往分散于各个类别之中，失去了有机的联系。

《全集》中写有跋语的经典较多。据我们统计，在这 897 册东巴经典中，有 377 册写有跋语，占《全集》经典总数的 42%之多，即大约每三册经典中就有一册写有跋语。

（三）引称字典方式

1.方国瑜、和志武《纳西象形文字谱》中的文字，用【F 字号】表示。《纳西象形文字谱》"纳西标音文字简谱"中的文字、标音或释义，用【FP 页码】表示。

如：【F18】表示《纳西象形文字谱》第 18 号字。

【FP376】表示《纳西象形文字谱》"纳西标音文字简谱"376 页的文字、

---

① 方国瑜编撰，和志武参订：《纳西象形文字谱》，云南人民出版社 2005 年版。

② 李霖灿：《么些象形文字字典》，国立中央博物院 1944 年版。

③ 洛克（J. F. Rock）编著，和匠宇译：《纳西语英语汉语词汇》，云南教育出版社 2004 年版。

④ 东巴文化研究所：《纳西东巴古籍译注全集》，云南人民出版社 1999—2000 年版。

⑤ 中国社会科学院民族学与人类学研究所、丽江市东巴文化研究院、哈佛燕京学社：《哈佛燕京学社藏纳西东巴经书》（一——四卷），中国社会科学出版社 2011 年版。

⑥ 李霖灿：《么些经典译注九种》，中华丛书编审委员会 1978 年版。

⑦ 喻遂生：《〈纳西东巴古籍译注全集〉纪年经典述要》，载《纳西东巴文研究丛稿》（第二辑），巴蜀书社 2008 年版，第 276 页。

标音或释义。

2.李霖灿《么些象形文字字典》中的文字，用【L 字号】表示。《么些标音文字字典》中的文字、标音或释义，用【LP 页码】表示。

如：【L458】表示《么些象形文字字典》第 458 号字。

【LP25】表示《么些标音文字字典》25 页的文字、标音或释义。

3.木琛《纳西象形文字》①中的文字，用【M 页码】表示。

如：【M156】表示《纳西象形文字》156 页的文字。

4.J.F.洛克编著，和匠宇译《纳西语英语汉语语汇》中的文字，用【J 页码】表示。

如：【J108】表示《纳西语英语汉语语汇》108 页的文字。

二、其他说明

1.我们将目前已经刊布的跋语都整理出来，按文献顺序编成附录附在正文之后。

2.本书标音采用的是纳西语西部方言区丽江大研镇的读音，与方国瑜《纳西象形文字谱》所用音系一致，不同的是声调竖标改为数码上标。此外，由于《纳西语英语汉语语汇》使用的音系较为特殊，故我们在引用时保持了其标音原貌，其他字典所引音标均统一为国际音标，用数字标音法标示音调。

---

① 木琛：《纳西象形文字》，云南人民出版社 2003 年版。

第二章 东巴经跋语反映的不同地域东巴及其经书

东巴作为纳西东巴文化的主要创造者和传承者，有的东巴还是东巴经卷的整理翻译者、东巴文化的研究者，其生平事迹本就是东巴文化研究的重要内容之一。他们的生活年代是我们判定其所抄经书产生时间的间接依据，这对于东巴经写本的断代有着重要的意义；他们的乡籍村名是我们判定经书产生地域的重要依据，有助于分域研究东巴经的地域差异及联系。

根据东巴们的乡籍村名将同一地域的经书系联在一起，再在同一地域的经书群中按经书产生时间的先后顺序排列各地经书，建立按地域和时代划分的文献组群。

东巴的生平事迹、抄经情况及其经书特点本属于东巴文化研究的重要内容之一。但他们也只是有技艺的农民，加之地处边鄙，时代久远，难以引起学界重视，以致人们对他们的生平和抄写的经书研究较少。距今较远的一些东巴已随时光的流逝而被世人淡忘，但他们自己留下的署名跋语可作为考稽线索。

东巴经跋语大约记录了100余位东巴，其中鲁甸乡的东巴多有资料可考，宝山、鸣音、大东、丽江坝等地的绝大部分东巴尚无资料可查证。有些东巴虽有资料记载，但对其生平事迹的叙述也还详略不一，且各种资料中的记载互有出入，非常有必要加以订补。

第一节 宝山、鸣音、大东经跋语反映的东巴及其经书

丽江宝山、鸣音、大东三乡（原剌宝、东山二区）地处山区，社会经济文化发展远远落后于丽江坝及鲁甸地区，经书书写风格更接近白地，故李霖灿先生将

这一带的经书划入第二区，①与中甸白地六村的经书归为一类，统称"白地经"。白地是东巴文化的发源地，产生经书的时间比较早，因而白地经笔画简练、均匀，整体显得比较原始、古朴、粗犷。

《全集》收录的经典主要来源于原丽江县各地，而宝山、鸣音、大东三乡地处山区，路途遥远，交通不畅，来往不便，与外界联系较少，所以收录这些地方的经书相对较少。对当地东巴的调查研究也还不够，故此地经书跋语中出现的东巴大都无资料记载，但可从他们留下的经文跋语中获得一些相关信息。宝山、鸣音、大东三乡由北至南依次分布在丽江城东北部，下面将按地域分别对当地东巴概况、抄经情况及其经书特点进行整理研究。②

一、宝山乡

宝山乡，纳西语名"剌宝"，位于丽江城东北部。乡政府所在地果乐村，纳西语名"腊汝"，距丽江城98公里。东与宁蒗县翠玉乡隔金沙江相望，南与鸣音乡、大具乡接壤，西与中甸县三坝乡隔金沙江为邻，北接奉科乡，全乡总面积431.8平方公里，下辖5个行政村：高寒、住古、宝山、果乐、吾木，境内有纳西、普米、汉、彝、傈僳等民族。③《全集》收录宝山乡有跋语之经典8册。

（一）《全集》所收宝山乡有跋语之经典分布情况

《全集》所收宝山乡的经书主要分布在吾木（窝姆）村、岩柯村④（现无此村），吾木村的东巴有：欧嘎宙、构沙、乌宙恒、乌孜嘎；岩柯村的东巴有：东涛、东嘎；宝山乡不明村名的东巴有：东朗、乌宝。具体见下表：

纳西地名		东巴姓名		生卒年月	抄经册数	备注
经书原文	读音及汉译	经书原文	读音及汉译			
[图]	[o⁵⁵mu²¹tɕi⁵⁵ts'ŋ³³uə³³]（拉汝瓦庚山脚下）窝姆村敬初坞	[图]	[uə³³ga³³tsə⁵⁵]欧嘎宙	不详	2	1册卖给本村阿恒，1册送给兄弟构沙。
		[图]	[kə⁵⁵sa³³]构沙	不详		

---

① 李霖灿：《论么些经典之版本》，载《么些研究论文集》，台湾故宫博物院1984年版，第109页。

② 和继全《美国哈佛大学燕京图书馆馆藏东巴经跋语初考》汉译了一则大具经书的跋书，但由于该跋语信息简略，经书未翻译，我们只在资料附录中列出。

③ 丽江纳西族自治县志编纂委员会编：《丽江纳西族自治县志》，云南人民出版社2001年版，第61页。

④《丽江县志》中1932年印制的丽江县地图上有"岩可村"。

				不详		
			[uə³³tʂə⁵⁵huɯ²¹]乌宙恒	不详	1	
[o⁵⁵mu³³ʂua⁵⁵na²¹uə³³]窝姆村寿南坞			[uə³³dzɣ³³ga³³]乌孜嘎	不详	2	
[æ²¹kʻo³³tʂʅ⁵⁵pʻər²¹uə³³]岩柯村治盘坞			[to³³tʻa²¹]东涛	不详	1	给了治石坞村的东嘎。
[tʂʅ⁵⁵ʂʅ²¹uə³³]（岩柯村）治石坞			[to³³ga³³]东嘎	不详		
			[to³³lər²¹]东朗	不详	1	写好后卖给了乌宝。
			[uə³³po³³]乌宝	不详		
跋语中无人名和地名					1	

上表所列东巴均无资料记载，只是从他们自己写的跋语中获知其乡籍村名。

（二）宝山乡经书的特点

《全集》收录宝山乡的经书不多，但也足以看出该地经书的书写风格特点。以下是窝姆村敬初坞的欧嘎宙 81 岁时写的经书《全集》第 4 卷《祭胜利神仪式·索求福分》中的正文页（第 150 页）：

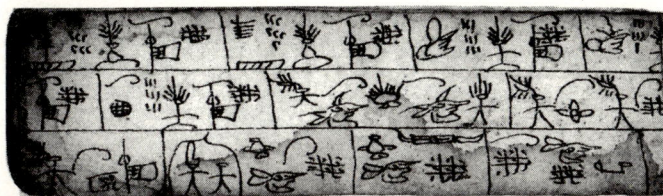

从中可以看出宝山乡窝姆村敬初坞欧嘎宙东巴写的经书笔画简洁、匀细，笔画中的线条不够流畅、字形扁宽、字体大小不一，字间距和行间距适中，整体布局较疏松。写经所用东巴纸较一般的长、窄，封面大都竖置，书名简洁，正文均为三行式，即每页分成三行，每行又分成若干小节，每节表示一句话，一句长达十几个音节的话语常常只用六七个字来记录，字词关系很不严密。

二、鸣音乡

鸣音，由纳西语地名"摆夷窝"演变而来。鸣音乡位于丽江城东北部，乡政府所在地鸣音村距丽江城 80 公里。东隔金沙江与宁蒗县相望，南与大东乡相连，西接大具乡，北连宝山乡，全乡总面积 332.8 平方公里，下辖 6 个行政村：东联、太和、鸣音、落美、海龙、洪门。境内有纳西、傈僳、普米、汉、彝、苗、藏等民族，但以纳西族为主。[①]《全集》所收鸣音乡有跋语之经典约 13 册。

（一）《全集》所收鸣音乡有跋语之经典分布情况

《全集》所收鸣音乡的经书主要分布在太和、鸣音两地，《人神之媒——东巴祭司面面观》[②]中记载的鸣音东巴也以太和、鸣音两地居多。《全集》跋语中出现的鸣音东巴有：东卢、东华、东构、和长命、构若、和即贵。具体见下表：

纳西地名		东巴姓名		生卒年月	抄经册数	备注
经书原文	读音及汉译	经书原文	读音及汉译			
（东巴文）	[zɿ³³bə³³uə³³]汝崩坞村（属太和行政村）	（东巴文）	[to²¹lu²¹] 东卢	不详	2	1 册给了韩锥俚村的东巴东构。
（东巴文）	[hæ²¹ʥy³³lu³³]韩锥俚村	（东巴文）	[to³³kə⁵⁵] 东构	不详		韩锥俚东构与坞督含聚吉垛构为同一人。
（东巴文）	[uə³³dy²¹hæ²¹dzy³³ku³³]坞督含聚吉	（东巴文）	[to³³kə⁵⁵] 垛构	不详		垛构是东华的外甥。
（东巴文）	[o²¹ʂər²¹dzy²¹kʼɯ³³tʼɣ⁵⁵]沃什山脚下	（东巴文）	[to³³hua²¹] 东华	不详	3	东华是垛构的舅舅，3 册经书都给了垛构。
（东巴文）	[tʂʼɣ³³kʼo³³]初柯（属太和行政村）	（东巴文）	[to²¹mi⁵⁵] 东命（即和长命）	1910-1982	2	鸣音村依玉东巴的弟子，后向丽江东巴和凤书学过哥巴文。
	太和行政村坞督自然村	（东巴文）	[kə⁵⁵zo³³] 构若	1909-1978	1	
	鸣音行政村鸣音自然村	（东巴文）	[tɕi²¹ku⁵⁵] 和即贵	1926-2002	5	从小跟外公和晓那学习东巴文，后又拜依玉东巴为师。有 1 册是抄的鲁甸东巴和乌尤的。
（东巴文）	[le⁵⁵tɕʼi³³bər³³dər³³]楞启班丹（白地）[ʂu³³dzɚ²¹uə²⁴]术久村	（东巴文）	[na³³bʉ⁵⁵hu²⁴]那布恒	不详		和即贵东巴的其中 1 册经书是抄的白地那布恒东巴的。
	宝山乡	（东巴文）	[uə³³kə⁵⁵ga³³]乌构皋	不详		乌构皋是乌巴拿梦恒的舅舅，76 岁时写了

---

① 丽江纳西族自治县志编纂委员会编：《丽江纳西族自治县志》，云南人民出版社 2001 年版，第 61 页。
② 李国文：《人神之媒——东巴祭司面面观》，云南人民出版社 1993 年版。

					一本经书给侄儿拿梦恒。和即贵重抄。

表中鸣音乡太和行政村的东卢、东构、东华三位东巴均无资料记载，但从跋语内容可知东卢、东华东巴都曾写经书给东构，他们之间存在经书传承关系。东卢东巴写的经书字迹工整、风格独特，下面是他写的经书《全集》28 卷《禳垛鬼大仪式·向东巴什罗寻求镇鬼的本领》中的一页正文（第 293 页）：

可以看出东卢东巴写的经书笔画简洁、匀细，字形扁长，字迹工整匀称，字间距和行间距较小，所用东巴纸较长、窄。东华东巴的写经风格与东卢东巴的基本一致，但字迹不如东卢东巴的工整漂亮，字间距较大。下面是东华东巴写的经书《全集》54 卷《驱妥罗能特鬼仪式·搭神坛·竖神石》的一页正文（第 263 页）：

（二）和长命、和即贵、构若三位东巴研究

几种记录东巴生平事迹的资料中有关于和长命、和即贵、构若三位东巴的记载，下面对其记载有误及不统一的地方进行梳理校订。

1.和长命

和长命东巴原住鸣音乡鸣音村，后迁往本乡太和村，是鸣音村大东巴依玉的弟子，后向丽江大东巴和凤书学习哥巴文，故东巴文和哥巴文都写得非常好。他以铜笔写东巴经而著名一时，曾写过《百药医书》一部（后被毁），今存用铜笔所写《推算六十甲子》一书，颇具地方特色。《人神之媒》记其"属猪，1979 年去世，终年 70 多岁"，[①]《近代东巴名录》记其生卒年为"？—1979 年"，[②]《东巴

---

① 李国文：《人神之媒——东巴祭司面面观》，云南人民出版社 1993 年版，第 163 页。
② 和自兴等主编：《近代东巴名录》，载《丽江第二届国际东巴艺术节学术研讨会论文集》，云南民族出版社 2005 年版，第 604 页。

名录》①、《东巴文化传承者—东巴》记为"1909—1982年"。②由此可以看出前人对其生卒年的说法不一,但他自己留下的经文跋语可解决其生卒年问题。

《全集》96卷《以花甲的五行等推算孩子的凶吉》经书跋语中虽无署名,但封面、首页、末页及正文中均钤有和长命③东巴的汉文方形印章。卷末第236—237页有如下跋语:

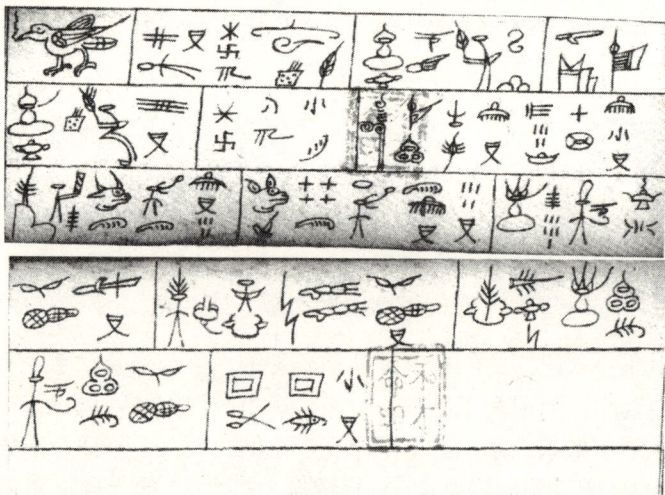

段首符号后面即是跋语内容,汉译作:

这本书是三月十日写的。是花甲中属土的牛年那年写的。人生到四十岁时所写。愿东巴长寿,卜师安康!愿祖孙相传万代,愿后辈能产生高明的东巴和高明的卜师。大吉大利了。

土牛年为己丑年,有1889、1949、2009年等几种可能,此时和长命东巴虚岁40,实岁39。相关资料记其生于20世纪初,因此1889、2009年可以排除,故此册经书写于1949年。由年龄回推生年,和长命东巴应生于1910年,故《东巴名录》等记其生年为1909年有误。1910年属狗,1911年才属猪,若和长命东巴1979年去世,则其终年正好70岁,而不是70多岁,故《人神之媒》记其"属猪,1979年去世"亦误。综上,和长命东巴生于1910年,卒于1982年,终年73岁。

《全集》79卷《祭祀云鬼、风鬼、毒鬼、仄鬼设置神座·撒神粮》的跋语(第46—47页)汉译作:

---

① 郭大烈、杨世光主编:《东巴名录》,载《东巴文化论》,云南人民出版社1991年版,第679页。
② 卜金荣主编:《东巴文化传承者——东巴》,载《纳西东巴文化要籍及传承概览》,云南民族出版社1999年版,第159页。
③ "和才命印"之和才命即和长命。

这一本经书是高原上初柯①地方的东巴东命所写的,这本经书写在牧羊的时候。这本经书一共写了三天,我写的不好。愿东巴益寿延年,愿卜师健康长寿。

通过比勘用字情况、字迹、段首符号等特点,可断定此册经书也为和长命东巴所写,故《全集》中收录其写有跋语的经书只有 2 册。他的书写风格与东卢东巴的大致相同:笔画简洁匀细、字形扁长,不同之处在于和长命东巴的经书字间距较大,所用东巴纸较短、宽。

2.和即贵

和即贵东巴,法名东贡,乳名吉贡,丽江鸣音乡鸣音行政村鸣音自然村人。从小被送到外公和晓那东巴家,四五岁就跟着外公学习东巴文,后拜本村大东巴依玉为师。12 岁到汉文学校念书,故汉文水平较高。1984 年受聘丽江东巴文化研究所,参加了《全集》的翻译工作。《人神之媒》记其"属虎,1990 年 65 岁",②由此可推出其生年为 1926 年,正好属虎。《东巴文化传承者—东巴》记其生年为1926 年,③《近代东巴名录》记其生卒年为"1926—2002 年",④《东巴名录》⑤、《近代纳西族东巴小传》⑥记其生年为 1928 年。《人神之媒》中的记载是李国文先生根据和即贵东巴自己的口述记录下来的,故比较可信,由此和即贵东巴生于1926 年,卒于 2002 年,终年 77 岁。

《全集》中收录和即贵东巴所写有跋语之经书 5 册,但只有 1 册经书跋语中明确署名,是抄的鲁甸东巴东尤的。下面是这册经书(《全集》45 卷《压呆鬼·启的产生》)中的一页正文(第 175 页):

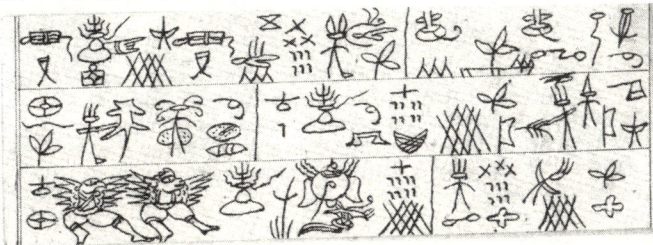

从中可以看出和即贵东巴抄写的经书笔画粗细均匀一致、字形方正匀称、字

---

① 原注:初柯,丽江鸣音乡的一个地名。
② 李国文:《人神之媒——东巴祭司面面观》,云南人民出版社 1993 年版,第 170 页。
③ 卜金荣主编:《东巴文化传承者——东巴》,载《纳西东巴文化要籍及传承概览》,云南民族出版社 1999 年版,第 165 页。
④ 和自兴等主编:《近代东巴名录》,载《丽江第二届国际东巴艺术节学术研讨会论文集》,云南民族出版社 2005 年版,第 601 页。
⑤ 郭大烈、杨世光主编:《东巴名录》,载《东巴文化论》,云南人民出版社 1991 年版,第 682页。
⑥ 和志武、钱安靖、蔡家麒主编:《近代纳西族东巴小传》,载《中国原始宗教资料丛编·纳西族羌族独龙族傈僳族怒族卷》,上海人民出版社 1993 年版,第 422 页。

体大小均衡、字间距较小，总体感觉非常工整。通过比勘字迹，可推断出另外 4 册经书也为和即贵东巴所写。

和即贵东巴的这 5 册经书从封面到末页都颇新、且字迹工整匀称，可能是他的晚期之作。其经书封面大都竖置，书名外的方框上方画有一朵宝花，下方画有一个白海螺，如右图所示。

和即贵东巴虽是鸣音乡人，但与鸣音其他东巴相比，其经书的书写风格相当独特。鸣音乡的经书虽都笔画匀细、字迹工整，但其他东巴的经书字形扁长、整体布局较疏松，而和即贵东巴的经书字形方正匀称、篇章布局细密整齐，这可能是由于受聘到东巴所后在一定程度上受到其他东巴的经书书写风格影响所致。因此，不能将和即贵东巴的经书作为鸣音经书的典型代表。

3.构若

构若是 20 世纪初丽江县鸣音乡太和行政村坞督自然村的东巴。《人神之媒》记其"生年不详，1978 年去世，终年 70 岁"，"家里有东巴经书，东巴法器也齐全。东巴水平不高，但坞督东巴很少，在当地算得大东巴。"[①]由此推出构若东巴生于 1909 年。

《全集》中只收录构若东巴写有跋语的经书 1 册，下面是这册经书（《全集》27 卷《禳垛鬼仪式·镇压属相相克的灾祸鬼》）中的一页正文（第 79 页）：

从中可以看出其经书笔画匀细、字迹工整、字形扁长、字间距较小，与东卢东巴的写经风格非常相似，不同之处在于其所用东巴纸较短、宽。

（三）鸣音乡经书的特点

宝山、鸣音二乡的经典同属白地经，故两乡经书的书写风格有共同之处，即笔画简洁、匀细，此外所用东巴纸一般都较长、窄。但由于两地经书分别是不同地域的各个东巴所写，故还存在一些细微的地域差别：宝山乡的经书字形扁宽、字迹缭乱、字间距较大、整体布局稀松不齐；而鸣音乡的经书字形扁长、字迹工整匀称、字间距较小、篇章布局细密整齐。此外，宝山乡的经书中绝无音字夹杂，

---

① 李国文：《人神之媒——东巴祭司面面观》，云南人民出版社 1993 年版，第 167 页。

而鸣音乡的个别东巴曾学过哥巴文及汉文，故鸣音经书中有夹杂个别音字及汉字的情况。

我们还从两地经书中选取了一些常用语词，试图找出两地经书在用字特点及书写风格等方面的一些差异。

常用语词	宝山乡	鸣音乡
主人这一家		
这本经书是……写的		
祝（东巴、卜师）延年益寿		

从上表可以看出，"主人这一家"在两地经书中的用字虽然相同，都画屋内一男一女牵手之形，但宝山乡的字形略显扁宽，而鸣音乡的显得有点扁长。"写"在宝山乡的经书中常用会意字表示，画东巴执笔在纸上书写之形，偶省去东巴形象；而鸣音乡的经书中常用假借字表示，借"梳子"之形。"祝（东巴、卜师）延年益寿"这句祝福语在两地经书中的用字及文字排列顺序都不相同，且鸣音经书中还夹杂一个音字 〉|〈 [i³³]。由此可以看出宝山乡的经书更加原始、古朴，而鸣音乡的经书中开始出现音字书写现象。

三、大东乡

大东乡，位于丽江城东北部，乡政府所在地下翻身（纳西语称"鲁纳窝"）距丽江城 60 公里。东与永胜县松坪乡、宁蒗县金棉乡隔金沙江相望，南接金山乡、白沙乡，西靠玉龙雪山与龙蟠乡毗连，北与鸣音乡、大具乡相接，全乡总面积 348.8 平方公里，下辖 4 个行政村：甲子、白水、大东、建新，境内有纳西、汉、苗、傈僳、彝、藏等民族。[①]现已刊布的大东乡有跋语之经典 40 册，均在《全集》中。另和力民、杨亦花《重庆中国三峡博物馆东巴经藏书书目简编》收录有 1 则大东乡跋语，[②]因为这批经书未译释刊布，故我们在此处不统计。

（一）《全集》所收大东乡有跋语之经典分布情况

《全集》所收大东乡的经书主要分布在温泉村（亦称吾美课），而展丹村的经

---

① 丽江纳西族自治县志编纂委员会编：《丽江纳西族自治县志》，云南人民出版社 2001 年版，第 60 页。

② 和力民、杨亦花：《重庆中国三峡博物馆东巴经藏书书目简编》，载《长江文明》（第三辑），光明日报出版社 2009 年版。

书以和士成东巴的居多。该地经书分布情况具体如下：

纳西地名		东巴姓名		生卒年月	抄经册数	备注
经书原文	读音及汉译	经书原文	读音及汉译			
	[dzæ²¹dər³³]展丹村		[to³³y⁵⁵tʂʼæ²⁴]东玉才（和士成）	1910-2003	15	师从竹林村和怛亨。
	[lər²¹kʼo³³dy²¹ly⁵⁵gɣ³³]温泉中村		[to³³tʂʅ³³gə³³ly³³bv³³]东知的孙子	不详	10	均有纪时。
			[to²¹bv³³ly³³]东补鲁	不详	3	均为牛年所写。
	[lər²¹kʼo³³]温泉村		[to³³ɯ⁵⁵sər⁵⁵]东恩驷	不详	2	有1册是他儿子写的。
	[o²¹me³³kʼo⁵⁵]吾美课		[tse⁵⁵ɕi³³]郑兴（东喜）	不详	6	为同一人所写。
	[ɕə²¹tɕʼy⁵⁵dʑy³³]休曲局山		[to³³ga³³]东嘎	不详	1	
			[kə⁵⁵tʼa²¹]构涛	不详	1	
			[to³³uə³³]东翁	不详		
	[æ³³uə³³]安窝		[to³³ta²¹]东塔	不详	1	送给了东翁。
大东乡其他地方					1	

《全集》收录温泉中村东知之孙所写有跋语之经书 10 册，只有 2 册经书中明确说是东知之孙写的，其余经书跋语中虽未署名，但写有抄经时的年龄。我们通过比勘字迹、封面及首页的饰画风格，推算抄经时间，断定另 8 册经书也为东知之孙所写。这 10 册经书按抄经时间先后排列如下：

序号	卷.页	经书名称	跋语汉译	抄经年龄
1	38.61	退送是非灾祸·为优麻战神烧天香·消灭千千万万的鬼怪	此书写于属牛之年，本人刚好四十九岁。本人乃温泉地方祭司东知的孙子，写得不算很出色，但没有差错，写得不算很美，我懂得不多，书写也不太好，可此书却写完了。	49 岁
2	49.152	抛面偶·祭抠古鬼	这本东巴经是在白石山下的吉祥地里写的，是蛇年写的，是东巴在二月二十八日写的，没有一处错误，愿智慧的东巴长寿、卜师富足。	53 岁

3	6.48	祭署·开坛经	此书是由郎科地中央的东巴东支的孙子写的，鸡年这一年写的，五十七岁这一年写的，愿祭司长寿，愿卜师长寿。	57 岁
4	9.263	祭署·立标志树·诵召开坛经	（这书是）龙年这年在大东朗可这个地方写的，是在六十四岁的那年写的。	64 岁
5	100.305	民歌范本	羊年郎可地中央六十七岁的这一年写的。这样写了，不要说不好。	67 岁
6	23.205	禳垛鬼大仪式·点油灯作供养经	这本经书是朗考村的祭司我在小年猴年这年写的，是我六十八岁这年写的。这是一本字迹写得不好的经书。虽然我的字写得不好，但我还是认真的写了的。虽然我的家庭和祖先是有名的东巴世家，但我的字却写得不好，实在是没有办法了呀。	68 岁
7	62.287	超度死者·放陪伴的对偶·唤死者起程	这本经书是（大东乡）温泉村的祭司写的，是属猴的那一年写的。	68 岁
8	31.87	禳垛鬼仪式·送大神经	这本经书是朗柯敦虑股的男子我在牛年这年写的，这是我年纪到六十八岁的这年写的啊。	68 岁
9	18.195	祭毒鬼、仄鬼、云鬼、风鬼·交鬼食	这本经书是温泉中村的利补东巴，属鼠这一年写的，写这本经书时东巴已有六十九岁。	69 岁
10	89.218	祭乌刹命·送木牌送鸡	这一本经书是丽江大东乡朗柯中村的东巴写的，写这本经书的时候，东巴我已经有六十九岁了。	69 岁

　　由上表抄经年龄推算抄经时间，若东知之孙 49 岁时是牛年，则其 57 岁时正好是鸡年，64 岁是龙年，67 岁是羊年，68 岁是猴年。其中《禳垛鬼仪式·送大神经》这册经书跋语中虽说 68 岁时写的，但又说这年是牛年，不符合东知之孙 68 岁是猴年的说法。通过比勘字迹、封面及首页的饰画风格等特点，这册经书与《禳垛鬼大仪式·点油灯作供养经》为同一人所写，即东知之孙所写，故"68 岁属牛"有误。《祭毒鬼、仄鬼、云鬼、风鬼·交鬼食》这册经书跋语中说"69 岁属鼠这一年写的"，若为东知之孙所写，则其 69 岁时是鸡年。但通过比勘字迹、封面及首页的饰画风格等特点，也可断定此册经书确实是东知之孙所写，故"69 岁属鼠"亦误。

　　下面是东知之孙 57 岁时写的经书（《全集》6 卷《祭署·开坛经》）中的一页正文（第 34 页）及封面：

可以看出他写的经书笔画简洁匀细、动物多画其轮廓，字形大小不一、字迹缭乱，整体布局疏松不齐。其经书封面布局及饰画风格较统一：大都竖置，书名外的方框上方画有一朵宝花，下方画有一个如意结，如右图所示。

东知之孙的姓名、生卒年月不详，几种记录东巴生平事迹的资料中也没有关于他的记载。他所写经书《禳垛鬼大仪式·点油灯作供养经》的内容提要云："这本古籍是丽江东巴文化研究所藏本，是丽江县大东乡大东行政村朗考自然村的一个东巴世家的祭司抄写的，字迹书写虽然差些，内容却较完整。"从中可知他出生在一个东巴世家，所写跋语中还道明了他的乡籍及其抄经时的年龄，但无法推算其确切生年。

（二）郑兴东巴研究

郑兴[tse^{55}çi^{33}]东巴，法名东喜[to^{33}çi^{21}]。前人资料中没有关于他的记载，但从他留下的经文跋语中可知他是大东乡大东行政村温泉村人，生卒年月不详。《全集》收录他写有跋语的经书6册，但只有2册署名，另4册仅写乡籍。我们通过比勘字迹、封面布局及饰画风格、段首符号、东巴造像等特点，推断出这4册经书也为郑兴东巴所写。

下面是他写的经书《全集》51卷《祭猛鬼和恩鬼·驱鬼·中、下卷·遣送丹鬼》的封面及首页（第149页）：

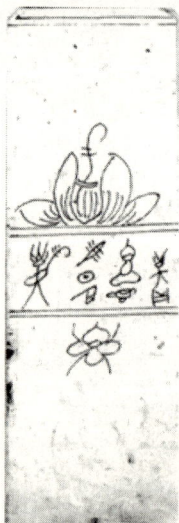

从中可以看出他的经书封面布局、饰画、段首符号较特别：封面横置，宝花饰画在书名之上、方框之内，且画法独特，其余 5 册经书的封面与此基本一致。所写经书虽笔画简洁匀细，但字迹潦草、字体大小不一、整体布局较疏松。

（三）和士成东巴研究

和士成东巴，又名和玉才，法名"东才"或"东玉才"，在经书跋语中还被译作"多由才、多依才、多育才"。他原是丽江大东乡大东行政村展丹村人，后搬到展丹村下面一公里左右的竹林村居住，但在其经书中仍按原籍称自己为展丹村人。和士成东巴幼年丧父，寡母改嫁，从小受尽饥寒之苦，没有上过汉文学校。18 岁师从竹林村大东巴和忸亨学习东巴文，1983 年至 1997 年被邀至东巴文化研究所释读、整理东巴经卷，并参加了《全集》的翻译整理工作。

《人神之媒》记其"属狗，1990 年 81 岁"，[1]由此可推出他的生年为 1910 年，正好是狗年。《近代纳西族东巴小传》[2]、《东巴文化传承者—东巴》[3]记其生年为 1910 年，《东巴名录》[4]记为 1909 年，《近代东巴名录》[5]记其生卒年为 1909—2003 年。《人神之媒》中的和士成东巴小传是李国文先生根据他自己的口述写成的，故比较可信。因此，和士成东巴生于 1910 年，属狗，卒于 2003 年，终年 94 岁。

《全集》共收录和士成东巴写有跋语的经书 15 册，跋语部分大都写有其法名、乡籍，其中 9 册写有抄经时的年龄。这 9 册经书中最早的写于 1987 年（78 岁），最晚的写于 1993 年（84 岁）。由此可以看出，《全集》所收和士成东巴的经书是他到东巴文化研究所工作后写的，经书各页都比较新。他的写经风格与大东乡其他东巴的差异较大，更接近丽江经的书写风格，可能是到东巴所工作后受当地经书书写风格影响所致。

下面是他 83 岁时写的经书《全集》3 卷《祭猎神仪式•祭猎神》中的首页（第361 页）及封面：

---

① 李国文：《人神之媒——东巴祭司面面观》，云南人民出版社 1993 年版，第 188 页。
② 和志武、钱安靖、蔡家麒主编：《近代纳西族东巴小传》，载《中国原始宗教资料丛编•纳西族羌族独龙族傈僳族怒族卷》，上海人民出版社 1993 年版，第 419 页。
③ 卜金荣主编：《东巴文化传承者——东巴》，载《纳西东巴文化要籍及传承概览》，云南民族出版社 1999 年版，第 160 页。
④ 郭大烈、杨世光主编：《东巴名录》，载《东巴文化论》，云南人民出版社 1991 年版，第 680页。
⑤ 和自兴等主编：《近代东巴名录》，载《丽江第二届国际东巴艺术节学术研讨会论文集》，云南民族出版社 2005 年版，第 600 页。

　　从中可以看出他的经书笔画匀细、简笔较多、字体较小、字与字间的空隙较大、整体布局较稀疏。除字迹外，其他方面更接近丽江经的风格特点。他的经书封面大都竖置，书名外的方框上方画有一朵宝花，下方画一个绿宝石。我们可通过这些字迹及封面特点整理出《全集》和士成东巴所写无跋语之经书。

　　（四）大东乡经书的特点

　　大东乡的经书与宝山乡的经书在书写风格等方面有更多的共同点：笔画简洁匀细、笔迹潦草、字形扁宽、整体布局有点疏松凌乱，封面大部分竖置，书名简洁，正文一般为三行式，字词关系较稀疏，经文中无音字夹杂。两地经书从封面到末页都比较古老、破旧，可见经书版本年代之久远，从外在特征上很难将两地经书区别开来。

　　与鸣音乡的经书相比，虽笔画都比较简洁、匀细，但鸣音乡的经书字迹工整匀称、字形扁长、整体布局细密规整，且经书中有夹杂个别音字及汉字的情况。宝山乡和鸣音乡所用东巴纸一般较大东乡的长、窄，而大东乡所用东巴纸与丽江、鲁甸的几乎没有差别，都比宝山、鸣音的短、宽。

　　宝山、大东二乡经书的风格特征完全符合李霖灿先生描述的"白地经"版本特征：经典中图形细致，笔画均匀；只有象形字，象形字的动物多画其全身轮廓；笔画匀细的经典中若有"$\eth$[na^{21}]黑"这一特殊字形，必为白地经。[①]把李霖灿先生归纳的白地经特征与我们观察到的宝山、大东一带经书的风格特征结合起来，可将《全集》中宝山、大东一带无跋语之经书及其有跋语而不明地望的经书整理归类。

四、《全集》所收宝山、大东一带不明地望经书情况

　　《全集》收录的经书来源于丽江各地，涉及多位东巴、多个村名、山名，将里面的经书按地域、东巴进行归类，是一项较困难的工作。我们的做法是先将《全集》中有人名、地名跋语的经书整理归类，然后依据各地经书特点系联无人名、

[①] 李霖灿《论么些经典之版本》，载《么些研究论文集》，台湾故宫博物院 1984 年版，第 109 页。

地名跋语之经书及人名、地名无从考证的经书。

我们依据宝山、大东一带的经书特点整理出《全集》中有跋语而不明地望的这一带经书 15 册，其中人名、地名无从考证的经书 8 册，未写人名、地名的经书 7 册。具体情况列表如下：

纳西地名		东巴姓名		生卒年月	抄经册数	备注
经书原文	读音及汉译	经书原文	读音及汉译			
			[to^{33}tɕi^{33}]东京	不详	1	
			[to^{33}dzɣ^{55}] 东注	不详	1	
	[ɖe^{33}p'ər^{21}lo^{21}]增盘罗村		[ɯ^{33}lɣ^{55}bu^{21}]恩露埔	不详	1	给了夫罗村的东麻吐
	[fv^{33}lo^{21}]夫罗村		[to^{33}ma^{21}t'ɣ^{55}]东麻吐	不详		
	[a^{33}le^{33}ts'ŋ^{21}]阿冷初		[to^{33}ku^{55}]东恭	不详	1	由长水恩科山东亨使用。
	[ɯ^{33}k'o^{21}dzɣ^{21}]长水恩科山		[to^{33}hɯ^{21}] 东亨	不详		
			[ho^{21}na^{21}ho^{21}]和纳合	不详	1	52 岁时写的。
	[da^{21}hɯ^{21}dɣ^{33}p'ər^{21}æ^{21}ʂua^{21}k'ɯ^{21}]达恒督盘岩刷肯		[to^{33}ts'æ^{33}] 东昌	不详	1	
	[ə^{55}da^{33}lo^{21}ʂə^{55}dzər^{21}k'ɯ^{33}]阿达罗冷杉树旁				1	63 岁时写的，给了侄儿。
	[kua^{33}p'ər^{21}æ^{21}]白鹤岩脚		[to^{33}hɯ^{21}] 东恒	不详	1	送给了俄忍的东桑。
	[o^{21}ze^{33}]俄忍		[to^{33}sər^{33}] 东桑	不详		
跋语中无人名和地名					7	5 册纪时经典。

第二节 丽江经跋语反映的东巴及其经书

丽江经主要是指分布在丽江城区及其周边地区的经书，以大研镇为大本营，包括太安乡、黄山乡、白沙乡、金山乡、龙山乡、七河乡、拉市乡等地。《全集》收录大研镇、太安乡的经书较多，收录黄山乡、金山乡、龙山乡、七河乡的经书较少，基本没有收录白沙乡、拉市乡等地的经书。《哈佛》收录 4 册白沙乡的经书、《哈佛》和和继全《美国哈佛大学燕京图书馆馆藏东巴经跋语初考》收录黄山乡东知东巴所写跋语 13 则。下面将按地域依次对各地东巴概况、抄经情况及其经书特点进行整理研究。

一、白沙乡

白沙乡位于丽江坝北部。西临龙蟠乡，北毗大具乡，东邻古城区大东乡，南接古城区束河街道。这里曾经出过著名大东巴久知老。

《全集》中未收录白沙有跋语的经书，《哈佛》东巴经有 4 册有跋语，其中一册明确提到 [boᶻᶻʂ²¹beᶻᶻkvᶻᶻ] 崩史村头，崩史村为现白沙乡白沙村。

《哈佛》4 卷《延寿仪式·压冷凄鬼·砍翠柏天梯梯级·末本》跋语（第 394 页）：

汉译：崩史村头的和虎写的书，是八月十五日写的。在雪山松林带，不长千肘高的树。在广大的村庄里，没有活到百岁的人。世间大地上，做"延寿仪式"，是作仪后可延年益寿。内行之人看了，会装在心头，外行人看了，则会不知所曰。我所知道的两三句，已教给别人了。而不懂的两三句，却无处求教了。好男去世了，名声要留于后世。

《哈佛》的翻译者将 [ho²¹hu²¹]翻译为"和虎"，但估计这应该是白沙村的和鸿。以前和继全《美国哈佛大学燕京图书馆馆藏东巴经跋语初考》也提到这则

42

跋语，当时他就翻译为"和鸿"。①

《人神之媒》"和诚"条记载："（和诚）先生的祖父和鸿是著名大东巴，听说举行过一次"高根金布"的大型道场，用牦牛、黄牛、猴子等作牺牲外，还买来一个人牲作牲品，作为稀事而流传。和诚祖父、父亲的墓碑上，原来刻有东巴文的墓志铭和对联，可惜已毁。"②

和继全《美国哈佛大学燕京图书馆馆藏东巴经跋语初考》还提到 D35 的跋语：

汉译：白沙村头的我在玉湖举行大祭风仪式时写的，心中波澜起伏，考虑到很多事情。山上的银花是雪山的面子，海中的鸟是大海的面子，人活在世上，只是一句名声，说不尽的世事啊。

跋语中提到白沙村头，根据字迹，也应为和鸿的经书。

《哈佛》还有两册经书，根据字迹推测，也应为和鸿所写。

卷.页	经书名称	跋语汉译
1.413.D9	延寿仪式·在翠柏梯上给胜利神除秽·给胜利神施药	 这册经书是盘勒滞梅萨的嫩不塔写的。写了么有可能漂亮也可能不漂亮，有可能好看也可能不好看。做比说要快，嘴上说与手上做要铭记在心。怎么写就怎么好看，这是心爱之人说的话。识得山名，但不越此山，这是相处和睦，互相帮助之人说的话。太好，太漂亮了，潦草就不好看了。东巴萨嘎插应好好地铭记在心上！后面是板铃了，请来跟我学吧！就像说来容易做到难一样，就像答应容易深入难一样，要慢慢思量。
4.73.D28	延寿仪式·东巴弟子求赐大威灵·末本	

---

① 和继全：《美国哈佛大学燕京图书馆馆藏东巴经跋语初考》，载《中央民族大学学报》2009年第5期。
② 李国文：《人神之媒——东巴祭司面面观》，云南人民出版社1993年版，第227页。

		我活到六十一岁时写的，慢慢又学吧!皇帝住的地方，皇帝跟前，有金山和银山。金山和银山，也有用完时。书这玩艺呢，永远也读不完。我所教的两三句，丢弃到远处去吧!世间大地上，是推崇古语的。雪山上的银花，是推崇山花。……是推崇海花的。我这弟子的姐姐，是个粗鲁之人。世间大地上，不说则了了。说呢则心烦!

二、大研镇

大研镇，位于丽江坝中部，全镇总面积 56.1 平方公里。东与金山乡毗邻，西南与黄山乡相接，西北与白沙乡接壤，下辖新华、新义等七个街道办事处，祥云、五台等七个农村办事处。[①]《全集》收录大研镇有跋语之经典较多，共 49 册。

（一）《全集》所收大研镇有跋语之经典分布情况

大研镇的经书主要分布在庆云村（纳西语"坞吕肯"），共 9 本，只有 1 本是朵拉所写，其他均是和凤书东巴的经书。具体分布情况如下：

纳西地名		东巴姓名		生卒年月	抄经册数	备注
经书原文	读音及汉译	经书原文	读音及汉译			
匚犬匚	[uə^{33}k'ɯ^{33}mæ^{33}] 坞肯满	羊义	[to^{33}la^{33}]朵拉	不详	1	
工十犬	[uə^{33}ly^{33}k'ɯ^{33}] 坞吕肯（即丽江大研镇祥云乡庆云村），又称白龙潭。	式セ早	[ho^{21}fə^{55}ʂɿ^{33}]和凤书	1877-1952	6	
闩书凹		卩丫凹	[to^{33}iə^{21}ts'i^{33}]多尤青	不详	1	
		甲丫牙	[to^{33}y^{55}k'æ^{33}]东玉康	不详	1	

其中朵拉所写经书跋语：

卷.页	经书名称	跋语汉译

---

① 丽江纳西族自治县志编纂委员会编：《丽江纳西族自治县志》，云南人民出版社 2001 年版，第 48 页。

48.146	祭端鬼·请莫毕精如·后卷	
		这本经书是于羊年这一年写的，请慢慢翻看，这本书是坞肯满[uə³³kʻɯ³³mæ³³]的东巴朵拉[to³³la³³]写的，愿东巴长命百岁，读完这本经后不要很快地把它忘记。

（二）和凤书东巴研究

和凤书东巴，丽江大研镇庆云村（纳西语"坞吕肯"）人，精通东巴文和哥巴文。几种记录东巴生平事迹的资料均记其生于 1877 年，卒于 1952 年，终年 76 岁。

《全集》收录他写有跋语的经典 8 册，其中 1 册 54 卷《关死门仪式·解生死冤结·超度沙劳老翁》只有跋语译文"这是谷本村[gu²¹be³³uə³³]和凤书[ho²¹fə⁵⁵ʂu³³]的书"，没有与之对应的东巴文。

其中 1 册经书《全集》88 卷《大祭风·招回本丹神兵》跋语较长。

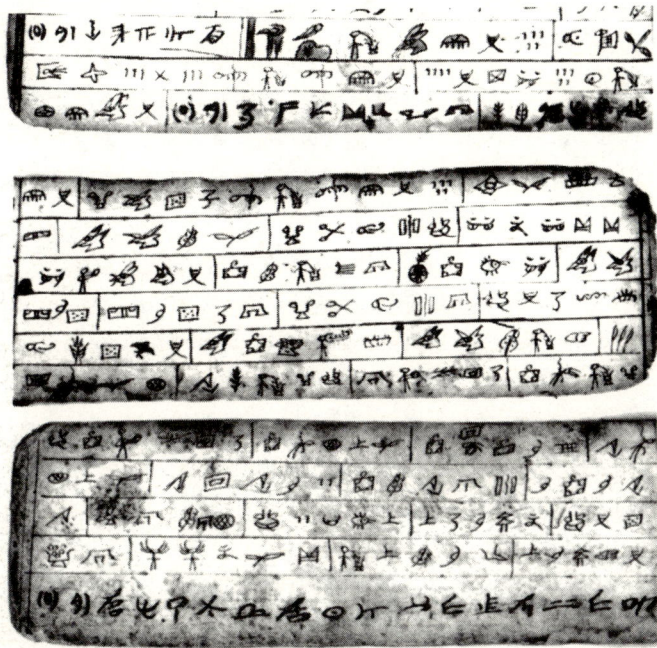

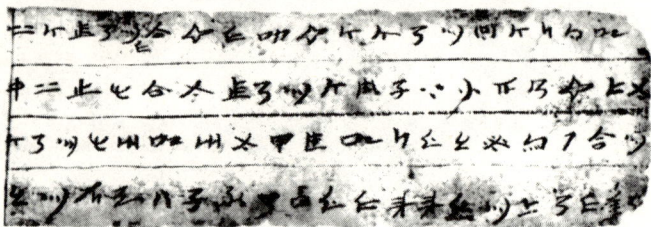

汉译：这本经书，是丽江坞吕肯[①]的师兄和凤书，在补托水年（皇帝的年号是光绪三十三年）四月十五日写的，是在三十岁那年写的。小哥我，曾到俄亚那个地方去过。看到那里人们的生活很贫困，我一双圆圆的眼睛，黑色的眼珠，只要看到人们艰难地生活着，就对人生不抱多少希望，心里就十分悲伤。但是，又慢慢想一想，在人类生活的辽阔大地上，比较乐观的人，吹着树叶喜喜欢欢地过了一生。说人生是来受苦、受罪的这些人，受苦受累地过了一辈子。说人生是来受苦的，不必一味去受苦受难。说人生是来享乐的，也不要图一时快乐。苦和乐之间，不太苦也不太享乐地，自欺欺人地过一生吧。

若要说伤心的话，这话说不尽。心儿分三瓣，是烦恼聚集和交汇的地方，不想再把凝聚在心里的伤心事提起。

东巴和凤师我，手里拿着十二元钱，十二元也没有用完，就到处走过了。什么样的生活，我都过过了。什么样的事，我都做过了。作为东巴，我到过宁蒗，曾到志凤家中拜会过他。由于我办事能力强，也曾做过汉官。鼠年那一年，曾召集过一百五十九个东巴做仪式，全部算上不满二百人。这些事一时也说不完了。

《全集》把"四月初五日"误译作"四月十五日"，应是"在补托水年四月初五日写的"。

《全集》87卷《大祭风·迎请罗巴涛格大神》跋语（224页）：

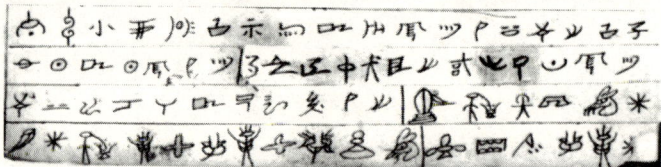

汉译：皇历甲子二十九年十二月二十四日写。由来自名宅的白龙潭[uə³³ly³³kʻɯ³³]的和富宗[ho²¹fɣ⁵⁵ʥo³³]书写。在南方的无论哪一种祈福仪式兴怎么做，全部都已记在心中。

《全集》将 武 𖿱 和凤书[ho²¹fə⁵⁵ʂ̩³]误译作"和富宗[ho²¹fɣ⁵⁵ʥo³³]"，[②]该册

---

① 原注：坞吕肯，地名，在丽江坝大研镇祥云乡。

② 白小丽：《通过印章判定和凤书东巴的经书》，载《华西语文学刊》（第六辑），四川文艺出版社2012年版。

经书写于 1903 年。

以下 2 册，虽未提到和凤书的名字，但均提到所在地名，从封面、彩绘及字迹判断，也应是和凤书所写。

卷.页	经书名称	跋语汉译	备注
93.124	用五个贝占卜	 天干为鼠年的正月十六日写的书。书是由肥田沃土的谷本（今丽江坝）本满（今丽江祥云）的师兄所写。送给恩轲（今丽江长水）的师兄。不要不敬重书。愿东巴延年益寿。	封面及首页饰画均涂色。
87.21	分开吊死者和活人	这是白龙潭的书。	彩绘本。首页有圆形印章。

以下 2 册，虽然跋语中写明是"多尤青"和"东玉康"，但根据封面、彩绘、印章和字迹看，也应该是和凤书的写本。

卷.页	经书名称	跋语汉译	备注
6.220/221	祭署·求雨上卷	 此书是好地方坞吕肯的里卜多尤青写的，写得不错乱，读的人不要错读了吧， 要用心慢慢思索吧。慢慢又思吧。此书虽是好书，不懂的人读来就难，懂的人读来就易，不要说很能干的读了，愿长寿日永，身体洁净，心地善良，会求雨，顶冰雹之灾，打雷又会止息。	彩绘本，封面破旧，首页有一个较大的方印。

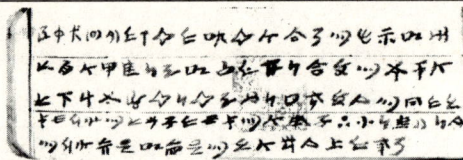

30.170, 184, 202/203	禳垛鬼大仪式·招魂经		此为三本经书的合集，是彩绘本。封面破旧，首页有方形印章。

坞吕肯村的祭司我，没有经历过的都没有，全都经历过的啊。鼠年那年办甲子会时，一共有二百多位祭司聚集在一起，大研镇丽江城里的县官、绅士；有名望的长老以及大小官员，都曾赞扬过一下的啊。虽然如此，但也不是轻易办成的。虽然很早就准备好了的，但做起来也不算是早的了呀。因为做得好，才完成了这一桩大事的啊。现在需要修改的仪规，还是必须修改的啊，不能固执地说我是这样学来的了。此后这一段，是施放驮垛鬼凶灾物的母马的经书。

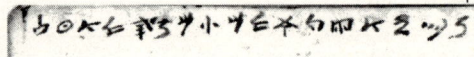

祭仪不能都一样地做了，过去的和现在，时代也不一样了。必须认真地做了。

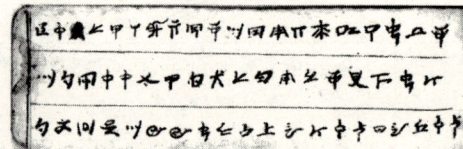

这本经书，是坞吕肯村的东巴祭司东玉康我写的啊。这本经书的内容有两段啊，认真地看吧。这是禳垛鬼大仪式的经书，其中三节都要认真地诵啊，不要有什么错漏。说说容易做则难，需求容易学则难。

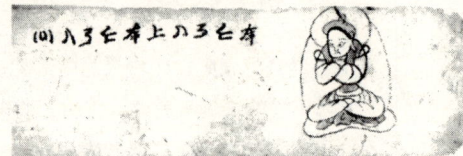

真正的祭诵是不能完的，真正的评说是不能完的。

48

以上 7 册均是形音混合经典，且都是彩绘本，或全部彩绘，或封面及首页饰画涂色。他的经书封面都比较破旧，书名两边的空白处也都涂有颜色。由此可以看出，他写的经书大多既是彩色经典又是形音混合经典，是丽江经的典型代表。

下面是他 27 岁时写的经书《全集》87 卷《大祭风·迎请罗巴涛格大神》中的一页正文（第 221 页）：

从中可以看出，他的经书笔画简洁流畅、字迹工整、文字稀疏、布局整齐，经文中夹杂成句哥巴字，东巴字大都涂有颜色。

三、黄山乡

黄山乡以黄山得名，位于丽江城西南部，乡政府所在地白华村距丽江城 3 公里。东连大研镇，南接七河乡、太安乡，西靠文笔山、马鞍山、普济山与拉市乡相接，北连白沙乡。全乡总面积 92.2 平方公里，下辖中济、黄山、长水、白华、文华、南溪等 6 个行政村，境内有纳西、汉、藏等民族。

据《人神之媒》记载，黄山乡东巴较多，尤其是长水村还有一些知名的大东巴，如和学道、和泗泉等；

黄山乡的跋语我们列表如下：

纳西地名		东巴姓名		生卒年月	抄经册数	备注
经书原文	读音及汉译	经书原文	读音及汉译			
乐凵	[w³³k‘o²¹]长水下村	口平、口窗	东知	1814-?	13	
刕犬子、汇口家	[ts‘ɣ³³k‘o³³dɣ²⁴]初柯督（属五台行政村）	甲巡、口巡	[to³³fa²⁴]东发	不详	21	其中 8 册经书跋语中虽未署名，但推断出是东发写的经书。
		跋语中未署名			4	其中 1 册经书中

地名字	地名	人名字	人名		数	备注
						仅有跋语译文
	$[ly^{55}huɯ^{55}ʂua^{21}ga^{33}uə^{33}]$中济村刷嘎坞（也是中和村）		$[ho^{21}fæ^{33}]$和芳	不详	1	20岁时写的。
	$[la^{33}ts'y^{33}uə^{21}]$拉秋吾（即丽江大研镇五台办事处中和村）	跋语中未署名			1	
			$[ho^{21}y^{21}ts'i^{33}]$和玉清	不详	1	此册经书中仅有跋语译文
			$[to^{33}duɯ^{21}]$东迪	不详	2	送给了正都的阿东麻。
	$[tse^{55}dʏ^{24}]$正都		$[a^{55}to^{33}ma^{21}]$阿东麻	不详		
	$[muɯ^{21}sa^{55}uə^{33}]$下束河（属丽江大研镇五台办事处），音译作蒙绍坞。		$[to^{33}k'æ^{33}]$东康	不详	2	蒙绍坞村在拉郎瓦山脚下。
			$[to^{33}ŋə^{21}]$东阿	不详	1	
			$[to^{33}li^{33}]$东李	不详	1	
			$[to^{33}li^{33}]$多里	不详	1	多里与东李不是同一人。
			$[to^{33}na^{55}]$东纳	不详	1	
	$[p'ər^{21}do^{33}uə^{33}ly^{55}tʂ'e^{5}]$盘朵坞中村		$[ho^{21}li^{21}]$和林	不详	7	法名东林。
	$[se^{33}pi^{21}]$生笔（即丽江黄山乡文化村）		$[to^{33}ʂu^{21}]$东纯	不详	1	48岁写，留给儿子。
			$[sʅ^{55}iə^{21}]$四尤	不详	1	
			$[dʑi^{21}ts'ʅ^{55}mu^{33}]$吉次牡	不详	1	抄的下束河阿开的。
	$[muɯ^{21}sa^{55}uə^{24}]$下束河		$[ə^{33}k'æ^{33}]$阿开	不详		

（一）东知东巴

东知东巴，李国文《人神之媒——东巴祭司面面观》有所记载："东巴东知，黄山乡长水下村人。生年不详，约民国初年去世，享年80多岁。是大东巴，善于制造东巴经书写用纸，一生抄写下很多东巴经书"[1]。和继全通过关键性的一则B24跋语杨玉科攻占鹤庆的事件来证明这个东知就是李国文书中提到的东知，其生年为1814年，师承白地甲告恒东巴[2]。东知东巴有个儿子，名叫木福光，据李国文先生的记载，"杨光东巴，黄山乡长水下村人。又名木福光，20世纪60年代去世，享年约80多岁。前述东知东巴之子，但东巴经典知识只属一般。美国学者洛克曾到过他家，当时先生曾将祖传东巴经典卖与洛克"[3]。

卷.页	经书名称	跋语及汉译	备注
1.328.B33	祭署·送署回住地	这一本祭署经书，写于正月初三日。	有双红圈，东知的书
2.466.B24	祭署·请神赐威灵经	天干，属木，牛年的农历十一月二十二日写的，是恩颗的东支写的，是余依空白族地区城被攻破那年写的，城是农历十一月初二日攻破的。世间不知死了多少人。愿东巴延年益寿。	东知
3.71.B44	祭署·迎接刹道祖先	天干属木，虎年农历六月十六日，羊日的一天写的，是恩颗马鞍山	东知

---

① 李国文：《人神之媒——东巴祭司面面观》，云南人民出版社1998年版，第218页。
② 和继全：《美国哈佛大学燕京图书馆馆藏东巴经跋语初考》，载《中央民族大学学报》2009年第5期。
③ 李国文《人神之媒——东巴祭司面面观》，云南人民出版社1998年版，第218页。

		山麓下的高明东巴，东支写的，没有差错。如果需要读到它的话，会读的人会说，是多么好的一本经书，不懂的人来读的话，就会说，是多么不好的一本经书。	
和文 1.A28		 木虎年三月二十八写的，写的时候东知我 41 岁，祝愿东巴长寿富贵，吉祥	东知
和文 1.C33		 水鸡年六月二十八日写，长水马鞍山下东巴东知写的。	东知
和文 1.C61		 水鸡年六月初六写的，长水马鞍山下东巴东知写的，我六十岁那年写的。写的没有任何错误，到了读的场合，如果是会的人来读，一定会说是写的多么好的书，如果是不懂的人来读，一定会说是写得不好。	东知
和文 1.I18		 木虎年三月二十四日写的，东知我四十岁。这本书是从兹化麻朱并家请来。祝愿东巴长寿富贵。	东知
和文 1.K6		 属蛇年猪板星当值的那天写的，东巴经书是一条路，经文一句	东知，1845 年

		是一个饭碗。见到富人不要巴结，见到穷人不要冷落。无论穷富都不要客气，只是一句名声罢了，事实就是这样的。江水有九条，经文没有那么多，但经文没有学完的时候，就如江水不会断流一样，认真考虑吧。东知我在三十二岁的那年写了这本书，祝愿吉祥如意，长寿富贵。	
和文 1.K24		马鞍山下长水东知写的，写这本经书时我已经有五十四岁了，四月十五那天写的。	东知，1867年
和文 1.K73		水鸡年写的，长水马鞍山下东知写的，东支我六十岁那年写的。写的没有错，读时不要错了。学无止境，不懂的要努力学习，祝愿东巴长寿。	东知，1873年
和文 1.L21		木兔年五月十四日写的经书，由"瑞"星当值的那天写的。长水马鞍山下的东巴东知我是大东巴，但是比不上以前的大东巴了。说是容易做是难，我四十二岁那年写的，祝愿东巴长寿。	东知，1855年

和文 1.L23	 火龙年那年 长水马鞍山下的东巴东知写的。这本经书的母本，是从白地甲告恒东巴那里请来。几句经文对于没有经书的人来说是非常困难的，别人即使有成驮的经书，不要说是借给你，就是看一眼都不允许，没有经书这样的事情，真是一言难尽。	引自和文1，东知，1856年
和文 1.L24	 这本经书是长水东知从白地甲告恒东巴那里转抄来的。人类之卵是老天生的，而孵化是大地所孵化的。无奈啊，一切都挽留不住啊。	东知

（二）东发东巴研究

东发东巴，丽江大研镇五台行政村初柯督自然村人。初柯督[ts'ɣ³³k'o³³dy²⁴]，《全集》还译作"东园村"；东发[to³³fa²⁴]，《全集》还译作"东杨、多旦、东卢、东贵、多福"。"东发"也是丽江黄山乡长水村和泗泉东巴的法名，《全集》所收东发东巴经书中的法名用字与和泗泉东巴的法名用字相同，他们经书中的字迹也非常相似，那么此东发是和泗泉东巴吗？

首先，两位东巴的乡籍不同，一位是大研镇五台行政村初柯督自然村，一位是黄山乡长水行政村中长水村。纳西族地区的行政区划隔几年又重新规划，使得有些地理位置的归属地较难确定，初柯督村以前可能就是黄山乡下面的一个自然村。那么排除乡籍因素，再看年龄。

几种记录东巴生平事迹的资料中均记载和泗泉东巴生于 1885 年，卒于 1943 年，终年 59 岁。《全集》共收录东发东巴所写有跋语之经书 20 册，其中 7 册经书跋语中虽未署名，但通过比勘字迹、印章、封面及首页的饰画风格等特点推断出是东发东巴所写。其中 5 册经书跋语中记录了他抄经时的年龄，具体如下：

序号	卷.页	经书名称	跋语汉译	抄经年龄
1	76.117	超度拉姆仪式•追忆生前•寻找灵魂	住在南方的好地方五台的东法所写，是东法六十六岁好年时所写，祝愿东巴长命百岁。	66 岁
2	23.42	禳垛鬼大仪式•垛鬼铎鬼来历经	这本经典是丽江县城南面的好地方初柯督的祭司东发我写的，是我活到七十岁这年写的啊，祝愿祭司们都延年益寿吧。	70 岁
3	26.135	禳垛鬼仪式•端和铀争斗、施放董若依古庚空的替身	这本经书是丽江城南面的祭司东发我抄写的，这可是我活到七十岁这年写的。愿延年益寿。	70 岁
4	79.222	大祭风•迎请卢神	这一本经书是好地方初柯督的利补东巴东发所写的。写这一本经书时，我的人生已经走过了七十一个年头。愿使用这本经书的东巴健康长寿。	71 岁
5	80.248	大祭风•迎请莫毕精如神•卷中	这本经书是初柯督好地方的东巴东发写的，写于东发我人生七十一岁时。愿东巴长寿健康，愿东巴家肉食不断，富裕的人家酒水不断。	71 岁

从上表可以看出，东发东巴在 66 岁及之后还抄写过经书，而和泗泉东巴终年只有 59 岁，由此这个东发东巴并不是和泗泉东巴，只是两位东巴的法名碰巧相同而已。正如喻遂生师所说："在经书跋语中，东巴往往以法名自称，一般为'东某'。有异人同名的，这时应尽量参考东巴的乡籍、年龄等加以区别。"[①]李静生先生在答复喻遂生师的请教时说："当时这一带有一些大东巴，东发辈分在和芳之前。"[②]

下面是东发东巴 71 岁时写的经书《全集》80 卷《大祭风•迎请莫毕精如神•卷中》的封面及跋语页（第 248 页）：

---

① 喻遂生：《〈纳西东巴古籍译注全集〉中的花甲纪年经典》，载《纳西东巴文研究丛稿》（第二辑），巴蜀书社 2008 年版，第 315 页。
② 喻遂生：《〈纳西东巴古籍译注全集〉中的年龄纪年经典》，载《纳西东巴文研究丛稿》（第二辑），巴蜀书社 2008 年版，第 342 页。

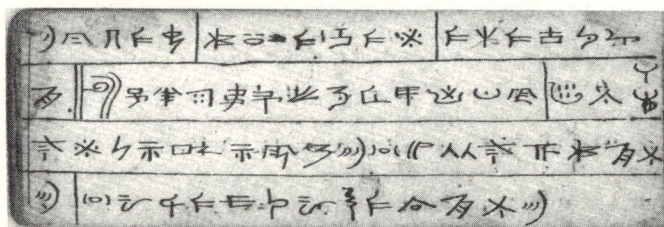

他的经书封面布局及饰画风格大体相同：封面均横置，标题外的方框上方有饰画，饰画中间是白海螺或如意结，两边的"哈达"一些垂直向上，向下的部分画得比较简略，只画了两条曲线。封面及首页饰画大多涂有颜色，还有 1 册全部彩绘。其经书字迹工整、布局疏松而又整齐，其中多夹杂成句哥巴文的形音混合经典，还有 2 册全部用哥巴文书写的音字经典。此外，有些经书中还钤有东发东巴的方形篆文印章。

（三）和林东巴

盘朵坞中村的和林东巴，法名东林，《全集》共收录他写有跋语的经典 7 册。其经文跋语内容都比较简洁，有 2 册经书中只说是"中村的经书"，但通过比勘字迹、封面及首页的饰画风格等特点，推断出是和林东巴抄写的。

下面是他写的经书《全集》85 卷《大祭风·祭祀楚鬼尤鬼·退送鬼魂卷首》的封面及正文页（第 180 页）：

和林东巴的经书封面布局及饰画风格较统一：封面均横置，标题外双线方框上方的中间饰画似太阳，两边的"哈达"画得较精细，弯弯曲曲上下伸展。他的经书笔画粗细均匀、字迹工整、字形大小不一、字间距适中、整体布局较疏松。

三、太安乡、七河乡

太安乡，位于丽江城西南部，乡政府所在地太安自然村距丽江城 26 公里。东连黄山乡、七河乡，南接剑川县、鹤庆县，西与九河、龙蟠两乡相连，北与拉市乡毗邻，全乡总面积 294.3 平方公里，下辖 6 个行政村，由北至南依次是：海西、太安、吉子、天红、汝南、红麦，境内有纳西、彝、普米、白、汉等民族。[①]

《全集》所收太安乡、七河乡有跋语之经典 39 册。和力民、杨亦花《重庆中国三峡博物馆东巴经藏书书目简编》收录有几则太安乡跋语，[②]因为这批经书未译释刊布，故我们在此处不统计。

（一）《全集》所收太安乡、七河乡有跋语之经典分布情况

太安乡的经书较少，只收录 2 册。

纳西地名		东巴姓名		生卒年月	抄经册数	备注
经书原文	读音及汉译	经书原文	读音及汉译			
🔣	[zๅ^{33}na^{21}hua^{55}]汝拿化	🔣	[to^{33}y^{21}]东余	不详	1	此册经书是他 37 岁写的。此外，还写了一些大祭风仪式的经书送给镇督的东巴东纽。
🔣	[tse^{55}dy^{21}]镇督	🔣	[to^{33}nə^{21}]东纽	不详		
🔣	[u^{21}tsๅ^{21}bi^{21}]吾主比	🔣	[to^{33}hu^{21}]东恒	不详	1	

① 丽江纳西族自治县志编纂委员会编：《丽江纳西族自治县志》，云南人民出版社 2001 年版，第 54 页。
② 和力民、杨亦花：《重庆中国三峡博物馆东巴经藏书书目简编》，载《长江文明》（第三辑），光明日报出版社 2009 年版。

七河乡的经书主要分布在恒柯督村 [hɯ⁵⁵k'o³³dʮ²¹]，东巴文写作 ⟨图⟩，哥巴文写作 ⟨图⟩。《全集》跋语中出现的七河乡东巴有恒柯督村的东卢、纽督、东贵，汝南化村的东余，吾主比的东恒。具体如下：

纳西地名		东巴姓名		生卒年月	抄经册数	备注
经书原文	读音及汉译	经书原文	读音及汉译			
⟨图⟩	[hɯ⁵⁵k'o³³dʮ²⁴] 恒柯督	⟨图⟩	[to³³lu²¹]东卢	不详	5	有1册经书写后留给了儿子。
⟨图⟩		⟨图⟩	[nɔ⁵⁵tʮ²¹]纽督	不详	1	
		⟨图⟩	[to³³kue⁵⁵]东贵	不详	1	
恒柯督村未署名的经书					30	2册经书写有抄经时的年龄。

上表中列出的六位东巴在前人研究资料中均无记载，但可通过跋语内容获取一些相关信息。东余东巴是太安乡汝南化村人，《全集》只收录了1册他写有跋语的经典，即91卷中的《大祭风·木牌画画稿》。这册经书年代久远，封面已经坏掉，后经其他东巴另写了一个封面，该册经书中的跋语写在首页，如下：

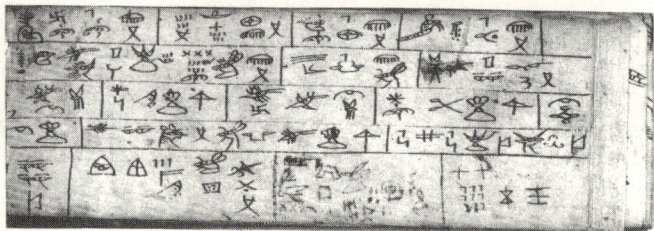

汉译：这一本经书于水补托的牛年，阴历七月十七日的属猴日蛇时写就。是太安乡汝拿化的东巴东余我三十七岁时写的。我写了一大堆大祭风仪式的经书，送给了镇督的东巴东纽。凡是能干的人，永远不会衰老，他们留下的财富，将一代又一代，千年、万年地传下去。能干的人，也不能小看别人，别看现在不怎么样，说不定以后又能成为最能干的人，说不定他们做的祭祀，诵的经文，能给人们带来更多的福泽，希望我还能看到这样的人。凡事都要想得更长远一些，就像雪山一样，把视线放得更高更远。

从跋语中可知，此册经书是东余东巴37岁时写的，写于水牛年的农历七月十七日，猴日蛇时。若知此册经书的抄写时间，便可推出东余东巴的生年。水牛年为癸丑年，有 1973、1913、1853、1793、1733、1673 年等多种可能。1973 年农历七月十七日为癸未水羊日，1913 年农历七月十七日为辛未铁羊日，均不合。1853 年（咸丰三年）农历七月十七日为庚申日，1793 年（乾隆五十八年）农历七月十七日为戊申日，1733 年（雍正十一年）农历七月十七日为丙申日，1673 年（康熙十二年）农历七月十七日为甲申日，均为猴日。若能考订出汝南化村东余东巴的生活年代，便可确定此册经书的抄写时间，从而推勘出东余东巴的生年。

东纽 ⬛⬛ 所在镇督 ⬛⬛ [to³³nə²¹]地名，现在地图上仍有此村名。

玉龙县太安乡汝南化村（现属太安乡吉子村委会汝南化村），位于丽江文笔峰西南侧，村东山腰有"什罗灵洞"，洞前有悬崖、山泉飞瀑，田畴高低交错，景色宜人。以前，附近东巴教徒常来此朝拜。1947 年，在什罗灵洞旁举行由当时东巴会会长和凤书组织、东巴王康巴才主持的大型法会，是近代东巴文化史上的一次盛会。清代、民国时，灵洞香火旺盛，又因村里出过许多有名望的东巴，汝南化成为著名的东巴文化胜地。

汝南化的康巴才、青巴羊兄弟是民国时期享有盛誉的东巴大师。康巴才（1882—1958）以经文唱腔、绘画和舞蹈名世，民众尊其为"东巴王"，丽江各地凡举行重大法会，照例要请他主持；民国时各地东巴广泛收藏有他绘制的布卷神像画轴和《神路图》。康巴才的族弟青巴羊，技艺全面，藏经累栋，一生辗转于丽江坝区、山区和金沙江沿岸主持各种仪式，还办过培养后继东巴的学堂。青巴羊之子和学文（1922—2007），在东巴舞蹈、绘画和手工艺制作方面独具才华，曾在丽江东巴文化博物馆工作近 20 年，为东巴文化的传承及文物收藏、整理、展示工作做了重要贡献。

（二）东卢东巴研究

《全集》共收录丽江太安乡恒柯督村东卢东巴所写有跋语之经典 5 册。其中第 100 卷《仪式规程及杂言》的字迹、行款及封面饰画风格与另外 4 册经书差异较大，但跋语中明确署名是恒柯督村的东卢所写，且用字相同。字迹不同可能缘于和另外 4 册经书是不同时期所写所致。下面是他写的经书《全集》85 卷《唤醒神灵·撒神粮》的封面及正文页（第 47 页）：

东卢东巴的经书封面一般如上所示：封面横置，书名外双线方框上方带状的东西是敬神的"哈达"，似两个小喇叭，中间是一个如意结，有时是白海螺。这些东西都含有敬神的意思，同时又把封面装饰得更加好看一些。他的经书笔画简洁、字迹工整匀称、字形大小基本一致、字与字间的空隙比较大、篇章布局稀疏而又整齐。字词关系不严密，往往一个字对应三四个音节。

整体上说，恒柯督村其他东巴的经书书写风格与东卢东巴的基本相同，封面布局及饰画风格也十分相似。此外，恒柯督村及整个太安乡的经书都有一个共同点：大部分经书的封面及首页饰画均涂色，经文中还夹杂个别哥巴字、汉字，甚至成句哥巴字。

（三）吾主比

吾主比[u²¹tsʅ²¹bi²¹]，吾足比村隶属于太安乡太安行政村，属于山区。位于太安乡西北边，距离太安村委会 5 公里，距离太安乡 5 公里。地图上的地名为"吾住比"。

100 卷《舞蹈的出处和来历（之二）》跋语（第 62 页）：

汉译：这是好地方太安吾主比东恒东巴的经书，祝东巴们延年益寿！

经书名称用哥巴字书写。该经书 62、64 页均有一个长形的哥巴文印章及一个方形的汉文印章，不太清晰。

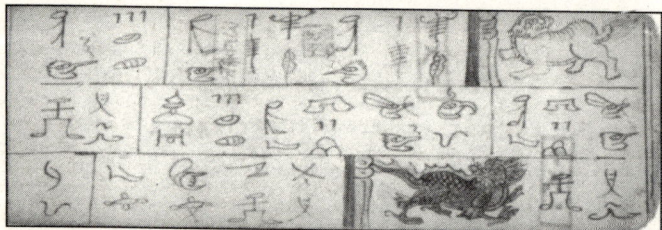

三、金山乡、龙山乡

（一）两乡简介①

金山白族乡，因丽江坝东南乌龟山顶有一金山寺而得名。位于丽江城东面，乡政府所在地赵家登距丽江城半公里。东与永胜县松坪乡隔江相望，东南与龙山乡相连，南接七河乡，西与大研镇、白沙乡毗邻，北接大东乡。全乡总面积275.8平方公里，下辖拉马古、东江、岩乐、文化、新团、金山、东元、良美、漾西、贵峰等10个行政村，境内有白、纳西、汉、傈僳、苗、藏等民族，以白族和纳西族为主。

龙山乡，因龙山坝西面的吴烈山高低起伏，似一条巨龙而得名。位于丽江城东部，乡政府所在地当罗村距丽江城19公里。东与永胜县松坪乡、大安乡隔江相望，南接七河乡，西面、北面与金山乡相连。全乡总面积144.5平方公里，下辖玉河、龙山、龙兴、义新、三古、光乐、增明等7个行政村，境内有纳西、苗、白、汉等民族，以纳西族为主。

据《人神之媒》记载，金山乡也有一些大东巴，如和贵华、和明奎父子；书中没有记录龙山乡的东巴概况。但龙山乡以纳西族为主，此地应该有一些东巴。

（二）《全集》所收两乡有跋语之经典分布情况

虽然金山乡的东巴较多，但《全集》共收录两乡有跋语之经典3册，且这些经书并不是上述大东巴所写。具体如下：

乡（镇）、村名	纳西地名		东巴姓名		生卒年月	抄经册数	备注
	经书原文	读音及汉译	经书原文	读音及汉译			
金山乡	或	$[sər^{33}le^{24}]$ 桑勒				2	金山贵峰行政村三元自然村，或译"思勒"。
龙山乡		$[a^{33}sər^{21}]$ 阿石村		$[to^{33}t'y^{55}]$ 东吐	不详	1	阿石村在构盘局山下。

上表所列东巴均无相关资料记载。东巴作为东巴文化的主要创造者和传承者，其生平事迹亦属于东巴文化研究的重要内容之一，我们应该予以重视。因此，走进田野，深入调查，收集整理上述东巴及这三个乡其他东巴的生平事迹是非常必要的，也是非常迫切的。同时，我们还应加大力度，搜集整理这三个乡的东巴经典，尤其是一些大东巴写的经典。这样就可以在丰富的材料基础上，进一步研究

---

① 丽江纳西族自治县志编纂委员会编：《丽江纳西族自治县志》，云南人民出版社2001年版，第52页。

这一带经书的风格特色及其语言文字、字词关系等问题。

四、丽江经的风格特点

丽江经是指丽江坝区及周边地区的一些经典，以丽江城区及其附近的经典为主。上述大研镇、太安乡东巴写的经典是丽江经的典型代表，从他们的经书中可以看出丽江经最显著的特征是：字迹工整、笔画简洁、文字稀疏、多彩色经典和形音混合经典。

丽江经的封面或首页文字、饰画、段首符号等大多涂有颜色，有的甚至是大部分或整册经典都涂上颜色，我们将这种大部分或整册涂色的经典称为"彩绘本"或"彩色经典"。丽江经中以形字经典为主，含有少量的音字经典。大部分形字经典中夹有哥巴文，有的甚至夹杂成句或多数的哥巴文，我们将这种夹杂成句或多数哥巴文的经典称为"形音混合经典"。据我们从《全集》中整理出的丽江经来看，丽江经中有不少彩色经典和形音混合经典，还有些既是彩色经典又是形音混合经典，如和凤书东巴写的一些经书。

著名学者李霖灿先生也曾论及丽江经的版本特点，他说："第三区以丽江城附近为大本营。这一区的版本以简练的三行式为基本式，动物多只画其头部及特征部分，展开一册经典，见其笔画简洁，文字稀疏，给人一种老辣成熟的感觉，那十之八九是这一区的版本。""若见形字经典中夹有成句或多数的音字在内，那这就是本区的版本。""彩色的版本亦出在这一区，所以我们遇到有颜色的么些经典，大致都可以断定它是出在第三区。"[①]李霖灿先生恰当地描绘出丽江经的一些风格特点，为我们确定经书的归属地提供了一定依据。

五、《全集》所收丽江坝区不明地望经书情况

有一些经书中虽有跋语，但跋语部分未写抄经东巴的姓名或乡籍；有的虽写了其姓名或乡籍，但由于主客观原因的限制，仍无法判定该经典的具体归属地，我们将这些有跋语但不知其具体地点的经书统称为"不明地望的经书"。东巴经典具有明显的地域特征，我们虽不能判定其具体归属地，但可根据各区经典特征推断出其产生的大致区域。

（一）丽江坝区不明地望经书分布情况

丽江坝区涵盖的乡镇区域较广，因此《全集》中这一带不明地望的经书较多，共35册。具体如下：

---

① 李霖灿：《论么些经典之版本》，载《么些研究论文集》，台湾故宫博物院1984年版，第109页。

纳西地名		东巴姓名		生卒年月	抄经册数	备注
经书原文	读音及汉译	经书原文	读音及汉译			
	[iə²¹lua³³kua³³] 尤罗瓜由村寨		[to³³y²¹]东余	不详	1	
	[de³³ʂʅ²⁴]登施		[uə³³y²¹]伟余	不详	1	是在登施写的，送给了鲁甸甸头东巴。
			[to³³fæ²¹]东芳	不详	1	与和芳不是同一人。
			[mə³³zo³³tʂʅ⁵⁵]莫若注	不详		
	[ka³³tɯ³³to⁵⁵]高迪垛		[tʻæ³³pu³³]天宝	不详	1	
			[ho²¹ɕy²¹] 和旭	不详	1	
	[ly⁵⁵tʂʻæ⁵⁵ʂɣ²¹kʻo³³]中村署柯		[i³³tʂʻʅ³³]英蚩	不详	1	
	[gɣ³³bər²¹]古般		[to³³bɣ⁵⁵]东补	不详	1	其他人写好后给东补的。
	[ə³³ʂər²¹]阿什		[to³³kuə⁵⁵] 朵贵	不详	1	此册经书写好后送给了朵补。
	[mu⁵⁵ʂʅ²¹pʻi²¹]美史批		[to³³bɣ⁵⁵]朵补	不详	1	
	[ta²¹uə²¹]岛坞				1	
			[ku⁵⁵nə²¹] 贡牛	不详	1	29岁写，留给儿子贡牛。
			[to³³dər³³] 东丹	1831-?	1	东丹30岁写。
			[ɕy³³sue³³] 许孙	不详	1	
	[kæ²¹kɣ³³tʻa⁵⁵pʻər²¹][tɕʻy³³dzi²¹be³³ly⁵⁵]		[to³³na⁵⁵]东纳	不详	1	东纳44岁写，写了10本有关什罗

地名字形	地名	人名字形	人名	数	备注
(图)	东元白塔旁边局吉中村				仪式的经书。
(图)	[da²¹uə³³sa⁵⁵uə³³]达坞萨坞地			1	
		(图)	[to³³zy²¹]东玉	1	写了送给村头东柱
(图)	[be³³gv³³]村头	(图)	[to³³tsʅ⁵⁵]东柱		
		(图)	[dʑə³³de³³kʼu³³to⁵⁵]玖登空东	1	
(图)				1	
		(图)	父亲庚庚	1	
跋语中无人名和地名				26	

对东巴经典进行分域，只是我们研究的第一步，还需在此基础上对其进行断代，以进一步考察东巴经纵向的发展演变和横向的地域差异及联系。上表所列东巴虽无相关资料记载，但只要弄清该东巴的生活年代，便可推出其经书产生的大致时间；若知该东巴抄经时间，再结合写经时的年龄，就可推出其生年及生活的大致年代。有些经文跋语中有纪时，不用弄清东巴的生活年代也可推出经书的抄写时间。

（二）纪时经典绝对年代的推勘

上述 45 册经典中有一些属于纪时经典，但大都是花甲纪年或单写月日，较难确定具体的抄经时间。其中 2 册除采用花甲纪年外，还写有其他纪时信息，可以帮助推勘这 2 册经书书写的具体时间。

1. 《全集》28 卷《禳垛鬼仪式·用牛作替身，偿还若罗山东面的鬼债》跋语（第 32 页）

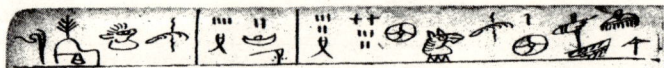

汉译：这本经书是天干为铁，属相为猴的这一年书写的。这是有两个四月的一年。这本经典是五月二十五日写的，是属相为火马的那天写的啊。

从原译文中可知此册经书写于铁猪年属马的一天。铁猪年即辛亥年，查明、清、民国三代所有的 10 个辛亥年，没有农历五月二十五日为午日属马的。查东巴经原文，原来是铁猴年写的：(图)[y²¹]猴也，原文误译作[bu²¹]猪，但猪一般写作(图)，翘咀长鬃，与猴的字形差异较大。此外，东巴经原文应是火马日写的：(图)，

![zua][zua³³]马，![mi][mi³³]火，原译文中漏译了"火"字。综上，此册经书应写于铁猴年五月二十五日火马日。铁猴年为庚申年，火马日为丙午日，符合庚申年五月二十五日为丙午日的是 1800 年（嘉庆五年），且这一年有两个四月。

　　2.《全集》61 卷《超度夫和妻·亡灵木身睡在坛里，驱赶冷凑鬼》跋语（第3页）

　　汉译：这一本书，是干支属铁的猴年那一年写的，那年的三月是闰月，是闰月的第一个月写的。是干支属铁的属猴的那一天写的，白恒星轮到属水的那一天写的。是我三十岁那年写的，是东丹祭司写的。在辽阔的人世间，没有男人学不会的事情呀！

　　此册经书写于铁猴年，这一年闰三月。铁猴年为庚申年，查明、清、民国三代所有的庚申年，共 10 个，只有 1860 年闰三月，故此册经书应写于 1860 年。这册经书是东丹东巴 30 岁时写的，由年龄回推生年，他应生于 1831 年。

第三节 鲁甸经跋语反映的东巴及其经书

鲁甸经主要是指分布在丽江县鲁甸乡、巨甸乡的经书，而《全集》收录的鲁甸经大部分是鲁甸乡的经书，巨甸乡的较少。据我们统计，《全集》收录写有跋语的鲁甸经约 180 册，再加之《九种》收录 5 种，戈阿干《东巴文化真籍》收录 2 种。鲁甸是东巴教的最后根据地，东巴多，东巴经典也多，位于丽江城西北部，乡政府所在地鲁甸坝甸心村距丽江城 145 公里。[①]鲁甸乡下辖 5 个行政村，由北至南依次是：新主、太平、鲁甸、安乐、杵峰。其中新主行政村的东巴最多，鲁甸行政村次之。

一、鲁甸乡有跋语之经典分布情况

《全集》中鲁甸乡有跋语之经典主要分布在鲁甸乡新主中村、上村，鲁甸乡甸头村及鲁甸其他地方。《九种》收录 5 种鲁甸乡新主下村和才的有跋语经典。具体情况见下表：

乡（镇）、村名	纳西地名		东巴姓名		生卒年月	抄经册数	备注
	经书原文	读音及汉译	经书原文	读音及汉译			
鲁甸乡新主中村	$[ə^{33}ʂ^{55}dzu^{21}t‘o^{55}lɤ^{33}be^{33}]$阿时主托鲁村			$[so^{33}bɤ^{33}y^{21}te^{33}to^{33}tsŋ^{33}]$梭补余登、东仔（和世俊）	1860-1931	44	师从塔城巴甸大东巴东翁。
				$[p‘ɤ^{33}dzɿ^{33}te^{33}so^{33}]$普支登梭（和文质）	1907-1951	14＋7＝21	只署名休松休端的 7 册经书是和文质的重抄本。
				$[ɕə^{21}so^{33}ɕə^{21}dər^{33}]$休松休端（杨尚志）	1875-1962		他也是和世俊东巴的七大弟子之

---

① 丽江纳西族自治县志编纂委员会编：《丽江纳西族自治县志》，云南人民出版社 2001 年版，第 58 页。

				[iæ²¹ɕæ⁵⁵tʂʅ³³]杨向芝，法名[to³³ɕə²¹]东雄。	约1890-1950	4	他也是和世俊东巴的弟子。
				[to³³tsʻæ²¹]东才，法名嘎乌玖套。	1899-1955	4	和世俊的弟子。
				跋语中未署名的经书		1	
鲁甸乡新主上村		[bə³³ʂʅ⁵⁵dy²¹] 崩史敦村		[gu²¹bɣ³³y²¹te³³]工布余登（和开文）	约1896-1932	2	和文质的弟子。
				[to³³hɯ³³]东恒，和开祥	1922-2002	8＋3＝11	先后师从和正才、和文质。
		[ly⁵⁵tsʻæ⁵⁵]中村		[to³³ʂʅ²¹]多使	不详		署名东史的3册经书是和开祥的重抄本。
鲁甸乡新主下村				[ho¹³tsʻæ¹¹]和才	1917-1956	5	
鲁甸乡甸头村		[pʻər²¹uə³³ɕy⁵⁵tʻe⁵⁵zo³³]盘坞徐特若山		[to³³iə²¹]东尤（和乌尤）	1900-1958	51＋4＝55	师从大东巴和吐，与和文质齐名。
鲁甸乡甸心村		[dy²¹ly⁵⁵gɣ³³]鲁甸坝子中央（甸心村）		[to³³lɣ³³]东鲁	不详		只署名东鲁的4册经书是和乌尤的重抄本。
鲁甸乡甸头村		[sa²¹da⁵⁵dʐy²¹]刹达山旁		[no²¹bɣ⁵⁵y²¹te³³]诺布余登（和云章）	1916-1994	4＋5＝9	他是和乌尤大的弟子。

地区	符号	名称	署名符号	署名	时间	数量	备注
鲁甸乡甸心村	[图]	[p'ər21uə33çy55t'e55dzɿ21]盘坞徐忒山旁	[图]	[to33bɣ55]东布	具体不详		解放前去世，和文质的弟子。只署名东布的5册经书是和云章的重抄本。
鲁甸乡甸头村	[图]	[iæ55mæ33]燕满村（甸头村）	[图]	[to33tɕ'i21]东其	约1900-1949	19	和文质的弟子，抄写过东鲁的经书。
	[图]	[dy21kɣ33t'o33uə33nɣ55]甸头托坞努	[图]	[to33u33]东伍	不详	1	
			[图]	[u33ɯ33]伍恩	不详	1	
鲁甸甸北村				杨学才		1	
鲁甸地区不明地望经书情况			[图]	[k'ə55t'ɣ21lo21t'a55]构土罗涛	1883-?	1	此册经书是他57岁时写的。
	[图]	[mu33nə55bɣ21]美扭补里山旁	[图]	[to33ga33]东高	不详	1	30岁时写的，给了鲁甸甸头村的东尤。
			[图]	[to33li33]东里	不详	1	
	[图]	[e33ʂər21gə33nə55uə33]欧什格纽坞旁	[图]	[to33t'e21tʂ'æ55]东腾灿	不详	1	欧什格纽坞在冷美局山上绪孜昂山崖下。
	[图]	[i33dʐɿ33bə33dy21]依支崩敦	[图]	[to33u33]东吾	不详		塔城：依支崩敦
	[图]	[ta21uə33gæ33ɣ21dæ21]达坞嘎余丹	[图]	[ho21sɿ55iæ21]和四杨[t'ɣ21tʂ'ɿ55]涂斥	不详	1	此册经书是抄的塔城东巴东吾的。

			[to³³ts'e³³]东称	1916-？	1	16 岁时写的。
** Å	[ts'æ⁵⁵ts'æ³³dʑy²¹] 灿昌山		[ho²¹kue⁵⁵ ts'æ²¹]和贵才	不详	1	
跋语中无人名和地名					2	均是花甲纪年经典。
总计					187	

从上表可以看出，《全集》所收和乌尤东巴有跋语之经典最多，和世俊、和文质、东其、和开祥、和云章东巴次之。表中不明地望的经书是指地域不详的经书，有两种情况：一是跋语中虽写了抄经地点或抄经人，但仍无法确定其具体产生地域；二是跋语中既没写抄经地点，又没写抄经人，大部分只写了抄经时的大致年代或日期。但我们可依据各地经书的书写风格等特点，将这些不明地望的经书归入各大区域内，其中鲁甸地区不明地望的经书有 9 册。

二、鲁甸乡新主中村的东巴及其经书研究

丽江鲁甸乡新主行政村中村，即原丽江鲁甸阿时主托鲁村。据李国文《人神之媒——东巴祭司面面观》记载"鲁甸东巴较多，主要又集中在中村"。[①]《全集》跋语中记录的鲁甸中村东巴有：和世俊、和文质、休松休端、杨向芝、东才等五位。

（一）和世俊、和文质

和世俊东巴，法名梭补余登[so³³bʏ³³y²¹te³³]，又称东孜[to³³tsʅ³³]，或写作东仔，曾拜丽江塔城巴甸大东巴东翁为师。和文质东巴，法名普支登梭[p'ʏ³³dʑʅ³³te³³so³³]，乳名喂常贵，婚后叫贤才，是和世俊大东巴的孙子。两位东巴既是爷孙关系又是师徒关系。

1.两位东巴的生平事迹

有关和世俊、和文质两位东巴的生平事迹及他们的经书情况，杨亦花博士已在其《和世俊、和文质东巴研究》[②]一文中作了详尽的描述。文中通过调查采访其后人、邻里，参考前人研究资料，考察他们留下的经文跋语，对其生平事迹及他们抄写的经书进行了较全面的整理研究。订补了前人资料中记载有误或不确切的

---

① 李国文：《人神之媒——东巴祭司面面观》，云南人民出版社 1993 年版，第 128 页。
② 杨亦花《和世俊、和文质东巴研究》，第十六届世界人类学与民族学大会"纳西学研究新视野论坛"研讨论文，2009 年 7 月。

地方，推断和世俊东巴生于 1860 年，卒于 1931 年，终年 72 岁；和文质东巴生于 1907 年，卒于 1951 年，终年 45 岁。有关两位东巴的其他生平事迹此处不再赘述。

2.《全集》所收两位东巴的经书情况

《全集》中收录两位东巴的经书较多，且不少经书上同时钤有二人的汉名印章，透露出祖孙间共用和传承经书的信息。

（1）《全集》所收和世俊东巴的经书情况

杨文通过印章、字迹、跋语等特点，对《全集》中的经卷进行鉴别，确定了两位东巴书写的经书。和世俊东巴所写有署名跋语的经书 39 册，有跋语无署名和无跋语而从印章、字迹等特点推断为是他写的经书有 12 册，故《全集》共收录和世俊东巴的经书 51 册，其中 41 册写有跋语。但经我们再次核实，《全集》共收录和世俊东巴有跋语之经典 44 册，从原无跋语的经书中又发现了 3 册写有跋语，因为这些跋语均被书写在经书中间，故过去没有被发现。3 则跋语如下：

卷.页	经书名称	跋语汉译	备注
15.199/ 212	延寿仪式•接寿岁•供养神并送神	这是有肥沃的田地的阿什仲托鲁村的东巴梭补余登、东仔写的书，愿延年益寿！是梭补余登、东仔的书。	两则跋语页均有"和世俊印""和文质印"两个方印和一个圆印
67.146	超度放牧牦牛、马和绵羊的人•燃灯和迎接畜神	这本书是东巴余登普知登索写的，他是山头积有白雪，山腰长有杉树柏树的一座山脚下的阿时主妥鲁村人，写时认真地写了，念时也要好好地念啊，祝东巴们延年益寿！	
70.18	超度胜利者•驱赶冷凑鬼，摧毁九座督支黑坡	这是肥沃的阿时主妥鲁村人，松补余登和普知登松祭司的经书呀，做仪式时不要做错了，自己要好好的掌握呀！	首页有一个圆形印章一个"和世俊印"和一个"和文质印"。

此外，杨文认为《全集》15 卷《延寿仪式•甘露圣灵药的来历•迎圣灵药》这册经典中只有跋语译文（第 65 页）"是梭补余登、东仔的经书"，不见东巴文，疑是否单独一页字数太少而没选；还认为 32 卷《禳垛鬼仪式•给垛鬼还债•让驮灾母马丢弃灾难》跋语（第 176 页）"是好地方阿什仲托鲁村阿什革尼瓦山脚下住的东巴梭补余登、东仔的书，留给孙子普支登梭，祝愿经书世代相传，祭司长久不断。"也没有与之对应的东巴文，从而怀疑此处多出的译文是与其他经典的署名跋语混淆了。然而我们在《延寿仪式•甘露圣灵药的来历•迎圣灵药》的 46 页发现了这册经书中的跋语原文，在《禳垛鬼仪式•给垛鬼还债•让驮灾母马丢弃灾难》的 168 页发现了上述这句跋语的东巴经原文。之所以出现这种跋语译文与原

文不对应的情况，可能是由于译经者认为这些内容属于跋语范畴，应该在文末重复一遍，也有可能是如杨文所说的没选或混淆了。和世俊东巴的经书中还存在一书两处写有跋语的情况，如杨文整理的 69 卷《超度胜利者·锐眼督直守卫胜利者的村寨、大门和山坡，集中后送有威望的胜利者》这册经书中只有一则跋语（第198 页）"是东巴余登、普支登梭的经书"。但我们在这册经书的正文中 182 页找到了另一则跋语"上面生长冷杉和柏树的雪山脚下，肥沃的阿时主地方妥鲁村人，东巴梭补余登、普支登梭的经书呀，祝一代接一代地出现有智慧的东巴。"

（2）《全集》所收和文质东巴的经书情况

据杨文统计，收在《全集》中和文质东巴写有署名跋语的经书 10 册，有跋语无署名和无跋语而从印章、笔迹等特点推断为是他写的经书有 8 册，故《全集》共收录和文质东巴的经书 18 册，其中 13 册写有跋语。经我们再次整理核实，新增 1 册和文质东巴写有署名跋语的经书，即 42 卷《除秽·为天神九兄弟、拉命七姐妹烧梭刷火把》第 137 页："由东巴普知登所来书写。是休所休短东巴的经书，祝愿延年益寿！"另有 7 册跋语中仅署名"休松休端"的经书是和文质东巴的重抄本。

休松休端[$\varphi\vartheta^{21}so^{33}\varphi\vartheta^{21}d\vartheta r^{33}$]，《全集》中又译作"肖松肖端、熊梭熊端、熊梭熊多、熊梭熊呆"。休梭休端即杨尚志东巴，鲁甸乡新主中村人，属猪（1875—1962），终年 88 岁，和世俊东巴的七大弟子之一。[①]《全集》跋语中只署名"休松休端"的 7 册经书如下：

卷.页	经书名称	跋语原文	跋语汉译
8.65	祭署·杀猛鬼、恩鬼的故事		这是东巴熊梭熊呆的书，愿诵经的声音带来子嗣，长寿日永！
8.245	祭署·迎请四尊久补神·开署门		这是东巴熊梭熊端的书。愿长寿日永，愿东巴口诵得福泽，愿东巴的手带来子嗣！
9.146	祭署·给署献活鸡·开署门		这是东巴熊梭熊多的书。
39.110	除秽·请神降威灵经		是东巴肖松肖端的经书，愿延年益寿。

[①] 和力民：《玉龙纳西族自治县鲁甸乡新主村东巴文化现状调查》，载《丽江文化》2007 年第3 期。

39.136	除秽·秽的来历		是休松休端的经书。
43.111	除秽·退送灾祸·解结·下接送秽鬼		东巴休松休端的经书。
44.136	除秽·结束经·退送秽鬼		是东巴肖松肖端的经书。

和文质东巴有 2 册"除秽仪式"的经书都是抄的杨尚志东巴的，分别是：

卷.页	经书名称	跋语原文	跋语汉译
40.36	除秽·白蝙蝠取经记		妥罗村东巴休松休短的经书。东巴普知登所书写。值我二十六岁时写下。愿延年益寿！
42.137	除秽·为天神九兄弟、拉命七姐妹烧梭刷火把		由东巴普知登所来书写。是休松休短东巴的经书，祝愿延年益寿！

通过比勘上述两组经书正文及跋语中的用字情况、字迹、封面布局及饰画风格等特点，可断定这 7 册跋语中署名"休松休端"的经书是和文质东巴的重抄本。两者在记录"东巴、休松休端、经书"三个词时，用字相同，字迹也相同。"东巴"用🖋表示，"肖松肖端"用🔣表示，"经书"用🖊表示。故收在《全集》中和文质东巴抄写的经书共有 26 册，其中有跋语之经书 21 册。

3.两位东巴的经书特点

杨文还从书法、内容等方面将和世俊、和文质两位东巴的经书与其他地方东巴抄写的经书进行比较，对两位东巴不同时期的经书进行比较，考察东巴经的历史流变。认为两位东巴的经书"在整体上有较大的共同点：从封面到末页，笔迹都比较浓重、笔画粗细均匀一致、字形方正、大小均衡、字间距和行间距都比较小，并在字与字之间达到了左顾右盼、相互补充的娴熟效果。"与其他地方东巴的经书相比，"他们的经书字体比较圆润、笔迹比较浓重、字符比较密集，而且相同的字，他们的经书多用繁笔书写，逐词记音的倾向也更明显。"①然而两位东巴毕竟是不同的个体，所以他们的经书还存在一些细微的个体差异，如内容相同，用字不同；用字相同，但和世俊东巴的字显得更圆润些，和文质东巴的显得有点扁宽。两位东巴不同时期的经书相比，"和世俊东巴前期经书字间距较大，后期经书整体给人成熟、稳重、从容、节约的感觉；和文质东巴前期经书在笔画上虽不如后期的圆润，但前后期在笔迹、谋篇布局上无太大差异。"杨文重在材料的扎实，通过比较研究的方法，简洁明晰地概括出两位东巴的经书特点。

（二）杨向芝

杨向芝东巴，法名东晓[do^{33}ɕiə^{21}]，鲁甸乡新主中村人。《人神之媒》记其"生年不详，50 年代土地改革时去世，终年 60 多岁"；"他是和世俊大东巴的弟子，东巴水平很高，一生抄写过很多经书，所写经书都用象形文字署有读音'东晓'的名字"。②

《全集》第 17 卷中收有 1 册他 44 岁时写的经书《小祭风·施食》，且跋语中署名杨向芝[iæ^{21}ɕæ^{55}tʂɻ^{33}]，写作 ，下面是这册经书的首页：

此外，《全集》第 73 卷中收有 3 册跋语署名东雄[to^{33}ɕo^{21}]的经书，写作 。通过比勘用字情况、字迹特点、封面及首页的饰画风格等，东雄即杨向芝的法名。故这 3 册经书就是杨向芝东巴所写。

下面是跋语署名东雄的经书 73—53《超度什罗仪式·解脱过失·施水施食给冷凑鬼》的首页：

① 杨亦花：《和世俊、和文质东巴研究》，第十六届世界人类学与民族学大会"纳西学研究新视野论坛"研讨论文，2009 年 7 月。
② 李国文：《人神之媒——东巴祭司面面观》，云南人民出版社 1993 年版，第 134 页。

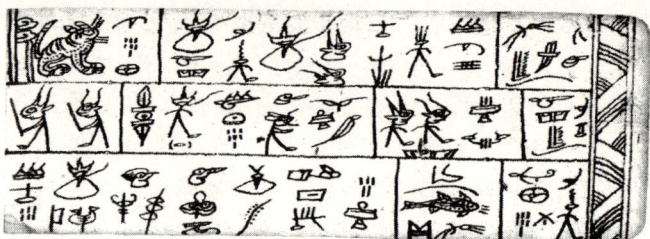

从上述两册经书的首页中可以看出，段首符号、虎头、东巴造像及页边饰画基本一致，且两册经书的书写者乡籍相同，都是鲁甸乡新主中村。$\boxtimes$ $\boxtimes$ $\boxtimes$ [iæ²¹ɕæ⁵⁵tʂ̩³³]与 $\boxtimes$ $\boxtimes$ [to³³ɕə²¹]中的[ɕə²¹]用字相同，字迹一样。所以[to³³ɕə²¹]东雄应该是杨向芝东巴的法名，只是由于翻译的缘故，又译作"[do³³ɕiə²¹]东晓"。故《全集》共收录杨向芝东巴写有跋语的经书4册，且跋语部分都署有他的名字。

杨向芝东巴是和世俊东巴的弟子，所以从整体上看，两位东巴的经书书写风格基本相同：从封面到末页，笔画粗细均匀、笔迹浓重圆润、字形方正、大小均衡、字间距较小、整体布局规整匀称。但他们的经书也存在一些细微的个体差别，主要是和世俊东巴的字显得更加工整匀称、圆润漂亮，篇章布局也更加紧密细致；而杨向芝东巴的字显得有点扁平，无立体感，整体布局也较疏松。

（三）东才

《人神之媒》及另外五种记录东巴生平事迹的资料中没有关于东才东巴的记载。《全集》共收录东才东巴所写有跋语之经典4册，其中72卷《超度什罗仪式·祈求神力·招死者的灵魂》这册经书只有跋语译文"这是白沙束河茨柯地方的经书"，没有与之对应的东巴文。但通过比勘字迹，可断定这册经书是东才东巴的重抄本。另3册经书跋语中都写有其法名东才[to³³tsʻæ²¹]，他是鲁甸乡新主行政村人，曾抄写过新主中村休松休端和东雄东巴的经书。我们从其经文跋语中选取了一些常用语词，试图从用字特点推断出一些与他相关的信息。

卷.页	经书名称	跋语用字			
		东巴	东才	写	经书
72.171/172	超度什罗仪式·出处来历·遗福泽·赐威力				
73.116	超度什罗仪式·寻找什罗灵魂·弟子协力攻破毒鬼黑海				

76.93	超度拉姆仪式·东巴什罗配偶茨拉金姆·中卷				

纳西语[lɯ³³bu²¹]乃东巴之自称，[py³³bɤ²¹]乃东巴之古称。"东巴"一词本用象形字记作 ，像头戴五佛冠、盘坐于地、口中诵经之形。但由于各地用字上的差异，"东巴"一词在不同地域有不同写法。东才东巴将其写作 或 ，读作[lɯ³³bu²¹]或[py³³bɤ²¹]，均是完全标音的形声字，这类字多见于鲁甸一带，尤其是和世俊、和文质东巴的经书中出现较多。此外，"经书"一词都用形声字记录，"写"有 1 例用形声字记录，其法名"东才"中的"才[ts'æ²¹]"用 字记录，这是一个"古宗音"字。此类字只见于鲁甸的两册经典中，为大东巴和世俊所创，原见于《么些象形文字字典》第 1688 号字：。 与 造字方法相同，"以二么些字合切一古宗音"，"此类字皆于经咒中作'音符'用，未有意义"，[1]此处用在跋语中借作人名[to³³ts'æ²¹]东才的第二个音节，会用这类字的人必定是和世俊东巴的弟子。

和力民先生《玉龙纳西族自治县鲁甸乡新主村东巴文化现状调查》[2]一文中记录了和世俊东巴的七大弟子：和文质（法名普支登梭，1907—1951）、东朗（法名庚套乌朗，1880—1953）、和建勋（法名曲拖劳梭，1891—1959）、和正才（法名东吐，1885—1963）、和尚志（法名初吉初补，1888—1960）、杨尚志（法名休梭休端，1875—1962）、东才（法名嘎乌玖套，1899—1955）。东才东巴是其中之一，属猪，终年 57 岁，草药医生，其经书的书写风格与和世俊东巴的基本相同，不愧是他的七大弟子之一，得到了师傅的真传。

下面是东才东巴写的经书《全集》72 卷《超度什罗仪式·出处来历·遗福泽·赐威力》中的一页正文（第 139 页）：

---

① 李霖灿：《么些象形文字字典》，国立中央博物院 1944 年版，第 128 页。
② 和力民：《玉龙纳西族自治县鲁甸乡新主村东巴文化现状调查》，载《丽江文化》2007 年第 3 期。

三、鲁甸乡新主上村的东巴及其经书研究

鲁甸乡新主行政村上村，即原阿时主崩史敦村，该村的东巴也比较多，同中村一样，多属亲戚关系。但《全集》跋语中出现的新主上村东巴只有两个：和开文、和开祥。

（一）和开文

和开文东巴，法名工布余登[gu²¹bɣ³³y²¹te³³]。据《人神之媒》记载："他是阿普堵知东巴的长子，亦即和世俊大东巴的女婿，自幼跟其父及爷爷学东巴，后又跟岳父和世俊学，故小小年纪，东巴水平就相当高"；"和开祥东巴八九岁时，和开文东巴约有三十三四岁，于民国初年逝世，死时约三十五六岁"。[①]其他几种记录东巴生平事迹的资料中都没有关于他的记载，但这些资料中记录了和开祥东巴生于 1922 年。和开祥东巴八九岁时，约是 1930 年，此时和开文东巴三十三四岁，那么他三十五六岁去世时应是 1932 年左右，与民国初年（假设民国九年即 1920 年）相差 12 年，故和开文东巴"于民国初年逝世"一说有误，应于 1932 年前后去世。

《人神之媒》中和文质东巴小传部分谈及其弟子时，也提到了和开文东巴。下面是《全集》第 81 卷 260 页和开文东巴 32 岁时写的经书《大祭风·用山羊、绵羊、猪、鸡给楚鬼献牲》的跋语：

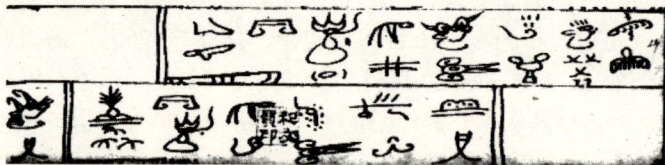

汉译：这本经书是鲁甸地方的东巴工布余登（工布余登是和开文的东巴法名）三十二岁时所写的，所抄写的是鲁甸、新主村的东巴普支登梭（和文质）的经书。（和开文系和文质大爹的女婿，和文质生于 1907 年[②]，丽江著名的东巴。）

从跋语内容看，这册经书是和开文东巴抄的和文质东巴的经书，且跋语部分还钤有一个和文质东巴的汉名方形印章，首页钤有一个和开文东巴的篆文方形印章，透露出师徒间共用和传承经书的信息。但注释中"和开文系和文质大爹的女婿"一句有点费解，前面还提到"和开文是和世俊大东巴的女婿"。《人神之媒》中和世俊东巴的小传部分记其"结过婚，但无后人，其堂弟之子阿布那做他的嗣子"。[③]和世俊东巴无后人，虽过继了一个儿子，但又何来女婿呢？若是"和文质

---

① 李国文：《人神之媒——东巴祭司面面观》，云南人民出版社 1993 年版，第 142 页。
② 原注是 1894 年，但经喻遂生先生考订，和文质东巴应生于 1907 年。
③ 李国文：《人神之媒——东巴祭司面面观》，云南人民出版社 1993 年版，第 128 页。

大爹的女婿"，那么和文质东巴的大爹是谁，"大爹"会是他对其爷爷和世俊的称呼吗？这些问题都需进一步调查了解才可知道，但和文质东巴是和开文东巴的师傅应确凿无疑。

《全集》收录和开文东巴写有跋语的经书只有 2 册，且都是抄的其师傅和文质的经书，跋语部分都署其法名工布余登[gu²¹bv³³y²¹te³³]，用东巴文写作 〔图〕。他的经书与和文质东巴的经书相比，在字迹、谋篇布局上没有太大的差异，只是和文质东巴的字迹更加工整圆润，整体布局更加紧密细致。

（二）和开祥

1.生平事迹

和开祥东巴，乳名阿恒，法名东恒[to³³hɯ³³]。其先祖三代均是东巴，幼时曾学汉文和东巴文，先后师从同乡著名东巴和正才、和文质学习东巴文。曾随师傅和文质到维西、中甸、丽江巨甸等地做法事，故能识读有地域差异的东巴字。1983 年应邀参加了丽江东巴、达巴座谈会，1984 年被聘到丽江东巴文化研究所参加东巴经卷的翻译整理工作。

《东巴名录》[①]记其生于 1921 年，《人神之媒》[②]、《近代纳西族东巴小传》[③]、《东巴文化传承者》[④]均记其生于 1922 年，《近代东巴名录》[⑤]记其生卒年为 1922—2002 年。《人神之媒》还记其"36 岁时生一子，取名和成，1990 年 34 岁；43 岁添生二儿子和东，1990 年 27 岁"，由年龄回推生年，中国人自报年龄，习惯上都是虚岁，那么和成应生于 1957 年，此时和开祥东巴 35 周岁，所以他的生年应为 1922 年。

2.经书特点

和开祥东巴抄写的经书，大都在跋语中署其法名东恒[to³³hɯ³³]，写作 〔图〕。《全集》共收录他所写有署名跋语的经书 7 册。通过比勘字迹，另确定 3 册中村东史的经书是和开祥东巴的重抄本，还有 1 册依古地本满灿村东巴的经书也是他的抄本，故收在《全集》中和开祥东巴所写有跋语之经典共 11 册。其中 100 卷《说出处》这册经书的跋语（第 156 页）用汉文书写，可能是由于到东巴所工作后受

---

① 郭大烈、杨世光主编：《东巴名录》，载《东巴文化论》，云南人民出版社 1991 年版，第 681 页。

② 李国文：《人神之媒——东巴祭司面面观》，云南人民出版社 1993 年版，第 151 页。

③ 和志武、钱安靖、蔡家麒主编：《近代纳西族东巴小传》，载《中国原始宗教资料丛编·纳西族羌族独龙族傈僳族怒族卷》，上海人民出版社 1993 年版，第 421 页。

④ 卜金荣主编：《东巴文化传承者——东巴》，载《纳西东巴文化要籍及传承概览》，云南民族出版社 1999 年版，第 164 页。

⑤ 和自兴等主编：《近代东巴名录》，载《丽江第二届国际东巴艺术节学术研讨会论文集》，云南民族出版社 2005 年版，第 601 页。

汉文化影响所致。

　　另外，此册经书各页行列不一，有三行式、四行式、六行式，用东巴文、哥巴文混合书写，是一本形音混合经典，这类经典多见于丽江城镇附近。和开祥东巴是鲁甸新主上村人，1984 年被聘到东巴所工作后仍在继续抄写东巴经，这册经书便写于他工作后的第 13 年，即 1997 年。这期间他的经书书写风格在一定程度上会受到丽江经书写风格的影响，所以他的后期经书不能代表鲁甸经的书写风格特点，而是更倾向于丽江经的风格特点。虽然他先后师从鲁甸著名东巴和正才、和文质学习东巴文，但与和文质东巴的经书书写风格差异较大。

　　下面是和开祥东巴 1994 年写的经书《全集》第 69 卷《开丧和超度死者·半夜讲粮食的来源，鸡鸣时给狗喂早食，并献给死者供品》中的两页跋语：

　　汉译：这是普支登梭祭司写的经书，祝祭司延年益寿。这本书是留给大弟弟用的书，虽然写的字不怎么好，但给人家做祭仪时不要念错了，祝祭司延年益寿。

　　拉久恒处高原上面，肥沃的阿什主地方的崩世敦村人，在大研镇龙王庙（黑龙潭）东巴研究室工作的祭司东恒，公元一千九百九十四年正月回家时，照原经书抄写回来了这一本经书，祝祭司延年益寿。

　　以上是两则跋语：一则是和文质东巴写的，一则是和开祥东巴重抄和文质东巴的经书时写的，从中透露出他们师徒间传承经书的信息。和开祥东巴的经书与其师傅和文质东巴的经书相比，在字迹、谋篇布局等方面都存在较大差异：和文质东巴的经书从封面到末页，笔画都比较平滑圆润、笔迹浓重、字形方正匀称、大小均衡、整体布局紧密细致；而和开祥东巴的经书虽字形较方正规整，但整体上笔画匀细、字间距较大、篇章布局较疏松，总体上不如和文质东巴的工整匀称、圆润厚重，书写风格有点倾向于丽江经。

和开祥东巴曾随师傅和文质到维西、中甸、丽江巨甸等地做法事，能识读有地域差异的东巴字，所以他可抄写来自塔城、宁蒗等不同地方的东巴经。其中有1册经典就是抄的宁蒗县油米①村的阮可经，即《全集》第100卷中《超度什罗、送什罗、开神路上卷·油米村忍柯人的书》。下面是这册经书中的一页正文：

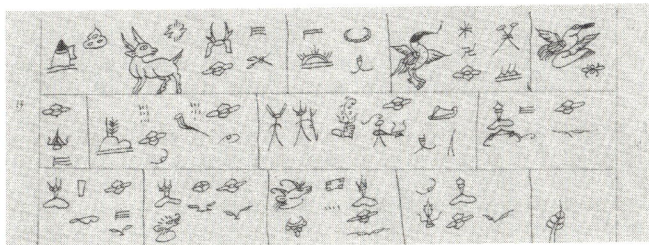

我们可以看出，与上册经书相比，这册经书中的字体偏小、字间距比较大、整体布局更加稀疏。这可能是由于和开祥东巴在抄经时，试图保持原经典中所用字形、字体大小、字间距等基本不变，以便在一定程度上再现原经书的本来面貌。

此外，和开祥东巴所写经书封面有一种较固定的书写模式：封面横置，双线方框外的饰画风格大同小异，基本如下所示。下面是《全集》第100卷中和开祥东巴1997年写的经书《说出处》的封面：

四、鲁甸乡新主下村的东巴及其经书研究

鲁甸乡新主下村亦有不少东巴，《人神之媒》就记载了和尚方、和卫林、和卫信、和卫忠、阿波恒、和才、和瑞、阿布高、鲁精巴威高、威牙福、和云彩、和云龙等东巴。和云彩上世纪70年代后期还受邀到东巴文化室参加翻译东巴经的工作。《九种》收录了和才东巴重抄的8种经书，其中5册有跋语。

---

① 原注：[y²¹mi³³]，油米，油米村，在云南宁蒗县拖甸乡境内。1988年译者赴该地调查时，全村有50多户人家，居民均为纳西族阮可支系人，过了村西的冲天河，即进入四川省木里县的俄亚乡境内。

卷.页	经书名称	跋语汉译	备注
九种.122	占卜起源的故事	六十花甲子，癸未年写的。二月二十日的那一天才迟迟的写完了。不要责备我呀。和国樑他的书里是怎样我就怎样的写了。不知道对不对，写不好了，老了啦。和尚文印我生了三十岁的那一年，抗战胜利的民国三十四年，四川省南溪县李庄镇张家祠里，和才亲手抄写并附带着翻译成汉语。有不对的地方请指教。	经书正文为哥巴文，跋语为东巴文
九种.160	多巴神罗的身世	多子的经书。三十五年阴历二月当中，和才经手来写又随带着来翻译了。	原经书的主人是和世俊。
九种.188	都萨峨突的故事	这一经书，民国三十四年的十一月二十八日那天写的。原本旧经书里是什么样子就照着那样的来写了，头尾都不错。经和才的手来抄写，来诵念又来翻译完了，不过也许会有不好和不对的地方，当诸位先生放在面前来看的时候，一看到有不好和不对的地方，请来指教我一下，使我今后错误的地方能得到改正。知道而不肯说那只在你，说了懂不起那就只在我了。	
九种.215	哥来秋招魂的故事	这册经书是抗战胜利那年，即民国三十五年三月写的，我写了念了顺带着翻译，四川南溪李庄，和才手来写的。	
九种.285	延寿经	三十五年九月十七日。	

五、鲁甸乡甸头村的东巴及其经书研究

丽江鲁甸乡鲁甸行政村下辖八个村民小组：甸心（甸西）、甸南、甸东、甸北、甸头（原燕满村）、拉美荣、马厂、汛上。据《人神之媒》记载，甸头村的东巴最多。《全集》跋语中出现的甸头村东巴有：和乌尤、和云章、东其、甸头托坞努的朵五、伍恩，甸心村的东巴有：东布、东鲁。

（一）和乌尤

和乌尤东巴，法名东尤[to³³iə²¹]，丽江鲁甸乡鲁甸行政村甸头村人，与和文质大东巴齐名。《人神之媒》中没有关于他的专门记载，只是在和云章东巴小传部分说到和云章拜和乌尤东巴为师的事。[①]《近代东巴名录》中收录了他，但只写了一句话："和乌尤（？—1959），鲁甸乡鲁甸村人"。[②]关于他的生年，喻遂生师已在《东巴生年校订四则》[③]一文中依据他自己写的纪年跋语考订出他生于 1900 年。《全集》中收录了一些和乌尤东巴的经书，但其法名被译作"东杨、东阳、东洋、多扬、多洋、东尤、东由、多由"等，喻遂生师曾对此进行考辩，推断出东杨和东尤就是同一人。

《全集》第 24 卷《禳垛鬼仪式·白蝙蝠求取祭祀占卜经》中的跋语加注说："东尤[to³³iə²¹]，此经典的书写者，真名和乌尤，因是东巴，常在名前冠其东字，故称东尤。他是鲁甸有名的大东巴，与鲁甸大东巴和文质齐名。1958 年逝去，时年 58 岁。此本经书释读者和云章先生是其弟子"。第 38 卷《退送是非灾祸·驱鬼经卷首》中的跋语又加注说："东杨（东阳），丽江鲁甸东巴，与和开祥的父亲是同时代人，约 1953 年去世。精通东巴文字与仪式规程，能写善画，有一手过硬的铁匠手艺。常因贪杯而误事"。两处注释中对和乌尤东巴的卒年说法不一，但与《近代东巴名录》中的记载较接近的是 1958 年，因此我们可初步断定和乌尤东巴卒于 1958 年，终年 59 岁。

《全集》所收和乌尤东巴的经书，其跋语部分大都写有他的法名"东尤"。有的用东巴文写作：⟨图⟩，⟨图⟩[to³³]板；⟨图⟩[iə²¹]烟草叶，两字连读假借作人名[to³³iə²¹]东尤。有的用哥巴文写作：⟨图⟩，⟨图⟩读作[to³³]；⟨图⟩读作[iə²¹]，两字连读作人名[to³³iə²¹]东尤。还有几册经书的跋语中写作⟨图⟩，那么⟨图⟩与⟨图⟩是同一个人吗？先看《全集》第 42 卷《除秽·斯巴金补的故事》中的跋语：

① 李国文：《人神之媒——东巴祭司面面观》，云南人民出版社 1993 年版，第 155—156 页。
② 和自兴等主编：《近代东巴名录》，载《丽江第二届国际东巴艺术节学术研讨会论文集》，云南民族出版社 2005 年版，第 605 页。
③ 喻遂生：《东巴生年校订四则》，载《纳西东巴文研究丛稿》（第二辑），巴蜀书社 2008 年版，第 344—354 页。

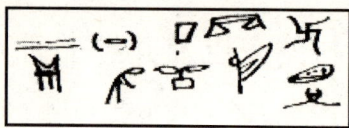

汉译：甸头东巴多扬的经书。

━━[dy²¹]地，哥巴文；Ⓜ[kɤ³³]蒜，两字连读假借作地名[dy²¹kɤ³³]甸头。▯
[to³³]板；Ⓣ[iə⁵⁵]给，送，从烟声，两字连读假借作人名[to³³iə²¹]多扬。再看 61
卷《超度死者·寻找和复原死者的身体》中的跋语：

汉译：这是鲁甸乡东扬东巴的经书。

再看 61 卷《超度死者·崇忍潘迪找药》中的跋语：

汉译：这是鲁甸乡甸头村东扬东巴的经书呀！

这册经书与《超度死者·寻找和复原死者的身体》中的字迹、封面布局及饰
画风格等特点一致，因此可断定这册经书也为东尤所写。《超度死者·崇忍潘迪找
药》与《除秽·斯巴金补的故事》这两册经书跋语中的东巴法名及其乡籍相同，
同一内容用字基本相同，只是字迹略有不同，前册经书字迹较稚嫩，后册经书字
迹娴熟，与和乌尤东巴中期所写经书字迹一样。因此，我们可断定 ▯Ⓣ 与 〜
是同一个人，即鲁甸乡甸头村大东巴和乌尤。

我们依据跋语、印章、字迹、封面及首页的饰画风格等特点对经书进行考察，
统计出《全集》中收录和乌尤东巴署其法名"东尤"的经书 48 册。通过比勘字迹、
封面和首页的饰画风格及东巴造像等特点，推断出另 4 册跋语中署名东鲁[to³³lɤ³³]
的经书也是和乌尤东巴的重抄本。还有 3 册经书跋语中虽无东巴法名和乡籍，但
喻遂生师通过比勘字迹，已确定为和乌尤东巴所写。故《全集》中共收录和乌尤
东巴所写有跋语之经典 55 册，占《全集》中有跋语之经典总数的 14.2%。其中有
明确纪时的 14 册，最早的写于 1919 年，最晚的写于 1949 年，前后跨度 31 年，
这期间经书的风格特点或多或少会有些变化。后面将列专节对和乌尤东巴不同年
龄段的经书进行比较研究，以考察其经书的发展演变过程；还将从书写风格、内
容等方面将其经书与其他地域及东巴的经书进行比较研究，以考察东巴经的地域
差异和个体差异。

（二）和云章

1.生平事迹

和云章东巴，法名诺布余登[no²¹by⁵⁵y²¹te³³]，乳名乌修，故称东修，丽江鲁甸乡鲁甸行政村甸头村人。祖籍白沙，先搬南山，后迁鲁甸，到他有六代均是东巴。6 岁便开始跟随其父和次理学习东巴经，10 岁拜和乌尤东巴为师，继续学习经文、法事等东巴知识，28 岁到白地朝圣，并获得"加威灵"仪式中赐的东巴名号。他善于制造抄写东巴经的土纸，还善制作竹编、纸扎等东巴工艺品。1981 年被聘到丽江东巴文化研究所从事译经等工作，并参与了《全集》的翻译。

关于他的生年，几种记录东巴事迹的资料说法不一。《人神之媒》记其"1915 年生，属龙，1990 年 79 岁，1981 年 67 岁"，[1]若他 1990 年 79 岁，则生于 1912 年；若 1981 年 67 岁，则生于 1915 年，但 1915 年是乙卯、木兔年，与属龙的记载不合，而 1916 年丙辰年才是火龙年，该记载自相矛盾。《近代东巴名录》记其生卒年为 1915—1994 年，[2]《近代纳西族东巴小传》记其 1915 年生，[3]《东巴名录》记其 1914 年生，[4]《东巴文化传承者——东巴》记其生卒年为 1916—1994 年。[5]其生年共有三种说法，即 1914 年、1915 年和 1916 年。由于和云章东巴属龙，所以其生年应为 1916 年。关于他的卒年，《近代东巴名录》与《东巴文化传承者—东巴》中的记载一致，即卒于 1994 年。

2.《全集》所收和云章东巴有跋语之经书

《全集》所收和云章东巴署其法名诺布余登[no²¹by⁵⁵y²¹te³³]的经书共 3 册。另有 1 册经书，即《全集》69 卷《超度胜利者·中卷》的跋语（第 122 页）中虽没有他的署名，但可根据字迹等特点推断出此册经书是他的重抄本。下面是这册经书的跋语：

汉译：写完了，这本经书是鲁甸乡达铺上村东树洋和东督支东巴写的。

---

① 李国文：《人神之媒——东巴祭司面面观》，云南人民出版社 1993 年版，第 155 页。

② 和自兴等主编：《近代东巴名录》，载《丽江第二届国际东巴艺术节学术研讨会论文集》，云南民族出版社 2005 年版，第 600 页。

③ 和志武、钱安靖、蔡家麒主编：《近代纳西族东巴小传》，载《中国原始宗教资料丛编·纳西族羌族独龙族傈僳族怒族卷》，上海人民出版社 1993 年版，第 420 页。

④ 郭大烈、杨世光主编：《东巴名录》，载《东巴文化论》，云南人民出版社 1991 年版，第 681 页。

⑤ 卜金荣主编：《东巴文化传承者——东巴》，载《纳西东巴文化要籍及传承概览》，云南民族出版社 1999 年版，第 160 页。

　　跋语中虽明确署名这册经书是东树洋和东督支（可能是东尤和多止）东巴写的，但通过比勘字迹，并不是东尤东巴所写。此册经书的首页、末页上均有一个汉文方形印章，姓"杨"，其余模糊不清，疑是收藏者的方印。首页上还用东巴文写着"工布余登"四个字，工布余登是和开文东巴的法名，但他的字迹与此册经书中的字迹不同，且法名字迹与正文字迹也不同，所以这册经书不可能是和开文东巴写的，疑其法名是后来加上去的。这册经书跋语中的村名[da²¹p'u⁵⁵]在和云章东巴的另外两册经书中都出现了，用 $\rightarrow$ [da⁵⁵]砍，从刀砍物，$\rightarrow$ [p'u⁵⁵]一只眼，两字连读假借作村名岛普村[da²¹p'u⁵⁵]。且经书中的字迹与和云章东巴的另外一册经书，即《全集》14卷《延寿仪式·招生儿育女的素神·请玖补神锁仓门》中的字迹基本一样。

　　下面是《全集》14卷《延寿仪式·招生儿育女的素神·清玖补神锁仓门》中的正文页（第180页）：

　　这是《全集》69卷《超度胜利者·中卷》中的正文页（第110页）：

　　从中我们可以看出《超度胜利者·中卷》中的字迹、篇章布局与《延寿仪式·招生儿育女的素神·清玖补神锁仓门》中的基本一致：笔画圆润、字迹工整、字体大小均衡、字间距和行间距较小、整体布局紧密有致。这册经书的封面布局及饰画风格与和乌尤东巴早期经书的封面类似，跋语中署有他的法名却不是他的字迹，由此我们可断定《超度胜利者·中卷》这册经书是和云章抄的他师傅和乌尤的。

　　《全集》还收录了5册署名东布[to³³bʏ⁵⁵]的经书，此东布就是鲁甸乡甸心村的阿崩布东巴。《人神之媒》："鲁甸甸心村人。又名'多巴布[do³³bɑ²¹pu⁵⁵]'，生年不详，解放前去世，曾跟鲁甸新主中村和文质学过东巴。"①由此看来，他与和乌尤东巴是同时代的人，同住鲁甸乡鲁甸行政村，所以和乌尤东巴所写《全集》66 卷《超度长寿者·给茨爪金母燃长寿灯》跋语（第 123 页）"这本经书是东布和东尤东巴的书"中的东布应该就是此人。这 5 册经书的封面或首页都有圆形印章，而和云章东巴写的这册经书，即《全集》64 卷《超度男能者·马的来历》的封面及首页上也有与此一样的圆印章，其跋语（第 102 页）如下：

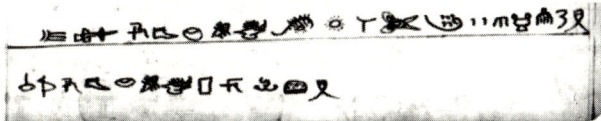

汉译：居住在刺达山山脚的诺布余登东巴，用两个工抄写了这本经书。这是居住在许特山山脚下的东布东巴的经书呀！

从跋语中可以看出，这册经书是和云章东巴重抄的东布东巴的经书，且字迹与上述 5 册经书中的字迹相同。通过比勘经书中的跋语、印章、字迹等特点，可确定这 5 册经书是和云章东巴的重抄本。故《全集》共收录和云章东巴所写有跋语之经书 9 册。

3.和云章东巴的经书特点

《全集》第 14 卷中的《延寿仪式·招生儿育女的素神·清玖补神锁仓门》可能是和云章东巴的后期之作，该册经书中的笔画粗细均匀一致、字迹平滑圆润、字形方正工整、字体大小均衡、篇章布局细密整齐，总体感觉规整匀称、成熟稳重。下面是和云章东巴写的另外一册经书《全集》64 卷《超度男能者·马的来历》中的正文页（第 73 页）：

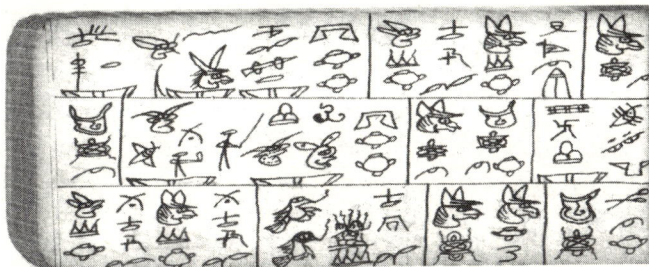

这册经书的书写风格与上册经书相比，虽字形方正、大小均衡、篇章布局整齐匀称，但字与字之间的空隙较大，字迹也不如上册经书中的圆润，可能是和云章东巴的前期之作。

和云章东巴是和乌尤东巴的弟子，他们的书写风格必定会有一些相同之处，同时也存在一些个体差异。下面是和乌尤东巴写的经书《全集》91 卷《大祭风·超

① 李国文：《人神之媒——东巴祭司面面观》，云南人民出版社 1993 年版，第 149 页。

度吊死者情死者·让木身过溜》中的正文页（第 92 页）：

从中我们可以看出他们的经书在整体上有较大的共同点：笔画粗细均匀、字体大小均衡、字间距和行间距适中、篇章布局整齐匀称。不同之处在于和乌尤东巴的字写得较随意、颇右倾，而和云章东巴的字写得方正、规整，且后期经书中的笔迹更是圆润秀丽，整体布局也更加紧密细致，这可能是由于和云章东巴先后跟随其父及和乌尤东巴学习东巴文，后又到东巴文化研究所工作并受到其他东巴一定影响的缘故。

（三）东其

1.生平事迹

《全集》中所收东其东巴写有跋语的经书共 18 册，戈阿干《东巴文化真籍》收录《碧帕卦松》一册。经书跋语内容大都简洁，只写抄经者的姓名，有 2 册经书跋语中提及其乡籍燕满村（现甸头村）。法名用东巴文写作 ⫿⫿ ，⫿[to³³]板，⫿[tɕʻi³³]刺，两字连读假借作人名东其[to³³tɕʻi²¹]，此法名在《全集》中还被译作"垛琪、多京、多启、多其、东勤、东奇、东启"。

《人神之媒》中有记载"多奇东巴"，"鲁甸乡甸头村人。生年不详，解放前去世，终年 50 岁左右。结过婚，但无后人。他的东巴师傅是和文质。……。他写过很多经书，部分经书现藏丽江县图书馆"。[1]东其东巴的写经风格与和文质东巴的有很多共同之处，并且他是鲁甸乡甸头村人，所以此东其就是《人神之媒》中记载的多奇东巴，其生卒年约为 1900—1949 年。

2.经书特点

上述 19 册经书中有 3 册跋语里提到工补都之[gu²¹bɣ³³dɣ³³dʐ̩³³]（戈阿干先生译成"贡布培巴止"），东巴文写作 ⫿⫿⫿⫿ ，在《全集》5 卷《祭署·迎请尼补劳端神》的跋语对译部分加注说："[gu²¹bɣ³³dɣ³³dʐ̩³³]为丽江鲁甸东巴和云章的东巴名"。和云章东巴的法名是诺布余登[no²¹bɣ⁵⁵y²¹te³³]，用东巴文写作 ⫿⫿⫿⫿ ，两者相去甚远。戈阿干先生认为"这本书写端庄流畅的经书出

---

① 李国文：《人神之媒——东巴祭司面面观》，云南人民出版社 1993 年版，第 148 页。

自丽江县鲁甸乡尤满村一位名东其的大东巴手笔，但后来由一位叫贡布培巴止的东巴所拥有"，根据多层跋语的一般格式，工补都之可能是原写经者的法名，这几本经书均是东其抄自工补都之的。

此外，东其东巴的这些经书还有部分是抄自东鲁的，从跋语反映的内容看，此东鲁就是上文提及的东鲁。和乌尤东巴有 4 册经书也是抄的他的，他居住在鲁甸盘坞许特若山下甸心村。

东其东巴是和文质东巴的弟子，所以他们的经书书写风格有较大的共同之处，即从首页到末页，笔墨浓重、字迹圆润、字形方正、大小均衡、篇章布局整齐匀称。但由于他们是不同的个体，所以还存在一些细微的个体差别：东其东巴的经书封面写得较随意，大都涂有颜色，不如和文质东巴的规整、漂亮、匀称；经书正文字间距较大，总体感觉比较稀松，相比而言，和文质东巴的经书布局更加紧密细致，字迹也更加圆润漂亮。

下面是东其东巴写的经书《全集》2 卷《迎素神·竖神石·倒祭粮·点神灯》中的跋语页（第 47 页）：

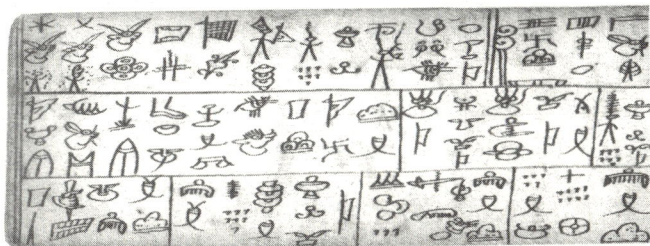

我们还从他们的经书中选取了一些具有代表性的字，试图找出他们在用字及字迹方面的一些异同。

和文质字迹	东其字迹

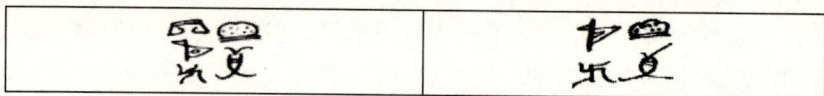

经书中常常出现表示飞禽、走兽等动物动作的词语，两位东巴都画出其整体形象，且画得栩栩如生、活灵活现，如上表第一行中的字。从相同的内容看，两位东巴多数情况下用字相同，如上表第二行、第四行及第五行中的字；少数情况下用字不同，如上表第二行中的字。从相同的字来看，和文质东巴的笔迹更加浓重、圆润，且笔画较繁，而东其东巴的笔迹显得有点扁宽，趋于简笔书写。

此外，东其东巴的经书多为三行式，即每一页分成三行书写，但还有一部分是四行式的，即每一页分成四行书写。这可能是由于受到和世俊、和文质两位东巴影响的缘故，因为他们的经书中也有部分四行式版本。下面是东其东巴写的经书《全集》5 卷《祭署·迎请尼补劳端神》中的跋语页（第 154 页）：

（四）甸头村托坞努的东伍、伍恩

《全集》中收录鲁甸甸头托坞努[tʻo³³uɘ³³ny⁵⁵]的东伍[to³³u³³]、伍恩[u³³ɯ³³]两位东巴的经书各 1 册。下面是东伍东巴写的经书 4 卷《求仁仪式·献饭·施药及祭祀规矩》的跋语（第 419 页）：

汉译：这书是鲁甸甸头托坞努地方的东巴朵伍的。愿东巴长寿，愿主人一家长寿安康，事事美好。

这是伍恩东巴写的经书 21 卷《小祭风·木牌画稿·祭祀规程》的跋语（第224）：

汉译：妥坞奴（丽江鲁甸地名）旁边的东巴伍恩的经书。

上述两册经书跋语中的人名"伍[u³³]"均用汉文"五"字记录，正文中都夹杂少量哥巴文。前人研究资料中没有关于这两个东巴的记载。

第四节 鲁甸和乌尤东巴的经书断代研究

一、《全集》所收和乌尤东巴的经书情况

《全集》收录了和乌尤东巴署其法名"东尤"的经书48册。另有3册经书跋语中虽无东巴法名和乡籍，但喻遂生师通过比勘字迹，已确定为和乌尤东巴28岁（1927年）时所写。通过比勘字迹、封面和首页的饰画风格及东巴造像等特点，又推断出另4册跋语部分署名[to³³ly³³]东鲁的经书是和乌尤东巴的重抄本。

下面是署名东鲁的经书21卷《顶灾经》中的跋语页（第116页）：

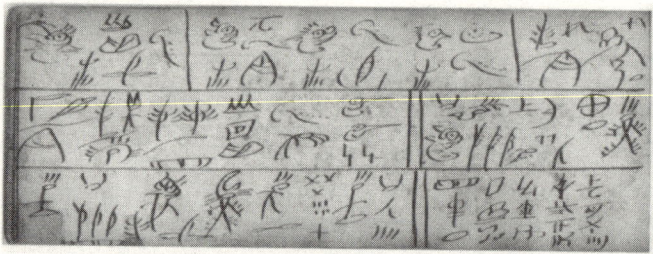

几种记录东巴生平事迹的资料中没有关于东巴东鲁的记载，但通过跋语内容，可知他是丽江鲁甸盘坞许特局山下，鲁甸乡鲁甸行政村甸心村的人。

所以《全集》共收录和乌尤东巴所写有跋语之经典55册，有明确纪时的14册。其中第60卷《超度死者·用九种树枝除秽·报恩》236页、254页两处写有跋语，两则跋语中都有纪时，但自相矛盾。

跋语一：

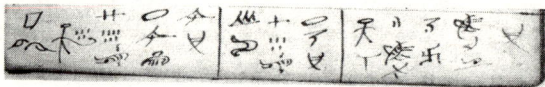

原汉译作：这本经书是东阳东巴年二十八岁时写的，是民国十五年那年写的，活着的男人虽然会老死，但经书是不会老死的。

跋语二：

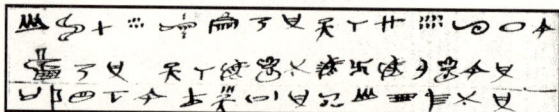

原汉译作：这本经书是民国十六年写的，是我二十八岁时写的，人们会衰老死亡，但经书是不会衰老死亡的，会代代很有价值的保留下来。祝所祭的死者，

都达到预期的效果。

　　从原译文看，这册经书是东阳东巴 28 岁时写的，跋语一中他 28 岁时是民国十五年，跋语二中他 28 岁时却是民国十六年，前后自相矛盾。那么东阳东巴 28 岁时到底是民国几年呢？喻遂生师已通过跋语、印章、字迹等考证出东阳东巴就是和乌尤东巴，并通过他自己留下的经文跋语考订出他生于 1900 年。由于东巴自报的年龄都是虚岁，故和乌尤东巴 28 岁时应是 1927 年，即民国十六年。由此看来，跋语一中说他 28 岁时是民国十五年有误，那么是东巴自己写错了，还是译经者释读有误？

　　查看东巴经原文，原来是将"二十七岁"误译作"二十八岁"。跋语一中 ⊣⊢ [n̠i³³ts'ər²¹]二十，一般写作 ✕✕。 ⠿ [sər³³]七。 ⤳ [k'ɣ³³]收割，假借作岁。三字合起来即表示二十七岁，《全集》原文中却误译作了二十八岁。和乌尤东巴二十七岁时正是民国十五年。由此，这册经书是和乌尤东巴二十七至二十八岁时写的，即写于民国十五年至十六年间，亦即 1926 至 1927 年间。

　　上述 14 册纪时经典按抄经时间先后顺序列表如下。跋语内容主要摘录时间、地点、人物和事件，其余从略。

序号	卷.页	经书名称	纪时跋语	抄写时间
1	69.62	超度死者·生离死别	（鲁甸乡）东尤东巴，我二十岁时写的经书呀！	1919 年
2	62.33	超度死者·死者跟着先祖们去登上面·抛白骨和黑炭	这是祭司东尤于民国十四年写的经书。	1925 年
3	60.254	超度死者·用九种树枝除秽·报恩	这本经书是民国十六年写的，是我二十八岁时写的，人们会衰老死亡，但经书是不会衰老死亡的，会代代很有价值的保留下来。	1927 年
4	67.302	超度死者·开神路，驱赶冷凑鬼	贤能的东巴，我活到二十八岁时写。祝阿麻东巴长寿，祝我也延年益寿。	1927 年
5	67.319	超度死者·开神路·破九座黑坡	这本经书是我年二十八岁时写的。	1927 年
6	68.166	开神路·拆里塔冥房	这本经书是我二十八岁时写的，祝今后吉祥如意。	1927 年
7	24.259	禳垛鬼仪式·白蝙蝠求取祭祀占卜经	这本经典是东尤我自己的。是戊辰龙年写的，即民国17 年写的。希望后世代代相传、留存百代千代。希望得到祭祀和占卜的本领，这是我有 29 岁时写的。	1928 年

8	38.293	退送是非灾祸·驱鬼经卷首	此书乃鲁甸盘坞地方，许腾若山脚下的祭司东尤写的，愿人们长寿富足，此书是我三十岁那年写的哟。	1929年
9	1.257	祭祀绝户家的天·献牲献饭	书写此经书的我，就是居住在鲁甸盘村许特若山脚下贤能的东巴东尤。此经书是我三十三岁时写的。	1932年
10	84.59	大祭风·禳除年厄	是盘畏树许特若山下的多尤的经书。是我三十四岁时写的经书。经书一点无差错。	1933年
11	54.44	关死门仪式·把死灵从娆鬼手中赎回	我的家乡是有好田地的阿双洛。我是本领高强的东尤东巴。在民国二十二年到二十三年里，我抄写完了《关天地死门》、《祭呆鬼》、《祭风》等经书。这年我有三十五岁。	1934年
12	54.243	关死门仪式·结尾经	我是好地方鲁甸阿双箐的人，贤能的大东巴东尤就是我。这书是我三十五岁时写成的，时间是在干支属木、属狗的那一年写的。	1934年
13	21.144	祭云鬼和风鬼·结尾经	丽江鲁甸盘坞许特局山脚下的东巴东鲁的经书，愿东巴的口能给做祭祀的这一户主人家降临福分。这本经书是东巴我四十七岁那年写的。	1946年
14	81.217	大祭风·十二种牺牲的出处来历	这一本经书是东巴尤的。写这一本经书时，东尤我已经有五十岁了。	1949年

从上表可以看出，这14册纪时经典最早的写于1919年，最晚的写于1949年，前后跨度31年。写经年龄跨度较大，不同年龄段的经书风格各异，可以此考察东巴个人所写经书的演变历程。

二、和乌尤东巴各年龄段所写经书特点

和乌尤东巴的经书是《全集》中个人经书收录最多的，且写经年龄跨度大，这对于我们研究个人所写东巴经的发展演变有着重大的意义。

这是《全集》第69卷51页和乌尤东巴20岁时写的经书《超度死者·生离死别》中的一页正文：

　　笔墨轻淡，笔画粗细不匀、线条不流畅，笔力尚浅，字形大小不一且有点扁宽、倾斜，字间距较大，整体布局疏松不齐，总体感觉较稚嫩，似初学者所写。

　　这是《全集》第84卷13页和乌尤东巴34岁时写的经书《大祭风·禳除年厄》中的一页正文：

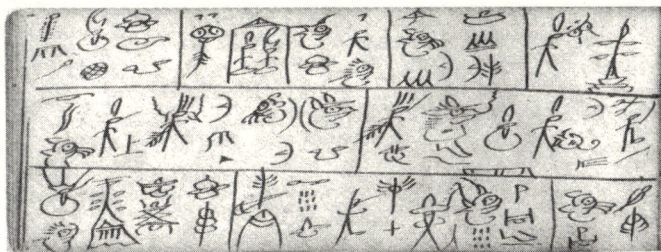

　　与20岁所写经书相比，虽字间距、篇章布局无太大差异：字间距都较大、整体布局较稀松，但笔迹浓重，笔画粗细均匀一致，字形大小基本均衡，总体感觉娴熟流畅。

　　这是《全集》第81卷203页和乌尤东巴50岁时写的经书《大祭风·十二种牺牲的出处来历》中的一页正文：

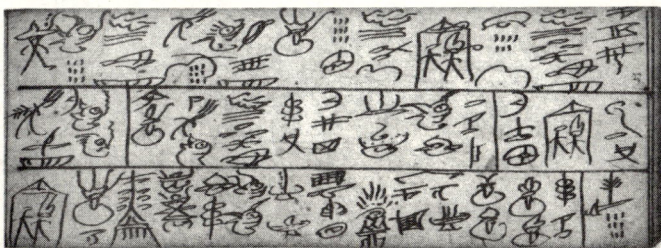

　　与34岁所写经书相比，虽字迹无太大变化，但笔迹更浓重，字间距较小，整体布局紧密细致，总体感觉成熟稳重。

　　上述和乌尤东巴20岁、34岁、50岁所写经书大致展现出其经书的发展演变趋势：整体书写风格从稚嫩转向娴熟流畅直至成熟稳重；笔画由纤细不匀逐渐发展到粗细均匀一致；笔墨依次轻淡、适中，再到浓重；字间距由较大慢慢变得较小，直至最小；篇章布局从疏松不齐逐渐发展到紧密细致。我们可依据这些年代特征，对和乌尤东巴的经书进行断代，在此基础上进一步考察各阶段的经书特点，纵观其经书的发展演变。

分期	书写风格	所属年龄段
前期	稚嫩	28岁之前
中期	娴熟流畅	28—40岁之间
后期	成熟稳重	40岁之后

（一）前期经书特点

《全集》中和乌尤东巴前期所写有跋语之经书共 8 册，其中有纪时的 2 册，另 6 册有跋语无纪时的经书现按在原书中的顺序列表如下。

序号	卷.页	经书名称	跋语汉译	备注
1	60.75	超度死者·在孜劳大门口迎接亡灵木身和死者	这是东尤东巴的经书。	封面横置
2	61.178	超度死者·寻找和复原死者的身体	这是鲁甸乡东尤东巴的经书。	封面横置
3	61.280	超度死者·绸衣的来历，洒药	这是（鲁甸）东尤写的经书。多买一些经书呀！	封面横置
4	61.312	超度死者·崇忍潘迪找药	这是鲁甸乡甸头村东扬东巴的经书呀！	封面横置
5	63.85	超度死者·献冥食①	这本经书今天夜里写完了。祝祭司们延年益寿。这是祭司东尤的经书。	封面横置
6	66.148	超度长寿者·燃灯②	这是鲁甸乡甸头村东巴东洋的书。	封面横置

通过对前期经书中的字迹、封面布局及饰画风格、跋语内容及用字情况等特点的考察，可以看出前期经书的总体书写风格较稚嫩。其封面均横置且标题外的方框上方有饰画，前期经书的封面饰画风格基本相似，具体饰画略有不同，如封一③所示。此外，跋语内容较简洁，大部分只写抄经东巴的法名及乡籍，用东巴文或哥巴文书写。

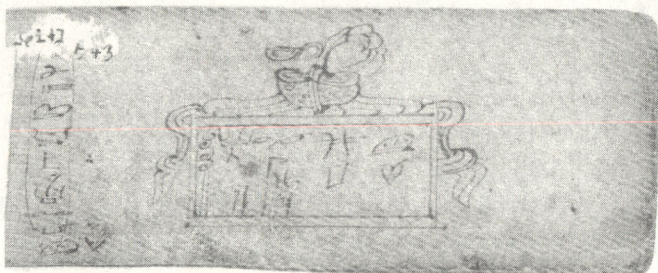

（封面一）

---

① 此册经书封面有两个圆形印章，首页有一个圆形印章，但此印章是和云章的，疑此册经书为和乌尤东巴早期所写，后归和云章收藏。
② 跋语仅有译文，没有与之对应的东巴文。
③ 这是《全集》第 69 卷和乌尤东巴 20 岁时写的经书《超度死者·生离死别》的封面。

（二）中期经书特点

《全集》中和乌尤东巴 28 至 40 岁期间所写有跋语之经书共 30 册，其中有 10 册纪时经典，另 20 册有跋语无纪时的经典按在原书中的顺序列表如下。

序号	卷.页	经书名称	跋语汉译	备注
1	4.304	祭畜神仪式·献牲	这本经书是能干的东巴东尤的。	跋语呈线性排列，用东巴文和哥巴文对照书写。
2	9.43	祭署·给署许愿·给署施药·偿署债	这是好地方鲁甸盘温旭特若旁东巴东尤的书。	此册经书中有"东巴东尤"方形印章和圆印章。
3	9.215	祭署·给仄许愿·给娆许愿	活路忙碌，所以利用早晚时间写了。写得已没有差错，诵读时不要差错，好好的学习，看看，要好好的诵读。向老师学习不要生怯，如果学习生怯，对自己不利，这一点现在不能发觉，则今后就来不及了，好好做吧。这书是好地方鲁甸盘村许特若山旁东巴东尤的，愿延年益寿。	封面横置此册经书中有"东巴东尤"方形印章和圆印章。
4	21.116	顶灾经	这本经书是鲁甸坝子中央的东巴东鲁的，愿我们一家世世代代有东巴出现。	封面横置
5	36.95	退送是非灾祸·董争术斗	这本书是祭司东尤的。	此册经书中有"东巴东尤"方形印章和圆印章。
6	37.121/136	退送是非灾祸·启神的出处来历·抛送考吕面偶	这是东尤祭司的经书，有两位祭司的手迹呀。这是祭司东尤的书。	封面横置此册经书中有"东巴东尤"方形印章和圆印章。
7	42.86	除秽·斯巴金补的故事	甸头东巴东尤的经书。	
8	43.45	除秽·用犏牛、牛、羊除秽（上）	多洋多止两人的经书。天上的星星数不清，地上的草也算不尽！高高的雪山翻不过，深邃的大江渡不过。自己会的就说。时常想到还有胜过自己一筹的。	
9	43.72	除秽·用犏牛、牛、山羊除秽	多洋多止两人的经书。	

		（中）		
10	43.90	除秽·用犏牛、牛、山羊除秽（下）	甸头多洋多止二东巴之经书。愿九代东巴诵出福禄，愿七代卜师讲出吉祥。	
11	45.245	请呆鬼·偿还呆鬼债·接呆鬼气	这本经书是许腾山脚下的东巴东尤的。	
12	45.275	祭呆鬼·法杖产生（下）	这是许腾山下东巴东尤的经书。我这个能干的东巴写的书不会老，书中有能使千代受益的话语。	
13	54.89	关死门仪式·给美利董主、崇忍利恩解生死冤结	这是能干的东巴东尤的经书。	
14	57.101	超度死者·献供品	这是（鲁甸乡）东尤祭司的经书，祝祭司们长命永存。	封面竖置
15	58.80	开丧·挎獐皮口袋	写完了，这是东尤东巴的经书。	
16	66.123	超度长寿者·给茨爪金母燃长寿灯	这本经书是东布和东尤东巴的。东尤在拉美余地方刀耕火种期间抽空写完的。祝将来活到满头白发，牙齿变黄。	封面横置
17	88.110	大祭风·迎清优麻神·砍倒壬鬼树·焚烧壬鬼巢	鲁甸东尤的书。	此册经书中有"东巴东尤"方形印章和圆印章。
18	89.129	祭朵神和吾神·献牲献饭	这一本经书是（鲁甸）中村东巴东卢的。	封面竖置
19	89.193	祭景神崩神·献牲·献饭	这一本经书是丽江鲁甸乡盘坞地方的虚腾若山旁边，利补（祭司）东尤的经书。	封面有两个圆印章。
20	91.203	招集本丹战神·送神	这本经书是东尤的，愿东尤一家，东巴传承不断。	

通过对和乌尤东巴中期所写经书中的印章、字迹、封面布局及饰画风格、跋语内容及用字情况等特点的考察，可以看出其中期经书的总体书写风格娴熟流畅。此阶段所写经书的封面大都竖置，超度祭祀类经书标题外的方框上方有饰画，且

此类经书的封面饰画风格、标题中的东巴造像大体一致，如封二①；大祭风类经书标题外的方框上方无饰画，但此类经书题目中的东巴及风神树的造像基本一致，如封三②。

中期所写经书若附跋语，则跋语内容较多，除写上东巴的法名、乡籍、抄经时的年龄外，还会写一些抒发个人情感的语句和祝福语。跋语用字类别也较复杂，有的用纯东巴文或纯哥巴文书写，有的用东巴文、哥巴文对照书写，有的用东巴文、哥巴文夹杂书写。这一阶段的经书中大部分同时钤有和乌尤东巴的方形印章和圆形印章，经书跋语中还透露出东尤与其他东巴共用和传承经书的信息。

如 37 卷《退送是非灾祸·启神的出处来历·抛送考吕面偶》的跋语（第 121 页）：

汉译：这是东尤祭司的经书，有两位祭司的手迹呀。

从跋语内容及正文字迹特征可以看出这册经书是东尤与另外一位东巴合写的。

又如 66 卷《超度长寿者·给茨爪金母燃长寿灯》的跋语（第 123 页）：

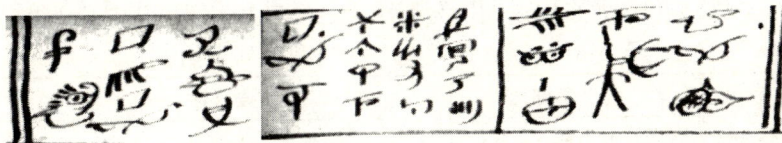

汉译：这本经书是东布和东尤东巴的。东尤在拉美余地方刀耕火种期间抽空写完的。祝将来活到满头白发，牙齿变黄。

由此可以看出这册经书为东尤、东布东巴共同拥有。

再如 43—90《除秽·用犏牛、牛、山羊除秽（下）》的跋语：

汉译：甸头多洋多止二东巴之经书。愿九代东巴诵出福禄，愿七代卜师讲出吉祥。

---

① 这是《全集》第 1 卷和乌尤东巴 33 岁时写的经书《祭祀绝户家的天·献牲献饭》的封面。
② 这是《全集》第 84 卷和乌尤东巴 34 岁时写的经书《大祭风·禳除年厄》的封面。

这册经书为东尤、多止东巴共同拥有。

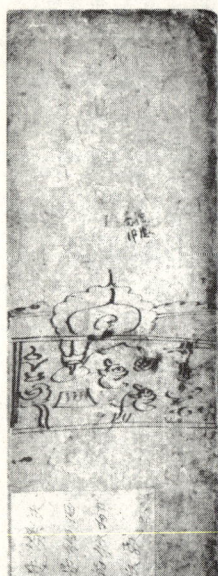  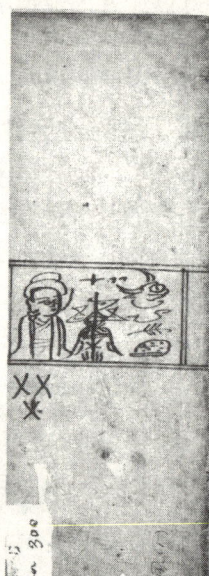

（封二）　　　　　　　（封三）　　　　　（封四）

（三）后期经书特点

《全集》中和乌尤东巴后期所写有跋语之经书共17册,其中有2册纪时经典,另外15册有跋语无纪时的经典按在原书中的顺序列表如下。

序号	卷.页	经书名称	跋语汉译	备注
1	35.183	退送是非灾祸·祭送口舌是非鬼	这本书是贤能东巴东鲁的呀。	封面横置
2	80.313	大祭风·大祭仄鬼·卷首	这本经书是（鲁甸）东巴东尤的。	封面竖置
3	82.24	大祭风·砍出白木片招吊死者殉情者之魂	这本经书是东尤的。	封面竖置
4	83.271	大祭风·美利董主的故事·上卷	这本经书是东尤的。	封面竖置
5	84.302	大祭风·超度吊死情死者·说苦道乐	鲁甸盘坞许特局山下,东巴东尤的经书。	封面竖置
6	85.71	大祭风·开楚鬼尤鬼之门	这一本经书是利补东巴东尤的。	封面竖置
7	85.159	大祭风·超度吊死或殉情者·产生各种鬼的故	这一本经书是东尤的。	封面竖置

		事		
8	85.241	大祭风·请鬼安鬼	这一本经书是利补东巴东尤的。	封面竖置
9	86.212	大祭风·祭吊死鬼、情死鬼、云鬼、风鬼·施食	该书是东巴东尤的。	封面竖置
10	86.377	大祭风·给吊死者献冥马	这一本经书是东巴东尤的。	封面竖置
11	87.106	大祭风·偿还鬼债	是东巴东尤的经书。	封面竖置
12	88.79	大祭风·焚烧壬鬼鬼巢·鸡的出处来历·赶走壬鬼和楚鬼	这一本经书是东尤的。	封面竖置
13	89.245	大祭风·超度男女殉情者·制作木身	东巴东尤的经书。	封面竖置
14	91.107	大祭风·超度吊死者情死者·让木身过溜	这一本经书是东巴东尤的。	封面竖置
15	91.144	大祭风·超度楚鬼尤鬼结尾经	这一本经书是利补东巴东尤的。	封面竖置

　　通过对和乌尤东巴后期所写经书中的字迹、封面布局、标题及首页中的图画造像、跋语内容及用字情况等特点的考察，可以看出其后期经书总体书写风格成熟稳重。后期经书封面与中期大祭风类经书的封面基本一致，如封四①；跋语内容都较短，一般只写东巴法名，且一律用哥巴文书写。

　　综上所述，和乌尤东巴前中期经书中的文字都比较疏松，主要差异在于：前期经书中的笔画粗细不匀、笔墨轻淡、笔力尚浅、篇章布局不够整齐、封面横置、跋语简洁；中期经书中的笔画粗细均匀一致、笔墨适中、字迹平滑圆润、篇章布局较整齐、封面大都竖置、跋语繁复且用字类别较复杂。中后期经书中的字迹虽都比较圆润秀丽，封面布局也基本一样，但后期经书中的字间距更小，篇章布局更加紧密有致，跋语简洁且一律用哥巴文书写。前期和中后期经书的书写风格最大差异在于前期经书笔墨轻淡、笔力尚浅、字迹稚嫩、整体布局疏松不齐，中后期经书笔墨浓重、字迹圆润漂亮、整体布局细密整齐。

---

① 这是《全集》第81卷和乌尤东巴50岁时写的经书《大祭风·十二种牺牲的出处来历》的封面。

二、与宝山、鸣音、大东和丽江的经书比较研究

和乌尤东巴写的字虽不如和世俊、和文质东巴的工整圆润，但也足够代表鲁甸经的书写风格等特点，与宝山、鸣音、大东等地及丽江坝区的经书相比，有自己独特的书写风格。

（一）与宝山、鸣音、大东的经书比较

宝山、鸣音、大东等地因地处山区，社会经济文化发展明显落后于丽江坝及鲁甸地区，其经书的书写风格更接近白地，故李霖灿先生曾将此地经书划入第二区，归为白地经一类。

下面是郎科地（属丽江大东乡）的东巴写的经书《全集》6 卷《祭署·开坛经》有跋语的一页（第 48 页）：

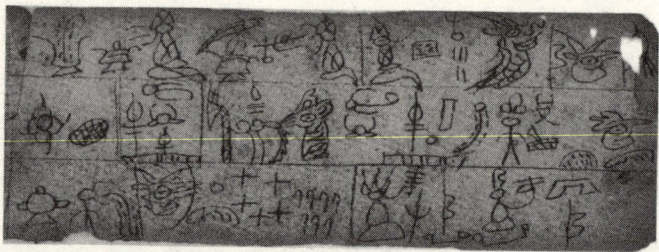

从中可以看出该地东巴所写经书字迹如甘露博士所说"有时甚至像孩童的涂鸦之作"[①]。仔细观察，经书中的文字笔画简洁、匀细，字形扁长、大小不一，整体布局稀松不齐。除此册经书外，我们还考察了大东乡其他东巴写的经书及宝山、鸣音等地的经书，其书写风格基本一致：笔画简洁、匀细，字形扁长，整齐布局较疏松。

和乌尤东巴前期所写经书与宝山、鸣音、大东等地相比，虽都显得比较稚嫩，似初学之作，但和乌尤东巴的字迹扁宽，鸣音等地的字迹扁长。他中后期所写经书与之相比：笔墨浓重，笔画繁复，字形平滑圆润而秀丽，字符较密集，整体布局紧密细致。

（二）与丽江坝区的经书比较

丽江经最显著的特征是笔画简洁、文字稀疏。下面是丽江大研镇坞吕肯东巴和凤书写的经书《全集》87 卷《分开吊死者和活人》中的一页正文（第 20 页）：

---

① 甘露：《纳西东巴经中假借字的地域研究》，载《昆明学院学报》2009 年第 5 期。

和凤书东巴写的这本经书是彩绘本，从中可以看出其笔画简练、线条粗细均匀，字形大小基本一致，字间距比较大，整体布局比较稀疏。此外，我们还考察了丽江坝区其他东巴写的经书，其中当然会存在一些个体差异，但整体书写风格基本一致：笔画简练、粗细均匀，字形大小均衡，字体平滑圆润，字符较稀疏，多彩绘本。

和乌尤东巴前期经书与之相比，虽字符都比较稀疏，但字迹不如丽江坝区的圆润秀丽。中后期经书与之相比，相同之处在于笔画粗细均匀一致、字形大小均衡、字体圆润规整，不同之处在于和乌尤东巴的经书布局紧密整齐，且无彩绘本。

三、与鲁甸和文质东巴的经书比较研究

和乌尤东巴生于 1900 年，卒于 1958 年，终年 59 岁；和文质东巴生于 1907 年，卒于 1951 年，终年 45 岁。两位东巴是同时代的人，且在鲁甸都非常知名，因此他们的书写风格有一些相似之处。但和乌尤东巴系鲁甸乡鲁甸行政村甸头村人，师承大东巴和吐；和文质东巴系鲁甸乡新主行政村中村人，师承大东巴和世俊，所以他们的经书还存在一些个体差异。

这是和文质东巴 20 岁时写的经书《全集》70 卷《超度胜利者·迎接优麻神·擒敌仇》有跋语的一页（第 247 页）：

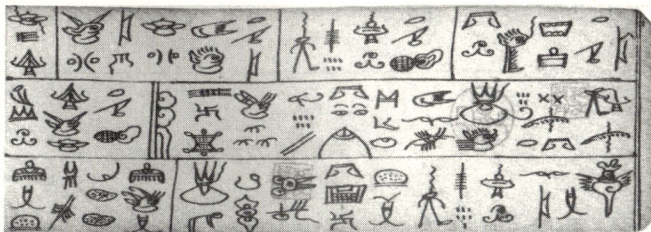

这是和文质东巴 32 岁时写的经书《全集》16 卷《祈求福泽·祭风招魂·鬼的来历·卷首》有跋语的一页（第 203 页）：

　　和乌尤东巴 20 岁写的经书与和文质东巴 20 岁写的相比，虽字符分布都比后期要稀松，但和乌尤东巴写的字形明显不如和文质东巴的圆润、方正、规整，而是有点纤细、扁宽、倾斜，谋篇布局也不如和文质东巴的整齐匀称。这可能是由于和文质东巴从小就跟随爷爷和世俊大东巴认真学习东巴文，得到了爷爷的真传，而和乌尤东巴可能没机会从小就跟随字写得最工整匀称的东巴学习笔法及谋篇布局。和乌尤东巴 34 岁写的经书与和文质东巴 32 岁写的相比，虽字迹仍不如和文质东巴的方正圆润，但笔迹较前期浓重、整体布局更加紧密细致，正趋向于成熟稳重的风格。

　　两位东巴的经书整体上都代表了鲁甸经的书写风格：笔墨浓重，笔画粗细均匀一致，字形平滑圆润，字体大小均衡，字与字间的空隙较小，篇章布局整齐匀称。但也存在一些个体差异，其最大的不同在于和文质东巴的字形方正、且更加圆润漂亮，而和乌尤东巴的字形显得有点扁宽、倾斜。

　　我们还从两位东巴的经书跋语中选取了两组常用语词进行比较，试图找出他们用字方面的一些差异。

常用语词	和乌尤用字	和文质用字
东巴		
（是……）经书		

　　从上表可以看出，同样的内容，两位东巴用字有所不同。"东巴"一词，和文质东巴用字比较固定，一般用 ⿳，是一个不完全标音的形声字；有时用 ⿳，是一个完全标音的形声字。而和乌尤东巴用字较随意，主要有 ⿰、⿰、⿰、⿳四种。⿰ 与 ⿰ 两种表现形式较特殊，经书中均读作 [lɯ³³bu²¹py³³by²¹]，汉译作"东巴或贤能东巴"，只是用字有些不同。

　　据《人神之媒》记载"'东巴'一词根据经典记载的不同情况，还有着很多古读音"。①主要有三种重要读音：[py²¹]含义是"东巴念经也"，字形像人头戴五佛冠而口中出声气之形；[lɯ³³bu²¹]是东巴们的自称；[py³³by²¹]是东巴的古称。纳西语中"贤能东巴"说成[lɯ⁵⁵ku³³py³³by²¹]，而[lɯ³³bu²¹py³³by²¹]可能不是指"贤能东巴"。经书中常用 🔖 两字连读假借作[lɯ³³bu²¹]表示"东巴"一词，故[lɯ³³bu²¹py³³by²¹]只是把东巴的自称和古称连读在一起罢了。

"经书"在《纳西象形文字谱》中读作[by²¹dɯ³³]或[tʻe³³ɣɯ³³]，②和文质东巴的用字类型有假借和形声，一般用其假借形式 🦌 表示，偶用形声 🐗 表示，其中 🔖 这种表现形式较特殊，经书中常读作[by²¹lɯ³³tʻe³³ɯ³³]。这种形式可能是把经书的两种读法放在一起连读表示"经书"一词。而和乌尤东巴的用字类型有假借和象形，所用字形不太固定，其假借表达方式所用字形与和文质东巴的略有差别。

总之，在表达同一内容时，和文质东巴的用字情况较固定，且更倾向于用形声的表达方式；而和乌尤东巴的用字情况较随意，偏向于用假借的表达方式。从相同的字来看，和文质东巴的字体方正，而和乌尤东巴的字体显得有点倾斜。

四、余论

东巴经普遍存在地域差异、个体差异，甚至同一个人不同年龄段写的经书还存在一些细微差别，但这些差异都是相对而言的，我们可根据自己所需选取相应的材料。研究目的不同，所选材料也就不同，若想研究东巴文及东巴经横向的地域差异，就应选择同一时代不同地域的经书；若想研究东巴文及东巴经纵向的历史流变，就应选择同一地域不同时代的经书。总之，对纳西东巴文文献进行分域断代的比较研究，对于推动东巴文、东巴文献及东巴文化研究的深入发展意义重大。

---

① 李国文：《人神之媒——东巴祭司面面观》，云南人民出版社 1993 年版，第 2—4 页。
② 方国瑜编撰，和志武参订《纳西象形文字谱》，云南人民出版社 2005 年版，311 页。

第五节 俄亚经、白地经、维西经跋语

俄亚、白地经书反映了较为古朴的经书面貌，而维西则是东巴教发展的下游地带，反映了更为成熟的面貌，而且这三地的经书现在刊布的都很少，故我们单列一节。

一、俄亚经跋语

钟耀萍《纳西族汝卡东巴文研究》刊布了一册俄亚俄日《祖先接魂经》，此经书为牛皮纸书写，竖长10厘米，横宽26厘米，除封面后4页，有跋语。为陆斤东巴书写，亦由陆斤东巴读经。此经的内容是说东巴通过做丧葬仪式，将死者灵魂从下往上一代一代地送到祖先居住的地方。[1]

该经书跋语：

汉译：俄日鹿角山陡峭的山脚下，阿嘎写完了。写不好呀！兹安山陡峭的山脚下，陆斤看了用了。嗡嘛尼呗蛮轰。

另外和继全《美国哈佛大学燕京图书馆馆藏东巴经跋语初考》提到一则四川省凉山州木里县俄亚乡东巴甲若的跋语：[2]

这本经书是由甲区村的东巴夏纳杜吉写的，是属虎年的正月初十那天写的。这本经书写的时候头尾顺序没有颠倒，没有错误地写后送给了底依肯若，祝愿经师长寿，占卜师富足，写的人长寿，读的人富贵。

但和先生没有刊出图片。

---

① 钟耀萍：《纳西族汝卡东巴文研究》，西南大学博士学位论文 2010 年，第 41 页。
② 和继全：《美国哈佛大学燕京图书馆馆藏东巴经跋语初考》，载《中央民族大学学报》2009 年第 5 期。

二、白地经跋语

白地是东巴教的圣地，过去有所谓"不到白地，非为大东巴"的说法。但目前刊布的有白地东巴经跋语极少，仅有杨正文先生在《杨正文纳西学论集》刊出两则。[①]

序号	卷.页	经书名称	跋语汉译	备注
1	杨书.147	人类迁徙记	水属 狗年腊月间书写。水甲村基索家东巴年恒，于71岁之际写下交给杨正文同志。写好写不好，请不要见笑！因为没有经书可借鉴，只好凭记忆写下来。天可怜见！今年还活在世上，明年也许就不在世上了啊！	1983.2.20
2	杨书.122	国气	水甲 村基索家东巴年恒说下这几句话：我这人看来就要去死地了，正如凡女人都要嫁到夫家，凡夫妻都要生儿育女一样，我虽活首，心却早已远走高飞。假若真的到了那一天，随人怎么说，说了也白说，话随白云去，话随鹤影去，话随流水去，话随雁影去。我自己觉得	

---

① 杨正文：《杨正文纳西学论集》，民族出版社2008年版。

		十分伤心啊，伤心如冰雪，眼泪止不住流下，溢满了眼眶啊！	

这两则跋语均为和年恒书写，杨正文临摹刊出。第一则跋语见于《杨正文纳西学论集》中之《白地神川的东巴经书》一文，又见于《东巴象形文字的应用》一文，前者按经书行款临摹，后者将东巴字排成整齐行列。杨正文先生在第一则跋语后说："年恒大师以 71 岁之高龄，丢下家务、农活，为昆明、北京、丽江及香格里拉的学者教授东巴知识，书写东巴经卷，心力交瘁，已有脱离尘世的念头，因此才写下这几句有些伤感的话。果然，三年之后，大师与世长辞。这几句话不仅灵验，也成了绝笔。"在第二则跋语后说："这段话更为伤心，似乎又想概括自己的一生，又像对那些对自己不公的言行有所抗议。总之，这只是一位老年东巴大师的心声而已。"①

三、维西经跋语

维西为纳西族东巴教发展的最下游地带，其宗教以及经典应该是最为成熟的地域。《维西傈僳族自治县志》载："清代至民国年间，纳西族聚居的村寨都有东巴，其中叶枝、攀天阁、白帕、拖枝等地的大东巴，形成东巴世家，东巴经书随东巴世家的传袭而得以留传后世。民国 22 年（1933），著名学者陶云奎在县城举办东巴经训练班，聘请县内及中甸白地村大东巴为师讲学，历时 2 月多，共培训学徒二十余名。建国后，县内大部分东巴经书散失，小部分得以保存，成为研究纳西族历史与东巴文化的珍贵资料。"②但目前维西经书刊布的极少，《全集》仅刊布 1 种，笔者译释刊布李霖灿所藏维西经书 1 种。

乡（镇）、村属	纳西地名		东巴姓名		生卒年月	抄经册数	备注
	经书原文	读音及汉译	经书原文	读音及汉译			
维西县		$[p'e^{55}t'e^{33}ko^{21}]$ 攀天阁		$[to^{33}hu^{24}]$ 东恒	不详		攀天阁在刷冷兴拉山脚下。
		$[iə^{21}tu^{33}]$ 尤迪坝溪水河对岸				1	抄的攀天阁东恒的。

---

① 杨正文:《东巴象形文字的应用》，载《杨正文纳西学论集》，民族出版社 2008 年版，第 122—123 页。

② 云南省维西傈僳族自治县志编纂委员会:《维西傈僳族自治县志》，云南民族出版社 1999 年版，第 873 页。

	[la²¹ua⁵⁵dzər³³] 拉瓦村		[to³³duɯ²¹] 东迪	不 详	1	

1.《全集》62卷《超度嘎瓦劳端工匠·超度能者》

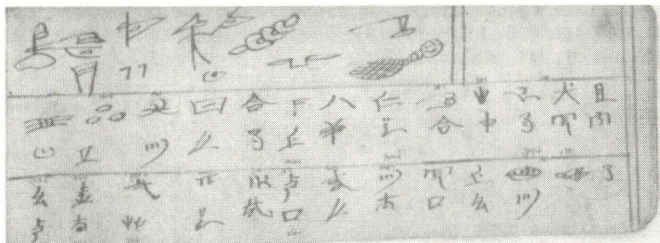

该经书用东巴文书写正文，哥巴文书写跋语，跋语汉译为：这本经书是按照居住在刷冷兴拉山[ʂua²¹le³³ɕi³³la³³dʑy²¹]山脚下的攀天阁[pʻe⁵⁵tʻe³³ko²¹]东恒[to³³huɯ²⁴]东巴的经书抄写的，祝东巴们长命永寿。抄写回来了，抄者的家是在尤迪[iə²¹tɯ³³]坝溪水河的对岸！

原译注者注：[pʻe⁵⁵tʻe³³ko²¹]，为地名，在今维西县境内。[iə²¹tɯ³³]，为地名，在今维西县境内。这本经书是尤迪附近的东巴抄写自攀天阁东巴东恒的经书。

2.李霖灿所藏《除秽经》

跋语汉译：花甲水羊年书写的经书，是拉瓦村哦塔地方的东巴东迪五十二岁写的。是求恒神的经典。祝愿后代人寿年丰，大吉大利。

　　李霖灿《九种》总序中提到:"最后则是澜沧江一带,也该走上一趟,我曾从刘家驹先生处得到一本叶枝地方的么些经典,那文字在迁徙下游部分显然是有了点变化,听说在德钦设治局左近,还有一部份么些人居住,也该去调查一下。"所说正是这一本经典。

第六节 三地东巴所写经书风格特点比较研究

李霖灿先生早在《论么些经典之版本》[①]一文中论及么些经典版本的地域特征，认为么些经典版本的地域色彩非常显著，拿到一册经典，略加审视，十之八九都可断定它的归属地点。先生将么些经典版本的地理分布划作四区，并分述各区特征。

第一区"若喀"地域，么些象形文字的发源地，该区经典散布到外的较少，李霖灿先生曾从当地经典中摘除了 50 个这一带特有的象形字，收在《么些象形文字字典》中，字号是 1629—1678。[②]若见到某册经典中有几个特有的若喀文字，就可断定是这一带的版本。

第二区是中甸白地六村和丽江刺宝东山（现为宝山、鸣音、大东三乡）二区，我们将这一区的经典统称为"白地经"。白地经的首要特点是图形细致、笔画均匀，这和一种新的书写工具铜笔的使用分不开。其次，这一区只有象形文字，象形字的动物多画全身轮廓，但这只可作为鉴定版本的辅助依据。再次，若见到某册经典中有一个"𝕏[na²¹]黑"字，且经典笔画写得匀细，那必为白地经。

第三区以丽江城附近为大本营。丽江经的首要特点是笔画简洁、文字稀疏、老练成熟，以三行式为主，动物多只画其头部及特征部分。其次，丽江经中开始出现音字，若见形字经典中夹杂成句或多数的音字在内，必为第三区版本。再次，丽江经中多彩色经典。

第四区是丽江的鲁甸、巨甸和维西县一带，我们将这一区的经典统称为"鲁甸经"，最显著的特征是字间距和行间距都比较小。该区形成了许多新的形声字，经典中还有一些特殊字形，如双体合成的拼音字，又称"古宗音"字，为和世俊东巴所创，《么些象形文字字典》中收录了一些，字号是 1679—1710。[③]鲁甸经中形音两种文字的经典都有，但混的较少，音字经典多出在巨甸村。

我们通过按地域对《全集》中写有跋语的经书进行分类，对各地经书风格特点进行考察的结果看，与李霖灿先生第二区、第三区、第四区的经典版本特征基本吻合，《全集》中没有收录第一区的经典。

宝山、鸣音、大东三乡的经书虽都笔画简洁、匀细，但鸣音乡的经书与宝山、大东二乡的经书还存在较大差异：鸣音乡的经书字迹工整匀称、字形扁长、整体

---

① 李霖灿：《论么些经典之版本》，载《么些研究论文集》，台湾故宫博物院 1984 年版，第 101—112 页。
② 李霖灿：《么些象形文字字典》，国立中央博物院 1944 年版，第 125 页。
③ 李霖灿：《么些象形文字字典》，国立中央博物院 1944 年版，第 128 页。

布局细密规整，经书中有夹杂个别音字及汉字的情况；而宝山、大东二乡的经书都字迹潦草、字形扁宽、整体布局疏松凌乱、经文中无音字夹杂。相比之下，宝山、大东二乡的经书较鸣音乡更接近白地经的书写风格等特征，而鸣音乡的经书风格独特，与丽江经、鲁甸经的书写风格差异更大。但总体而言，三乡经书的书写风格都基本符合李霖灿先生描述的"白地经"版本特征。只是鸣音乡的经书中有夹杂个别音字或汉字的情况，这可能是由于当地后起的一些东巴学习了哥巴文和汉文所致。

丽江经和鲁甸经的书写风格完全符合李霖灿先生描述的第三区、第四区经典的版本特征。丽江经字迹工整、笔画简洁、文字稀疏、多彩色经典和形音混合经典。鲁甸经的书写者多属师徒关系或亲属关系，所以这一区的经典书写风格基本相同：笔墨浓重、字迹圆润规整、字形方正匀称、大小均衡、字符较密集，动物多用繁笔书写，且画得栩栩如生，大部分东巴的字迹是三区之中写得最工整匀称的。鲁甸经中形音混合经典较少，有的只是夹杂个别哥巴文，多形声字，字词关系较严密，一字一音节的倾向非常明显。

宝山、大东二乡的经书与丽江经和鲁甸经相比，在书写风格方面的主要差异在于：宝山大东经都为三行式，字体较大、字迹潦草、布局缭乱，而丽江经、鲁甸经中字体相对较小、字形方正规整、布局整齐。若见某册经典笔画简洁匀细、字迹潦草、字形扁宽，且经文中无音字夹杂，则必为宝山、大东一带的经典；若见某册经典笔画简洁匀细、字迹工整、布局整齐，但字形扁长，则多为鸣音乡的经典。丽江经、鲁甸经虽都字形方正匀称、字迹工整、布局整齐，但丽江经笔画简洁、字符稀疏，而鲁甸经中相同的字，多用繁笔书写，且笔墨浓重、字迹圆润、字符密集。若见一册经典笔画简洁、文字稀疏、字迹方正工整，且经文中夹杂成句或多数的哥巴文，封面及首页饰画或题目及正文中的文字涂有颜色，则必为丽江经。若见一册经典笔墨浓重、字形圆润方正、字迹工整匀称、字间距和行间距较小，动物多用繁笔书写，栩栩如生，则多为鲁甸经。

总之，纳西东巴经具有明显的地域特征，若能总结出各区经典的版本特色，就可将现有经典按地域进行归类。在此基础上，再对各地东巴经进行断代，这对于探索纳西东巴经语言、文字、词汇纵向的发展演变和横向的地域差异及联系有着重要的意义。

第三章 东巴经跋语的纪时记录

李霖灿先生较早注意到跋语中的纪年方式，他在《美国国会图书馆所藏么些经典》一文中专门撰写了"下编·有年代经典之初步研究"部分，指出在美国国会图书馆收藏的东巴经中发现了"上至康熙七年，下至民国二十七年的一批纪年经书"，并指出"这些本身纪有年代的经典，自是么些文化研究的第一等资料，因为它们的时代确定，若依照时代的先后排列起来加以观察，可以正确地推究出古今法仪演变的异同，可以探讨古今字体的蜕变痕迹"①后来喻遂生师专门对跋语中的纪年方式作了研究，清理了带有纪年跋语的经书。

我们认为，东巴经跋语除了纪年外，有的还细致记录抄经的月、日，甚至某一天的什么时候。越细致的记载对于经书的时间序列排列越有帮助，故我们将李霖灿、喻遂生师两位先生以前所称纪年方式扩展为纪时方式。

第一节 东巴经跋语纪时方式概述

喻遂生师："经书跋语纪年的方式主要有年号纪年、花甲纪年、年龄纪年、年月日纪年4类，也有综合其中几类的。"②喻遂生师还从《全集》中钩稽出有纪年跋语的全部经典共115种。经过我们整理，发现《全集》中还有一些纪时经典，我们按照喻遂生师所分类别，亦按照以前统后的原则作增补，除了《全集》以外，我们亦将现在刊布的纪时跋语附于相应类别后面。

一、三种纪年方式跋语的增补

喻遂生师仔细研究了他提出四种纪年方式的前三种，并具体列出了《全集》

---

① 李霖灿：《么些研究论文集》，台湾故宫博物院 1984 年版。
② 喻遂生：《〈纳西东巴古籍译注全集〉纪年经典述要》，载《纳西东巴文研究丛稿》（第二辑），巴蜀书社 2008 年版，第 276 页。

中的相关跋语，根据我们所见，作一些增补。

（一）年号纪年跋语增补

序号	卷.页	经书名称	跋语汉译	备注
1	60.236/254	超度死者·用九种树枝除秽，报恩	这本经书是东阳东巴民年二十八岁时写的，是民国十五年那年写的，活着的男人虽然会老死，但经书是不会老死的。 这本经书是民国十六年写的，是我二十八岁时写的，人们会衰老死亡，但经书是不会衰老死亡的，会代代很有价值的保留下来。祝所祭的死者，都达到预期的效果。	民国十六年
2	75.215/216/217/218	超度什罗仪式·规程	光绪七年，干支属铁蛇属相，阴历三月初九，羊日所写。住在长满冷杉林和铁杉树的革尼瓦山脚下写成。这时我已年满二十二岁。写的没有差错，祝愿我自己后世转身为什罗大神。	光绪七年
3	九种.160	多巴神罗的身世	多子的经书。三十五年阴历二月当中，和才经手来写又随带着来翻译了。	（民国）三十五年
4	九种.188	都萨峨突的故事	这一经书，民国三十四年的十一月二十八日那天写的。原本旧经书里是什么样子就照着那样的来写了，头尾都不错。经和才的手来抄写，来诵念又来翻译完了。	民国三十四
5	九种.285	延寿经	三十五年九月十七日	（民国）三十五年
6	C27		光绪三十四年九月初六写的，当天星宿由'水头星'当值	光绪三十四年
7	G14		大具头台石头寨母猪山下写的，写于二十六年三月	（民国）二十六年

《全集》中带有年号纪年的跋语增补 2 则。一本是民国时期，一本是光绪时期。其中《超度死者·用九种树枝除秽，报恩》跋语所记显得矛盾，抄写者东阳均为二十八岁，但年号一记为"民国十五年"，一记为"民国十六年"，这是译经者误译，请见本书第二章第五节对和乌尤（即东阳）东巴该则跋语的考证。

另外《九种》亦收录了三种纪时跋语，均为民国时期。需要注意的是，有时候跋语纪录中省略掉"民国"的符号，直接说成"三十五年"。

现已刊布的哈佛所藏经书，亦有两则写有年号的跋误，一为光绪时期，一为民国时期。

（二）干支纪年跋语增补

序号	卷.页	经书名称	跋语汉译	备注
1	8.147	祭署·白"梭刷"的来历·药的来历	这本书是干支鼠年写的。	干支鼠年
2	28.32上	禳垛鬼仪式·用牛作替身，偿还若罗山东面的鬼债	这本经书是天干为铁，属相为猪的这一年书写的。这是有两个四月的一年。这本经典是五月二十五日写的，是属相为马的那天写的啊。	铁猪年，1911年。
3	61.3	超度夫和妻·亡灵木身睡在坛里，驱赶冷凑鬼	这一本书，是干支属铁的猴年那一年写的，那年的三月是闰月，是闰月的第一个月写的。是干支属铁的属猴那一天写的，白恒星轮到属水的那一天写的。是我三十岁那年写的，是东丹祭司写的。	铁猴年
4	68.3/4/84	开神路·合集	这本经书是干支轮到属铁的那一年写的，从七月借起来，到八月十八日才开始写的，是属马的一天写完的。是乌构皋七十六岁那年写的，侄儿乌巴拿梦恒三十岁的那一年，把这本经书写完后给他了。	铁年
5	72.207	超度什罗仪式·还毒鬼之债	这本经书是狗年的正月初一所写，是东元白塔旁边局吉中村的东纳所写。在四十四岁的时候，写了十本有关什罗仪式的经书，写得没有差错，念的时候不能有差错，要用厚纸来做卦面。要在自己的内心深处多加思考，而不要夸夸其谈。	狗年
6	91.207	大祭风·木牌画画稿	这一本经书写于水补托的牛年，阴历七月十七日的属猴日蛇时写就。是太安乡汝拿化的东巴东余我四十七岁时写的。我写了一大堆大祭风仪式的经书，送给了镇督的东巴东纽。	牛年
7	96.236/237	以花甲的五行等推算孩子的凶吉	这本书是三月十日写的。是花甲中属土的牛年那年写的。人生到四十岁时所写。愿东巴长寿，卜师安康！	土牛年
8	100.22	神寿岁与舞谱	这本经书是天干属阳木、地支属马的那年写的，是农历二月初四那天写的。书写者塔城依支崩迪的东孜东巴，没有什么差错的把它写完了。	木马年，1894年。

9	九种.122	占卜起源的故事	六十花甲子，癸未年写的。二月二十日的那一天才迟迟的写完了。不要责备我呀。和国樑他的书里是怎样我就怎样的写了。不知道对不对，写不好了，老了啦。和尚文印 我生了三十岁的那一年，抗战胜利的民国三十四年，四川省南溪县李庄镇张家祠里，和才亲手抄写并附带着翻译成汉语。有不对的地方请指教。	癸未年
10	2.184.A16	超度东巴什罗•破毒鬼寨	这本书是水"补托"，猪年写的，是阳坡的东迪写的。以后要想说好话，可以从这里找到。但是，有了这一本书，能否诵读呢？	水猪年
11	2.369.B7	祭署•东巴什罗开署寨之门•让署给主人家赐予福泽、保福保佑	这是花甲猴年写的，正月初四写的，男子四十一岁时写的。祝愿东巴长寿日永!三代人看看吧。	猴年
12	2.466.B24	祭署•请神赐威灵经	天干，属木，牛年的农历十一月二十二日写的，是恩颗的东支写的，是余依空白族地区城被攻破那年写的，城是农历十一月初二日攻破的。世间不知死了多少人。	木牛年
13	3.71.B44	祭署•迎接刹道祖先	天干，属木，虎年农历六月十六日，羊日的一天写的，是恩颗马鞍山山麓下的高明东巴，东支写的，没有差错。如果需要读到它的话，会读的人会说，是多么好的一本经书，不懂的人来读的话，就会说，是多么不好的一本经书。	木虎年
14	4.112.C5	祭署•抛里朵面偶	这一本经书是补托属木的猪年这一年写的，从二月写到四月初六完成。是好日子昂星身短的日子里写成的，是好日子水补托的属鸡的好日子这一天写成的。这一本经书是父亲庚庚写的（是父亲老庚庚抄写的）。	木猪年
15	4.369.D23	请神•头本•延寿仪式的书	是兔年正月二十七日写的。是请老师写的。愿做祭祀的东巴祭司长寿而头发白，愿东巴祭司的儿子长寿而齿黄。愿九代都是东巴祭司之家能生儿，七世相传的祭司家能育女!	兔年
16	A28		木虎年三月二十八写的，写的时候东只我 41 岁，	木虎年

			祝愿东巴长寿富贵，吉祥	
17	H16		猪年三月初六星宿由"水尾星"当值的那天写的	猪年
18	C33		水鸡年六月二十八日写，长水马鞍山下东巴东知写的。	水鸡年
19	C61		水鸡年六月初六写的，长水马鞍山下东巴东知写的，我六十岁那年写。写的没有任何错误，到了读的场合，如果是会的人来读，一定会说是写的多么好的书，如果是不懂的人来读，一定会说是写得不好。	水鸡年
20	I18		木虎年三月二十四日写的，东之我四十岁。这本书是从兹化麻朱并家请来。祝愿东巴长寿富贵。	木虎年
21	K6		属蛇年猪板星当值的那天写的，东巴经书是一条路，经文一句是一个饭碗。见到富人不要巴结，见到穷人不要冷落。无论穷富都不要客气，只是一句名声罢了，事实就是这样的。江水有九条，经文没有那么多，但经文没有学完的时候，就如江水不会断流一样，认真考虑吧。东知我在三十二岁的那年写了这本书，祝愿吉祥如意，长寿富贵。	蛇年，1845年。
22	K73		水鸡年写的，长水马鞍山下东知写的，东支我六十岁那年写。写的没有错，读时不要错了。学无止境，不懂的要努力学习，祝愿东巴长寿。	水鸡年
23	L21		木兔年五月十四日写的经书，由"瑞"星当值的那天写的。长水马鞍山下的东巴东知我是大东巴，但是比不上以前的大东巴了。说是容易做是难，我四十二岁那年写的，祝愿东巴长寿。	木兔年，1855年。
24	L23		火龙年那年长水马鞍山下的东巴东知写的。这本经书的母本，是从白地甲告恒东巴那里请来。几句经文对于没有经书的人来说是非常困难的，别人即使有成驮的经书，不要说是借给你，就是看一眼都不允许，没有经书这样的事情，真是一言难尽。	火龙年，1856年。
25	和文		这本经书是由甲区村的东巴夏纳杜吉写的，是属虎年的正月初十那天的。这本经书写的时候头尾顺序没有颠倒，没有错误地写后送给了底依肯若，祝愿经师长寿，占卜师富足，写的人长寿，读的人富	虎年

| 26 | 邓文 | | 花甲水羊年书写的经书，是拉瓦村哦塔地方的东巴东迪五十二岁写的。是求恒神的经典。祝愿后代人寿年丰，大吉大利。 | 水羊年，1943年。 |
| 27 | 和文2 | | 写这本经书嘛，是花甲铁猪年（辛亥）写的，是新皇帝登基那年写的。写嘛是六月二十二日写的，是属土属牛的一天（己丑）写的。 | |

李霖灿："只要记有干支，我们都有线索找出它正确的年代来，真是书斋研讨中的一项大乐趣。"[①]只要有足够的资料，这些纪有干支的写本年代应该能够考证出准确的年代。

（三）年龄纪年跋语增补

序号	卷.页	经书名称	跋语汉译	备注
1	17.318	小祭风·施食	阿史主村，雪山旁边的东巴杨向芝四十四岁时所写的。	
2	70.70	超度胜利者·中卷，末尾为仪式规程	是东巴我有二十岁的那年写的，手迹虽然不好，但是自己写的经书。九代祖父都是东巴，七代祖母都是巫师，祝东巴巫师延年益寿！愿出现这样的现象！	
3	73.D28	延寿仪式·东巴弟子求赐大威灵·末本	我活到六十一岁时写的，慢慢又学吧！皇帝住的地方，皇帝跟前，有金山和银山。金山和银山，也有用完时。书这玩艺呢，永远也读不完。我所教的两三句，丢弃到远处去吧！世间大地上，是推崇古语的。雪山上的银花，是推崇山花。……是推崇海花的。我这弟子的姐姐，是个粗鲁之人。世间大地上，不说则了了。说呢则心烦！	1874年。
4	K24		马鞍山下长水东知写的，写这本经书时我已经有五十四岁了，四月十五那天写的。	1867年。

《全集》中年龄纪年的跋语增补2则，《小祭风·施食》中说到杨向芝东巴四十四岁时所写，根据《人神之媒》记载"生年不详，50年代土地改革时去世，终

[①] 李霖灿：《么些人的占卜与干支纪时》，载《么些研究论文集》，台湾故宫博物院1984年版，第125页。

年 60 多岁"，则可以大致推测，这册经书大约写于上世纪 30 年代。《超度胜利者·中卷，末尾为仪式规程》经书封面有两个圆印，首页有一个圆印和两个"和文质印"一个"和世俊印"。这应该是和文质的经书，根据其生年推测，则此册经书写于 1926 年。

现已刊布的哈佛所藏经书，亦有两则年龄纪年的跋语，均是东知东巴抄写，根据东知东巴的生年，这两册经书分别写于 1874 年和 1867 年。

二、年月日纪年

喻遂生师虽然提到"年月日"纪年方式，但他并没专门整理这一类纪年跋语。其实他所指年月日纪年，应该就是公元纪年。因为他所谈是纪年方式，无所谓月日，故只指公元纪年。

序号	卷.页	经书名称	跋语汉译	备注
1	69.258/259	开丧和超度死者·半夜讲粮食的来源，鸡鸣时给狗喂早食，并献给死者供品	这是普支登梭祭司写的经书，祝祭司延年益寿。这本书是留给大弟弟用的书，虽然写的字不怎么好，但给人家做祭仪时不要念错了， 祝祭司延年益寿。拉久恒处高原上面，肥沃的阿什主地方的崩世敦村人，在大研镇龙王庙（黑龙潭）东巴研究室工作的祭司东恒，公元一千九百九十四年正月回家时，照原经书抄写回来了这一本经书，祝祭司处年益寿。	
375	100.156	说出处	东巴 和开祥　　　1997.6.10日 东巴和开祥 1997.6.10 日	和开祥 1997 年新抄的经。

前一册经书是和开祥重抄的和文质的经书。后一册经书为和开祥新抄的经书，采用现代公元纪年。喻遂生师将其归为花甲纪年，我们认为这是典型的公元纪年。

第二节 事件纪年方式

　　事件纪年指并没有采取年号、干支或年龄写出具体明确的时间，而是纪录写经时发生的事件，故称之为事件纪年。

　　如果该事件可根据历史记载作出考证，则可以推断该经书的具体写作年代，如该事件难于考证，则具体写作年代难于查明。

　　例1：《全集》93卷《炙羊肩甲骨卦》跋语：

　　　　大山高矮不齐那儿的山脚下的伟余我书写的。是在登施（地名）写的。送给了鲁迪（今鲁甸）坝头老大人。因是世孝，每家男主人在自家门前睡一觉的事发生的那一年写的。在东巴面前献丑了，不好意思拿出手，但还是可以一看的。愿这一群东巴都长寿安康。

　　这则跋语记录了伟余东巴写了经书送给坝头老大人，时间则是采取的"每家男主人在自家门前睡一觉的事发生的那一年写的。"因为这年是世孝，但该事件考证较为困难。

一、历史事件

1. 杨玉科事件

　　哈佛所藏 B24 经书跋语：木牛年十一月二十二日，长水东知写的。是杨玉科攻占鹤庆的那年写的。

　　和继全据此考证：杨玉科是云南杜文秀起义时期，丽江"保皇自卫总团"首领。据《丽江纳西族自治县县志》记载：同治四年（1865年）8月，杨玉科、张润率部到中甸。……后率练勇五百余，经石鼓占领鹤庆城，后又失城。而该年正好是纳西族以五行和十二属相相结合的藏历式纪年法的木牛年，由此可以确定这本经书写于公元1865年。[①]

2. 新皇帝登基

　　美国国会所藏所谓"康熙七年"经书跋语：写这本经书嘛，是花甲铁猪年（辛亥）写的，是新皇帝登基那年写的。写嘛是六月二十二日写的，是属土属牛的一天（己丑）写的。

　　和继全据此考证，明清两朝从1368到1911年的553年间，共有27位皇帝登基，明朝17个皇帝中没有一个是在铁猪（辛亥）年登基的，而在清朝的10个皇

---

① 和继全：《美国哈佛大学燕京图书馆馆藏东巴经跋语初考》，载《中央民族大学学报》2009年第5期。

帝中，只有咸丰皇帝是在铁猪（辛亥）年登基，咸丰元年恰好是铁猪（辛亥）年（1851 年）。[①]

二、指明闰年

因为闰年也属于较为特殊的标志，我们将有闰年的跋语也集中起来。

序号	卷.页	经书名称	跋语汉译	备注
3	1.293/294,296/297/298	祭祖·迎接回归享祭的祖先	这本古籍，是格特冉地方的洋吉阿叔的书。望好好保管，否则眼灵的人会来偷走的。这一本书，是好地方托罗村的老爷爷梭补余登，乳名又叫东孜孙子东智来写的。写于民国三十八年。当年属牛，是在闰月七月十六日写成的。也就是刚刚解放，改换新朝代的那一年写的。当时的那种新局面，是从来没见过的。愿人们长寿又延年。	1994 年。三层跋语：洋吉阿叔；和世俊；和开祥
123	28.32 上	禳垛鬼仪式·用牛作替身，偿还若罗山东面的鬼债	这本经书是天干为铁，属相为猪的这一年书写的。这是有两个四月的一年。这本经典是五月二十五日写的，是属相为马的那天写的啊。	1911 年。
214	54.394	驱妥罗能特鬼仪式·驱鬼送鬼	第一个跋语：这书是俄什俄展山脚下，吉祥地方的当中，高高的斯补拉朗地方，辈份大、世代相传的祭师来写下的经书。这书是兄长坞波的孙子，最好的祭司东华来写后，给了坞督含聚吉地方的垛构祭司了。不讲写得好不好，始终是好男儿的好说法，正如行走留下了很好的脚印。第二个跋语：这书是民国三十五年猪年三月二十五日写完，是有两个二月的那一年写的。写一本书，值白银三钱，规矩是这样的。愿祭司长寿，卜师日久。	当为民国三十六年之误。三十五年是狗年，不闰月。民国三十六年才是猪年，且闰二月。
231	61.3	超度夫和妻·亡灵木身睡在坛里，驱	这一本书，是干支属铁的猴年那一年写的，那年的三月是闰月，是闰月的第一个月写的。是干支属铁的属猴那一天写的，白恒星轮到属水的那一天写	

---

① 和继全：《李霖灿"当今最早的么些经典版本"商榷——美国国会图书馆"康熙七年"东巴经成书时间考》，载《民间文化论坛》2010 年第 2 期。

		赶冷凑鬼	的。是我三十岁那年写的，是东丹祭司写的。在辽阔的人世间，没有男人学不会的事情呀！	
369	98.312	用父子的鲁扎占卜	是在干支属火的狗年六月闰这一月二十二日为龙日这一天写的。愿延年益寿!是在干支属火的狗年写的，是六月二十二日为龙日这一天写的。	

第三节 纪月纪日纪时辰方式

一、纪月方式

纪月往往采取直接法，称几月。例不举，见纪年或纪日例。

二、纪日方式

1.直接法

序号	卷.页	经书名称	跋语汉译	备注
7	2.379	迎素神·素米故	这经书是鲁甸地方的书。是多京（东其）写的，是在六月二十五这天写的。愿写的人长寿，读的人命长。	东鲁的书，东其写的。
392	4.258.D3	延寿仪式·压冷凑鬼·砍翠柏天梯梯级·末本	崩史村头的和虎写的书，是八月十五日写的。在雪山松林带，不长千肘高的树。在广大的村庄里，没有活到百岁的人。世间大地上，做"延寿仪式"，是作仪后可延年益寿。内行之人看了，会装在心头，外行人看了，则会不知所曰。我所知道的两三句，已教给别人了。而不懂的两三句，却无处求教了。好男去世了，名声要留于后世。	崩史村为现白沙乡白沙村，此翻译为和虎，和继全译为"白沙村头和鸿写的"。
17	5.90/91	祭署·仪式概说	这是章单那地方的多依才（和士成）东巴写的，是在他七十九岁的这年正月二十七日写的。愿东巴长寿，卜师日永！这是祭署的概说。	1988年。
230	60.366	超度死者·由舅父毁坏死者冥房，献冥食，关死门	经尾用汉字写着七月二十四日。	
404	K24		马鞍山下长水东知写的，写这本经书时我已经有五十四岁了，四月十五那天写的。	引自和文1，1867

2.生肖

序号	卷.页	经书名称	跋语汉译	备注
223	58.49	超度死者·驱除死祸	皇朝光绪十八年属兔的这年，是男儿贡牛瓜色的二十九岁，是三月里写的，属兔的一天写的。三月里写的，晚饭时书写，是兔子坐位的一天，是二十一日写的。	
284	73.257	超度什罗仪式·解除过失	哥巴文尾跋：羊年七月狗日所写。	

李霖灿："由于民国二十七年（一九三八）的么些经典中尚有虎年（戊寅）的记载，这使我们知道么些巫师不但自清初或更早学到了这套纪时的制度，而且学得很到家。不但以之系年，且以之纪日。"[1]

3.事件

序号	卷.页	经书名称	跋语汉译	备注
77	15.112	延寿仪式·请本丹战神·送神	是干支中属母土兔年的正月里尤罗瓜由村寨建神房而上衍条的那一天所书写的书，是由东巴东余之手所写的。	

其中表示某一天是用的"尤罗瓜由村寨建神房而上衍条的那一天"。

4.星宿值日

序号	卷.页	经书名称	跋语汉译	备注
1	1.117	祭天·献饭·点洒灵药	此书是民国二十八年正月初七日写的。写的这天属蛇，轮到套构星当值。是东巴构土罗涛五十七岁的那一年写的。祝愿长命百岁。	1939 年。
80	15.292	延寿仪式·求大神威	此书于天干为母水、属鸡的一年，布冒星当值的一天写的，是七月初四写的。	1922 年。
231	61.3	超度夫和妻·亡灵木身睡在坛里，驱赶冷凑鬼	这一本书，是干支属铁的猴年那一年写的，那年三月是闰月，是闰月的第一个月写的。是干支属铁的属猴的那一天写的，白恒星轮到属水的那一天写的。是我三十岁那年写的，是东丹祭司写的。在辽阔的人世间，没有男人学不会的事情呀！	

---

[1] 李霖灿：《么些人的占卜与干支纪时》，载《么些研究论文集》，台湾故宫博物院 1984 年版，第 125 页。

360	93.198	以异常现象占卜	是六十七岁时写的书，正值夫构庚星当值的那天写的，足够使用的都写在里面了。	
377	100.235	仪式规程及杂言	这本经书是干支轮到马年那一年的十一月十三日写完的，是二十八宿轮到昴宿座的那一天写的，写的没有什么差错，念时不要念错了。这一本经书是写时可以参考的一本规程，经书写完了，是恨可督地方的东卢东巴写的。	
406	L21		木兔年五月十四日写的经书，由"瑞"星当值的那天写的。长水马鞍山下的东巴东知我是大东巴，但是比不上以前的大东巴了。说是容易做是难，我四十二岁那年写的，祝愿东巴长寿。	引自和文1，1855
391	4.112.C5	祭署·抛里朵面偶	这一本经书是补托属木的猪年这一年写的，从二月写到四月初六完成。是好日子昂星身短的日子里写成的，是好日子水补托的属鸡的好日子这一天写成的。这一本经书是父亲庚庚写的（是父亲老庚庚抄写的）。	
396	H16		猪年三月初六星宿由"水尾星"当值的那天写的	引自和文1
397	C27		光绪三十四年九月初六写的，当天星宿由'水头星'当值	引自和文1
403	K6		属蛇年猪板星当值的那天写的，东巴经书是一条路，经文一句是一个饭碗。见到富人不要巴结，见到穷人不要冷落。无论穷富都不要客气，只是一句名声罢了，事实就是这样的。江水有九条，经文没有那么多，但经文没有学完的时候，就如江水不会断流一样，认真考虑吧。东知我在三十二岁的那年写了这本书，祝愿吉祥如意，长寿富贵。	引自和文1，1845

5.具有某种天气的一天

序号	卷.页	经书名称	跋语汉译	备注
207	53.201	关死门仪式·九位天神和七位地神的传说	此书是属兔年的正月二十五日,大雪纷纷降落大地的那一天写成的。	201页仅有跋语译文，不见东巴文。

329	85.51	唤醒神灵·撒神粮	这本经书是恒柯督地方的东巴东陆写的,写于九月二十七日下雪的日子里。	喻师归为花甲纪年。
401	D24		四月初九写的,卯时开始写的,未时写完	引自和文

6.特殊纪日

序号	卷.页	经书名称	跋语汉译	备注
358	92.211	以下雨、春雷、地震、日月蚀占卜决庄稼丰歉	是丽江南方的东巴多福写的书,是在一个好日子里写的。	未知的好日子
351	90.138	祭风·木牌羊鸡的出处和来历·偿还毒鬼仄鬼债	这一本经书是我五十二岁生日那天写的,是和纳合的经书。让人们慢慢地瞧去吧。	生日
170	42.254	除秽·九个故事	狗年阴历十一月十八日写的。值我六十六寿辰之时,祝愿东巴延年益寿。这是五台村的经书。	寿辰

三、纪时辰

序号	卷.页	经书名称	跋语汉译	备注
357	91.207	大祭风·木牌画画稿	这一本经书写于水补托的牛年,阴历七月十七日的属猴日蛇时写就。	蛇时
223	58.49	超度死者·驱除死祸	皇朝光绪十八年属兔的这年,是男儿贡牛瓜色的二十九岁,是三月里写的,属兔的一天写的。三月里写的,晚饭时书写,是兔子坐位的一天,是二十一日写的。	晚饭时书写
400	D24		四月初九写的,卯时开始写的,未时写完	引自和文1

第四章 东巴经跋语用字研究

　　东巴经均以手抄本的形式流传，大部分经书抄写自原来的经书。照抄的经书正文在用字方面会受到借用母本的影响,而附于经文之后的跋语属于应用性文献,为写经者自己所创,更能体现出当地用字特色和东巴个人用字特征。

　　经文跋语涉及内容大同小异,故有一些常用语词反复出现。其中出现频率最高的是记录抄经时间、地点、抄经人的记述性用语,如:这本经书是……年写成的,是属……的一天写的,这是好地方(地名)的经书啊,这是东巴(人名)的经书等;其次是东巴为自己或他人向天地、神灵、祖先祈求福泽、保佑的祝福性用语,如延年益寿等。由于抄经东巴所处地域、师承关系、个人用字习惯以及纸墨是否宽裕等因素的影响,这些常用语词的用字会有所不同。本书重点是对《全集》所收各地跋语用字进行比较研究,以此考察各地用字特点、差异及其产生用字差异的原因,故我们选取了跋语中经常出现的"东巴"、"写"、"经书"、"延年益寿"四组常用语词及记录抄经时间的数词短语作为研究对象。下面就从书写行款、使用文字的种类(后简称"用字类别")、字词对应关系及跋语中常用语词的用字特点等方面对各地经文跋语中的文字进行考察。

　　需要在这里说明的是,因为除《全集》以外的经书,有的无图片,有的无译释。故本章所谈各地跋语用字材料,均只限于《全集》。

第一节 宝山、鸣音、大东经跋语用字研究

　　丽江宝山乡、鸣音乡、大东乡地处东巴文化发展的上游地带,东巴文产生较早,东巴经典相对古老,其中保留着较多的原始色彩,更能反映出早期文字的诸多特征。该地经书正文中的字词对应关系较稀疏,一个字要记录五六个音节,且一般用东巴文书写,与丽江坝和鲁甸两地的经书差异较大。抄经东巴留下的经文跋语虽属应用性文献,但也因地域的不同而呈现出不同的书写风格、用字特点。

其中鸣音和长命东巴曾向丽江东巴和凤书学过哥巴文，鸣音和即贵东巴、大东和士成东巴曾受聘到丽江东巴文化研究所工作，三位东巴的书写风格一定程度上受到了丽江地区的影响，故所写经书不能完全反映宝山、大东一带经书的本土特征，用字也不能完全反映这一带的用字特色。所以在分析这三位东巴的用字时，需慎重考虑。

一、跋语的书写行款、用字类别及字词关系

（一）书写行款

书写行款是指记录语言时文字排列的先后顺序。"行款固定、序列有致，是一种文字成熟的标志之一。"①一种文字从产生到发展成熟，其不同发展阶段的书写行款必然会有所不同。从世界上各种文字的发展演变过程来看，文字产生初期的书写行款往往自由无序，发展至成熟阶段的书写行款则整齐归一。纳西东巴文是一种比较原始的文字，所以书写行款不固定，具有一定的随意性。

宝山、鸣音、大东一带的经典比较古老，经文跋语主要按从上到下、从左至右的东巴经中最常见的行款顺序书写，少量按语序竖行逐字排列书写。除大东乡和士成东巴所写跋语有横行逐字排列书写的外，几乎没有其他横行逐字排列书写的跋语。

下面是宝山乡的经书《全集》4卷《祭胜利神仪式·索求福分》中的跋语页（第151页）：

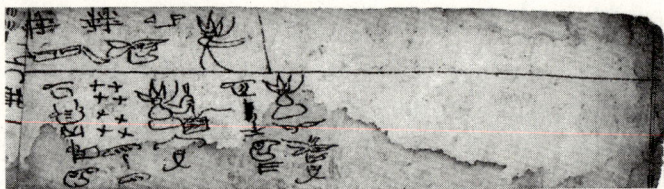

该页竖行逐字排列书写部分即是跋语，汉译作：这书是兄长吾嘎寇八十一岁时写下的，写好后送给了也做东巴的兄弟构沙。

从中可以看出该册经书正文是从上到下、从左至右书写的，而跋语却另起一行，竖行书写。除此则跋语外，该地区经书中的《全集》25卷《禳垛鬼仪式·董术战争》、28卷《禳垛鬼仪式·迎请端格神和优麻神，捣毁术鬼寨和摧毁术鬼地，给嘎劳神洗秽》、66卷《超度长寿者·由马鹿寻找丢失了的董魂》等三册经书的跋语也都竖行逐字排列书写。

---

① 木琛：《纳西象形文字》，云南人民出版社2003年版，第51页。

下面是鸣音乡的经书《全集》28卷《禳垛鬼大仪式·向东巴什罗寻求镇鬼的本领》中的跋语页（第325页）：

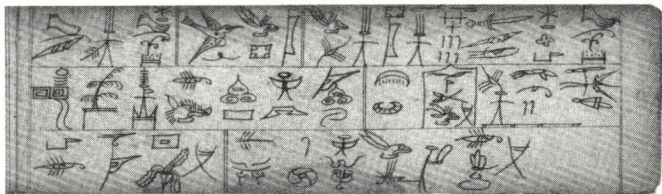

段首符号后面即是跋语，汉译作：这是居住在高地方汝崩坞村的好祭司东卢的经书，抄写好就存放在家里了，不要随便交给他人拿到其他地方去。祭司死了以后，其威力还存在的啊，往后日子里，孙子又会学着来啊。

从中可以看出，该则跋语与经书正文的书写行款一致：从上到下、从左至右，有些字序与语序不一致。宝山、鸣音、大东一带绝大部分经书中的跋语都按这种行款书写，和长命、和即贵东巴所写跋语也不例外。

大东乡和士成东巴所写跋语有的按从上到下、从左至右的行款顺序，有的竖行逐字排列，有的横行逐字排列，但以第一种书写行款为主。

下面是和士成东巴写的经书《全集》22卷《禳垛鬼大仪式·禳垛鬼祭仪概述经》中的一页跋语（第189页）：

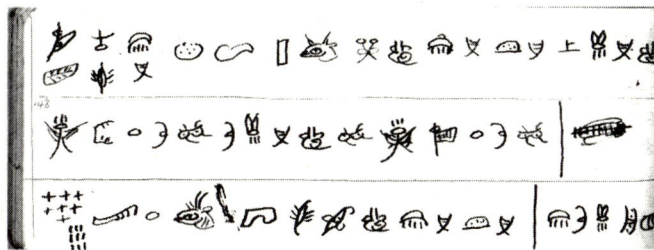

此则跋语大部分横行逐字排列书写，汉译作：书写这本经书的人，是丽江县大东乡展丹村的东玉才书写的。会释读的人来释读，不知会是多么容易；不会释读的人来释读，不知会有多么困难。这是今年有七十九岁的老人书写的啊。

（二）用字类别

宝山、鸣音、大东一带的经典属于白地经，白地经最显著的一个特征是经文中绝无音字夹杂，只有极个别来自藏文或者应读作藏音的字。据我们对宝山、鸣音、大东一带的经典进行考察，除和长命、和即贵、和士成三位东巴的经书中有夹杂个别哥巴字的情况外，其余东巴的经文及跋语一律用东巴文书写，无夹杂哥巴文的现象。

（三）字词关系

东巴经典，全凭口耳相传，只要记录下关键词句，便可提示情节，启发记忆，将经文全文都背诵出来。而经文跋语的内容是纪实性的，主要记述抄经的时间、地点、抄经过程、抄经人的相关信息及他们抄抄时的活动、心理状况等。若不全写出来，别人就很难看懂，不能达到备忘或交际的目的。宝山、鸣音、大东一带经书正文中的字词关系非常稀疏，基本上只记录了20%—30%的音节，其余音节都是东巴诵经时临时背诵出来的。据我们对该地经文跋语中字词关系的考察，跋语部分记录的音节数为70%及以上，有的可高达90%左右。虽未记录全部语词，但相比经书正文而言，已记录了绝大部分语词，故读经者一般都可读懂跋语内容。

下面是宝山乡窝母村敬初坞乌宙恒东巴写的经书《全集》81卷《大祭风·超度凶死者·为死者招魂·迎请朗久神》中的跋语（第149页）：

字释：fv^{55}鼠。

无音义，表示 $k'v^{33}$读两次。

$k'v^{33}$收获，假借作 $k'v^{33}$年。

ua^{33}五。

ku^{21}星。

dzy^{21}山。三字连读作山名 $ua^{33}ku^{21}dzy^{21}$瓦庚山。

$k'w^{33}$足，脚。

$ə^{33}$呵。一般写作 ，此处省去了口，且口中出的声音向下弯曲。

$tṣʅ^{33}$土。

$ts'ʅ^{33}$犁铧。

$uə^{33}$村寨。四字连读作村名 $ə^{55}mu^{21}tṣʅ^{55}ts'ʅ^{33}uə^{33}$窝母知此村。

$uə^{33}$村寨。

$tṣə^{55}$一种鸟。

hw^{33}齿。三字连读作人名 $uə^{33}tṣə^{55}hw^{21}$乌宙恒。

nw^{33}心，假借作主语助词 nw^{33}由。

$pər^{55}$写。

mw^{33}天，假借作 me^{55}是。

ho^{55}八。

🐚 me³³雌，假借作月。

✕✕ ȵi³³tsər²¹二十。

🐚 ȵi³³日。

🦎 pər⁵⁵写。

〰〰〰 ŋv³³超度亡灵的祭仪中用以象征亡灵的木偶，假借作 ŋv⁵⁵超度。

🌿 tər²¹呆鬼，恶鬼。

🌾 sər⁵⁵招。

🔱 o²¹玉，假借作 ua²¹魂。

ʔʔ ȵi³³两。

🌾 dze²¹卷，从书 🌱（dze³³小麦）声。

🐚 duɯ³³大，假借作一。

🐛 huɯ²¹雨，引申作丝。

Ʒ mə³³像日落之形，假借作未。

🦗 luɯ⁵⁵牛虻，假借作漏。

🐚 me³³雌，假借作 me⁵⁵是。

🌾 çi³³人，从人 🌿（çi²¹稻）声。

🥤 tɕər³³杯，假借作 tɕər²¹上。此字一般写作 🐱。

🔱 sy⁵⁵锡，假借作 sy²¹什么。

🦎 le³³獐子，假借作又。

🏺 ha³³饭，假借作 ha⁵⁵多。

🦅 i³³山骡，假借作助词的。

⌒ muɯ³³天，假借作 mə³³是。

🐚 me⁵⁵雌，假借作助词 me⁵⁵了。

✕✕ lu³³tsər²¹四十。

ɪɪɪ sɿ⁵⁵三。

⌒ k'ɤ³³收获，假借作岁。

🐚 duɯ²¹大，假借作 duɯ³³那。

🦎 k'ɤ³³收获，假借作 k'ɤ⁵⁵年。

🪮 pər⁵⁵梳子，假借作写。

⌒ muɯ³³天，假借作助词的。

🐚 me³³雌，假借作 me⁵⁵是。

古 tʂʻɿ³³悬，吊，假借作 tʂʻɿ²¹这。

🦗 se²¹岩羊，假借作助词了。

 na²¹黑，假借作助词的。

 ky³³蛋。

 mæ³³尾，引申作 mæ⁵⁵后。两字连读作 gy³³mæ⁵⁵以后。

 k'o³³角。

 k'u³³门。两字连读假借作 k'o³³k'u³³声誉。

 py²¹东巴。

 zŋ³³草，假借作寿命。

 p'a²¹卜师，从女人坐下（p'ər²¹解）声。

 ha³³饭，假借作 ha⁵⁵日子。

 k'u³³门，常假借作表祝愿的语气词 ho⁵⁵愿。

全段标音：

fy⁵⁵k'y³³t'ɯ³³k'y⁵⁵, la⁵⁵zŋ³³ua³³kɯ²¹dʑy²¹k'ɯ³³t'y, ə⁵⁵mu²¹tʂŋ⁵⁵tsʻŋ³³uə³³,
　鼠　年　这　年　　拉汝　瓦庚　山　脚　下　　窝母知此村
uə³³tʂə⁵⁵huɯ²¹nɯ³³pər⁵⁵se²¹me⁵⁵。ho⁵⁵me³³n̩ɻi³³tsər²¹n̩ɻi³³pər⁵⁵, tər²¹ ŋy⁵⁵ ua²¹sər⁵⁵
乌宙恒　由　写　了　是　八　月　二　十　日写　呆鬼　超度　魂　招
n̩ɻi³³dze²¹ua²¹, dɯ³³huɯ²¹mə³³lɯ⁵⁵me⁵⁵。çi³³ tçər²¹ sy²¹ i³³ le³³ha⁵⁵i³³mə³³me⁵⁵。
　两卷是　一　丝　未漏是　别人　上　什么　也又多的　是　了
lu³³tsər²¹sŋ⁵⁵k'y³³dɯ³³k'y⁵⁵ pər⁵⁵mɯ³³me⁵⁵, tʂʻŋ²¹se²¹na²¹gy³³mæ⁵⁵,
那　年　　四十　三　岁　写的　是　　这　了　的　以后
k'o³³k'u³³ua²¹, py²¹ zŋ³³ʂər²¹, p'a²¹ha⁵⁵ i³³iə⁵⁵ho⁵⁵。
声誉　是　东巴　寿　长　　卜师　日　久做　愿

汉译：是鼠年这年，拉汝瓦庚山脚下窝母知此村的乌宙恒写的，写于这一年的八月二十日。这一本经书由超度凶死者及招魂两卷合成。在我写这一本经书的时候，没有漏掉一丝一毫，只能比别人所写的多。这一本经书，是在我四十三岁的时候写的，写了这本经书之后，我的声名将永存。愿东巴世世代代相承传，愿卜师永传不间断。

　全段共 75 个音节，用字 60 个，全为东巴字。因其中 这一符号无音义，只表示 k'y³³读两次；×、这是双音节字，各使用了 1 次，所以实际标写了 63 个音节，占总数的 84%。60 字中用本义引申义的 18 个，形声字 3 个（卷、人、卜师），假借字 39 个，占东巴字的 63%。其中同音假借 23 个，音近假借 16 个。

　下面是大东乡温泉村东知之孙写的经书《全集》38 卷《退送是非灾祸·为优麻战神烧天香·消灭千千万万的鬼怪》中的跋语（第 61 页）：

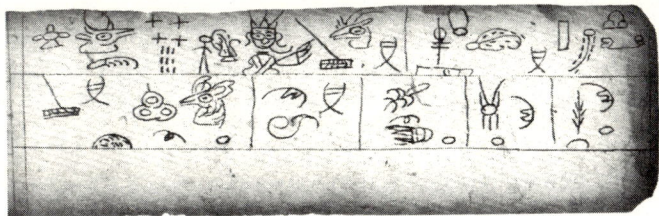

字释： dɯ³³大，在此未读音。

 ɯ³³牛。

 k'ɣ³³收获，假借作 k'ɣ⁵⁵年。

 lu³³ts'ər²¹四十。

 gɣ³³九。

 t'ɯ²¹饮，饮酒，从人饮酒于碗。假借作这 t'ɯ³³这。

 pər⁵⁵写，像东巴拿笔书写之形。

 se²¹岩羊，假借作助词的。

 me³³雌，假借作句末语气词 me⁵⁵呀。

 ly³³矛，与 （kɣ³³蛋）连读作 ly⁵⁵gɣ³³中央，但此处未写出 字。

 dy²¹地。

 k'o³³角。

 lər²¹唤，张口出声。与上字连读假借作地名 lər²¹k'o³³温泉村。

 me³³雌，此处未读音。

 to³³板。

 dzʅ²¹时。两字连读假借作人名 to³³tʂʅ³³东知。

 lɣ³³石。

 bɣ³³锅。两字连读假借作 lɣ³³bɣ³³孙子。

 pər⁵⁵写。

 me³³雌，假借作助词的。

 o²¹谷堆，假借作 ua²¹是。

 ɯ³³宝物，引申作好。

 na²¹黑，假借作程度副词 na²⁴最。

 la³³虎，假借作也。

 kɣ³³蛋，假借作 gɣ³³是。

 mə³³像日落之形，假借作没有。

 dər³³池，潭。此字叠读假借作 dər³³dər³³错误，但此处只写了一个字。

𝄞 me³³雌，假借作句末语气词 me⁵⁵呀。

𝄐 bɑ²¹花，义借作 zi³³美。

𝄐 na²¹黑，假借作程度副词 na²¹很。宝山、大东一带常写作 𝄐，此处省略了黑点。

𝄐 la²¹手，假借作 la³³也。

○ kʏ³³蛋，假借作 gʏ³³是。

𝄐 kʏ³³蒜，假借作 kʏ⁵⁵会。

𝄐 mə³³像日落之形，假借作否定副词不。

○ kʏ³³蛋，假借作 gʏ³³是。

𝄐 sər³³木，假借作 sʅ³³知。

⌒ 疑是 na²¹黑，假借作程度副词 na³³很。na²¹黑可写作 ⊙，此处省去了圈中的黑点，且圈只写出了一半。

𝄐 mə³³像日落之形，假借作否定副词不。

○ kʏ³³蛋，假借作 gʏ³³是。

全段标音：

ɯ³³kʻʏ⁵⁵tʻɯ³³kʻʏ⁵⁵, lu³³tsʻər²¹gʏ³³kʻʏ⁵⁵tʻɯ³³kʻʏ⁵⁵pər⁵⁵se²¹me⁵⁵。lər²¹kʻo³³dy²¹

牛 年 这 年 四 十 九 岁这 年 写 的 呀 温泉 地方

ly⁵⁵gʏ³³, to³³tsʅ³³gə³³lʏ³³bʏ³³nɯ³³pər⁵⁵me³³ua²¹, ɯ³³na²⁴la³³mə³³gʏ³³na⁵⁵,

中央 东知 的 孙子 来 写 的 是 好 最 也 不 是 但

mə³³dər³³dər³³me⁵⁵, zi³³na²¹la³³mə³³gʏ³³, kʏ⁵⁵na³³la³³mə³³gʏ³³, sʅ³³na³³la³³mə³³gʏ³³,

没有 错误 呀，很美 也 不 是 会 很 也 不 是 很知 也 不 是

se³³se²¹。

完 了

汉译：此书写于属牛之年，本人刚好四十九岁。本人乃温泉地方地祭司东知的孙子，写得不算很出色，但没有差错，写得不算很美，我懂得不多，书写也不太好，可此书却写完了。

全段共 54 个音节，用字 39 个，全是东巴字。因其中 𝄐（大）、𝄞（雌 1 次）两字未读音；𝄐 是双音节字，使用了 1 次，所以这则跋语用 37 个字记录了 38 个音节，占音节总数的 70%。37 字中用本义引申义的 7 个（牛、四十、九、写 2 次、地、宝物），义借字 1 个（花转意作美），假借字 29 个，占东巴字的 78%。其中同音假借 12 个，音近假借 17 个。

从上述两则跋语字释及其他跋语记录语言的情况看，宝山、鸣音、大东一带的经文跋语大都记录了 70% 至 90% 左右的音节，少量内容较短的跋语基本记录了全部音节。未完全记录语言的跋语中存在少量有词无字或有字无词的现象，这种

字词关系是纳西东巴文向成熟文字发展过程中的遗迹。

二、跋语中常用语词用字研究

（一）东巴

"东巴"是对纳西族主持宗教仪式的祭司的称谓。李国文《人神之媒》[①]一书对纳西族"东巴"进行了较为全面的研究，其中"东巴古称谓及其含义"和"象形文字经典记载的东巴及其分类"两节系统介绍了"东巴"的一些称谓及其含义。[to^{33}mba^{21}]只是流传于纳西族民间的一种读音，此外，还有着很多古读音：一种读作[py^{21}]，根据"东巴"的象形文写法而读此音，意为"东巴念经"；[lɯ^{33}bu^{21}]（或[lɯ^{33}bo^{21}]）是东巴们的自称；[py^{33}by^{21}]是东巴之古称。由东巴原始称谓[py^{33}by^{21}]还派生出了适应于对自然界万物万类认识要求的很多东巴和东巴古称：天上的东巴，空间方位东巴，地上、人类、民族、家族、家神类东巴，教祖类东巴，开丧、超度东巴，自然鬼、神、龙王神类东巴及其他，各类东巴称谓不一。

本书主要是侧重对经文跋语中的"东巴"称谓及其文字表现形式进行研究，以考察各地"东巴"称谓差异及其用字特点。现有几本东巴文字典中都有收录"东巴"一词的多种称谓和各种文字表现形式。

1.字典中收录"东巴"的情况

《谱》中收录的称谓较多，但表现形式较少，如下：

【F1273】 [py^{21}]。宗教巫师东巴也，从人坐戴神冠，口诵经。按：东巴巫师有四种不同名称，如下：

[to^{33}ba^{21}]。群众之俗称也。

[py^{33}by^{21}]。巫师之古称也。

[da^{33}hɯ^{21}]。开丧超荐时之特称也。

[lɯ^{33}bu^{21}]。巫师之自称也。

《字典》收录如下：

【L1132】 [to^{33}ba^{21}]"多巴"也，指么些人之巫师。由 （木板）及 （大脖子）二字合成。画板上生瘤之状，借音而作"多巴"解。

【L1901】 [to^{33}ba^{21}]"多巴"也，指么些人之巫师。画巫师头戴五佛冠之形，在经典中原写作 ，渐简化作 ，其冠原有五瓣，正面看只见三瓣也。

[py^{33}by^{21}]"多巴"之古音也。经典中称"多巴"如此，其地位在人神之间，在鬼及龙王之上，各神各龙王又各有其[py^{33}by^{21}]也。

《语汇》收录如下：

---

① 李国文：《人神之媒——东巴祭司面面观》，云南人民出版社1993年版。

【J44】 ⊕ ²Bpö-ˈmbö. 祭司；古时对东巴的称谓。

　　　 ⊕ ˈBpö-ˈmbö. 一个祭司；东巴；或男巫。右边的符号是一个标音符。

【J111】 ⊕ ²Dto-ˈddü. 一种对东巴的尊称，相当于"大师"。

【J115】 ⊕ ²Dto-ˈmba. 纳西的巫师，即东巴。

　　　 ⊕ ²Dto-ˈmba. 纳西的巫师，即东巴。

【J119】 ⊕ ²dtü-ˈmba. ²Dto-mba（东巴），即巫师。藏语发音为 tön-pa。

《纳西象形文字》收录如下：

【M66】 ⊕、⊕ [py²¹] 东巴祭司。后种写法见于宝山、鸣音、大东地区。

　　　 ⊕、⊕ [py³³bu²¹] 东巴祭司、东巴教徒。

　　　 ⊕ [lɯ⁵⁵bu²¹] 东巴祭司。

【M67】 ⊕ "⊕"字的异写，多用于构成表形图画。

　　　 ⊕ "⊕"字的繁写，多用于经书封面或经文开头。

【M93】 ⊕ [to³³] 木板，假借作东巴祭司。

　　　 ⊕、⊕ [to³³ba²¹] 东巴，民间对东巴祭司的称谓，有时简称为 [to³³]。
后种写法见于宝山、鸣音、大东地区。

　　从上述四部字典收录"东巴"一词的情况看，《谱》、《语汇》、《纳西象形文字》收录的称谓较多，后两部字典收录的用字形式也较多。"东巴"称谓及其表现形式总体情况如下：

称谓	表现形式		
	象形	假借	形声
py²¹	⊕、⊕、⊕、⊕、⊕		
py³³bu²¹或 py³³by²¹	⊕	⊕	⊕、⊕
lɯ³³bu²¹			⊕
to³³		⊕	
to³³ba²¹	⊕、⊕、⊕	⊕、⊕、⊕	⊕
dɑ³³hɯ²¹			

　　字典中共收录了六种"东巴"称谓，其中 [dɑ³³hɯ²¹] 是指开丧超度时的东巴，未收录其文字表现形式。其余五种"东巴"称谓的文字表现形式有象形、假借和

形声三类，象形字 （从人坐戴神冠，口中出一线表诵经之形的字符）一律读作$[py^{21}]$；而象形字 （口中未出一线的字符）即可读作$[py^{33}bu^{21}]$，又可读作$[to^{33}ba^{21}]$。$[py^{33}bu^{21}]$和$[to^{33}ba^{21}]$都有象形、假借和形声三种表达方式；而$[py^{21}]$只收录了其象形字写法，$[lɯ^{55}bu^{21}]$只收录了形声字写法，$[to^{33}]$只用假借字表示。

2."东巴"在跋语中的用字形式

　　"东巴"是一个纳西语常用词，经常出现在经文或跋语中，所以其表达方式的演变在一定程度上可反映东巴文的发展趋势。现将《全集》所收宝山、鸣音、大东经跋语中的"东巴"称谓及其用字形式按地域、东巴列表于下[①]（表一）：

地名	写经人	经文	读音	汉译	出处	次数
宝山乡	欧嘎宙	（他称）	$to^{33}ba^{21}$	东巴	4.151	1
鸣音乡	东卢		$lɯ^{33}bu^{21}$	东巴	22.314、28.325	3
	东华		$lɯ^{33}bʏ^{21}$	东巴	54.268、307、393	5
	和长命		$lɯ^{33}bu^{21}$	东巴	79.46	1
	和即贵		$lɯ^{33}bu^{21}$	东巴	62.260	1
			$lɯ^{33}bʏ^{21}$	东巴	45.176	1
		（他称）	$to^{33}ba^{21}$	东巴	49.209	1
大东乡	和士成		$lɯ^{33}bʏ^{21}$	东巴	3.379、34.181	3
			$lɯ^{33}bu^{21}$	东巴	31.115	1
		、	$to^{33}ba^{21}$	东巴	28.378、29.50	2
			$to^{33}ba^{21}$	东巴	29.207、51.229	2

---

① 每种用字形式出现几次计几次。

称谓		读音		出处	次数
东知之孙	[图]	$lɯ^{33}bu^{21}$	东巴	18.195	1
	[图]	$to^{33}ba^{21}$	东巴	49.152	1
东补鲁	[图]	$py^{33}bʏ^{21}$	东巴	19.287、51.124、249	3
东恩驷之子	[图]	$to^{33}ba^{21}$	东巴	65.114	1
郑兴	[图]（祝福语）	py^{21}	东巴	5.136	2
	[图]（祝福语）	py^{21}	东巴	5.136	1
	[图]	$to^{33}ba^{21}$	东巴	51.173	1
总计					31

从上表可以看出，除和即贵、和士成两位东巴外，其余东巴用字都较固定。和士成东巴的用字最不固定，灵活多变，有 [图]、[图]、[图]、[图] 四种表现形式。前两种为假借，读作 $[lɯ^{55}bu^{21}]$；后两种是形声，读作 $[to^{33}ba^{21}]$。从表词方式看，假借、形声均衡；字符使用上，[图]（3 次）这种写法使用次数最多，[图]（2 次）、[图]（2 次）次之，[图]（1 次）最少。

整个地区的"东巴"称谓及其用字总体情况列表如下（表二）：

称谓	表现形式			备注
	象形	假借	形声	
$lɯ^{33}bu^{21}$	[图]、[图]	[图]、[图]		只用于自称。
$to^{33}ba^{21}$	[图]、[图]	[图]、[图]	[图]、[图]	既用于自称，又用于他称。
$py^{33}bʏ^{21}$	[图]			用于自称。
py^{21}	[图]	[图]		用于祝福语中。
比例	25.8%	58%	16.1%	

从上表可以看出，宝山、鸣音、大东地区有四种"东巴"称谓，分别是 $[py^{21}]$、

[py³³bʋ²¹]、[luɯ³³bu²¹]、[to³³ba²¹]，无字典中记载的[dɑ³³huɯ²¹]和[to³³]两种称谓。究其原因，可能是由于[dɑ³³huɯ²¹]是对东巴开丧超度时的特称，只用于经文中，而[to³³]是[to³³ba²¹]的简称，不常用。四种称谓中，[py²¹]用于祝福语中泛指所有东巴，[luɯ³³bu²¹]和[py³³bʋ²¹]常用于东巴自称，[to³³ba²¹]即可用于自称，又可用以称呼其他东巴。

3.用字分析

结合上述两表，下面将从字符体态和记录语言的方式两方面对"东巴"一词的用字作具体分析：

（1）使用字符和字符体态

从表一可以看出，"东巴"一词在跋语中共出现 31 次，大都读作[luɯ³³bu²¹]（16 次），表示自称，有🐾（11 次）、🐾（3 次）、🐾（1 次）、🐾（1 次）四种表现形式，使用次数最多的是🐾。其次读作[to³³ba²¹]（9 次，2 次表他称），也有🐾（2 次）、🐾（2 次）、🐾（2 次）、🐾（3 次）四种表现形式，各种形式使用次数均衡。

A.使用的字符

a.🐾、🐾、🐾、🐾：[py²¹]画巫师头戴佛冠，口中诵经之形。本义是诵经，在东巴文献中有此种用法，表示"诵"。后引申作东巴、巫师、祭司，读音也由此不同，还可读作[to³³ba²¹]、[luɯ³³bu²¹]。这种同一字符读音不同的现象可能是由于受上下文或读经人的影响所致，如东知之孙的经书中一处🐾读作[luɯ³³bu²¹]，一处🐾读作[to³³ba²¹]。

b.🐾：[py³³bʋ²¹]东巴、巫师，画巫师头戴佛冠之形。此种读法乃么些巫师之古音。

c.🐾：[luɯ³³bu²¹]东巴、巫师，画巫师头戴佛冠，口中诵经，坐于凳上之形。

d.🐾：[py²¹]祭木，假借作[py²¹]东巴。

e.🐾：[luɯ³³]杉树，假借作[luɯ³³bu²¹]之第一音节。

f.🐾、🐾、🐾、🐾：[luɯ⁵⁵]牛虻，假借作[luɯ³³bu²¹]之第一音节。

g.🐾、🐾、🐾、🐾、🐾、🐾：[bu²¹]猪，假借作[luɯ³³bu²¹]之第二音节。

h.🐾、🐾：[to³³]板，假借作[to³³ba²¹]之第一音节。

i.🐾、🐾：[ba³³]大脖子，假借作[to³³ba²¹]之第二音节。

j.🐾、🐾：[to³³ba²¹]东巴。完全标音的形声字，形符是🐾，🐾（to³³木板）及🐾（ba³³大脖子）二字标音。

137

k.▨、▨：[to³³ba²¹]东巴。不完全标音的形声字，形符是▨，▯（to³³木板）标音。

B.字符体态

文字的符号体态指的是文字的外在形体，指向的是文字的构成要素：线条、大小、比例等方面的要素。[①]由于东巴文尚处于文字发展的早期阶段，未经规范，故"东巴"一词的同种用字形式在符号体态上存在一些差异。主要体现在以下几方面：

a.繁简

▨、▨、▨、▨：额上、颈部的兽毛有多少之别，有的还省去了颈部的兽毛。

b.比例

▯、▯：长宽比例不一致。

▨、▨：笔画长短比例不同。

c.方位

▨、▨、▨、▨、▨：横置与倾斜之别。

▨、▨、▨、▨、▨、▨：头部左右朝向不同。

d.组合方式

▨、▨；▨、▨：两组形声字中形符与声符的组合方式不同。

（2）记录语言的方式

从表二可以看出，宝山、鸣音、大东地区经文跋语中记录"东巴"一词的方式有象形、假借和形声三种。其中假借式使用得最多，占58%；象形式次之，占25.8%；形声式最少，占16.1%，且这种表达方式多见于和士成东巴的经书中，其余东巴的经书中只有1例。

A.象形

"东巴"的象形字写法较固定，一般写作▨，从人坐戴神冠，口诵经，本义是"诵"，引申作东巴、巫师。按其取象的不同可分作三类：

a.画巫师头戴佛冠之形。写作▨，取象于东巴巫师未念经时的外貌。

b.画巫师头戴佛冠，口中诵经之形。这种象形字写法最为常见，有▨、▨、▨、▨四种。由于出自不同东巴之手，故其造型略有不同。此种写法在字典中都读作[py²¹]，但在经文跋语中还可读作[to³³ba²¹]、[lɯ³³bu²¹]。

c.画巫师头戴佛冠，坐在凳上诵经之形。写作▨，仅见于和即贵东巴的经书

---

① 黄思贤：《纳西东巴文献用字研究——以〈崇搬图〉和〈古事记〉为例》，华东师范大学博士学位论文2008年，第128页。

中。

[字符]与[字符]，这两种写法经常混用，都可表示"东巴"。其中字符[字符]可读作包括[py²¹]在内的任何称谓，而字符[字符]一般可读作除[py²¹]外的任何称谓，即[py²¹]一般不能用[字符]这一字符表示，只能写作[字符]。因为[py²¹]的本义是"诵"，其象形字写法应体现出"诵"这一动作。

B.假借

该地跋语中的"东巴"称谓有四种：[py²¹]、[py³³bʏ²¹]、[lɯ³³bu²¹]、[to³³ba²¹]，其中[py³³bʏ²¹]只有用象形字记录的情况，无假借表达方式。[py²¹]用假借字[字符]表示；[to³³ba²¹]假借[字符]、[字符]两字表示，其组合方式一般为[字符]；[lɯ³³bu²¹]的假借式有两种：[字符]、[字符]，以[字符]这种表达方式为主，[字符]这种写法只见于和士成东巴的经书中。

C.形声

该地只有[to³³ba²¹]这种称谓才有形声表达方式，可分作两类：

a.声符记录两个音节：[字符]、[字符]。

b.声符记录第一音节：[字符]、[字符]。

4.用字特点

通过对宝山、鸣音、大东经跋语中"东巴"一词的用字进行分析，总结出以下一些特点：

（1）记录语言的方式以假借式居多，象形式次之，形声式极少。

（2）使用的字符大都比较固定，字符间的组合方式比较稳固。[lɯ³³bu²¹]的第一音节常借用[字符]（lɯ⁵⁵牛虻）表示，第二音节都借用[字符]（bu²¹猪）表示，两字组合方式一般为[字符]，按语序排列，只有个别地方例外。

（3）在字符体态上，存在繁简差异、比例不一致、方位不同、组合方式有别等情况。

（4）与字典中收录的用字相比，该地"东巴"一词的形声表达方式欠发达。没有[字符]、[字符]（py³³bʏ²¹），[字符]（lɯ³³bu²¹）这三种写法，虽有[字符]（to³³ba²¹）这种形声表达式，可仅见于和士成东巴的经书中；多出了两种字典中没有收录的假借表达方式，即[字符]和[字符]（lɯ³³bu²¹）。

（5）个别东巴用字独特，可作为判定其经书的间接依据。如和士成东巴的用字，记录[lɯ⁵⁵bu²¹]时，常用[字符]这种写法。

（二）写

写，纳西语读作[pər⁵⁵]，是一个常用词，经常出现在经文跋语或其他应用性文献中。其所用字形式较复杂，异体繁多。现有几本字典中都有收录这个词及其文字表现形式。

1.字典中收录"写"的情况

《谱》收录如下:

【F1055】 ▩[pər⁵⁵]。写也,从书从笔。又作 ▩,从手握笔书写。

《字典》收录如下:

【L1174】 ▩[pər⁵⁵]写,画写书之形。

【L1175】 ▩[pər⁵⁵]写,画人手写经之形。或写作全身 ▩,或画作"多巴" ▩,因么些族写字者多为巫师也。

《语汇》收录如下:

【J22】 ▩³bběr-²bběr.写。

【J23】 ▩³bběr.写(一本书)。

【J336】 ▩、▩¹mbbǔe³bběr.写一本书。字面意思为书写。

《纳西象形文字》收录如下:

【M89】 ▩、▩、▩[pər⁵⁵]梳子。象物。假借作[pər⁵⁵]书写、作画。前种写法见于丽江坝、鲁甸地区,后种写法见于宝山大东地区。

【M91】 ▩[pər⁵⁵]斑纹,象物。假借作[pər⁵⁵]写。

【M135】 ▩、▩、▩[pər⁵⁵]写。象事。

此外,《谱》、《语汇》、《纳西象形文字》和《标音字典》[①]中都有收录[pər⁵⁵]的哥巴文写法 ▩ 或 ▩。从字典中的收录情况看,"写"可用东巴文或哥巴文记录,用东巴文记录的方式有会意和假借两种,总体情况见下表:

记录方式	表现形式	备注
会意	▩、▩、▩	收于《字典》、《纳西象形文字》
	▩、▩、▩、▩	收于《谱》、《字典》、《语汇》、《纳西象形文字》
	▩、▩、▩、▩	收于《谱》、《字典》、《语汇》、《纳西象形文字》
假借	▩、▩、▩、▩	收于《语汇》、《纳西象形文字》
	▩	收于《纳西象形文字》
哥巴文	▩、▩	收于《谱》、《标音字典》、《语汇》、《纳西象形文字》

从上表可以看出,"写"的会意字形有三种: ▩、▩、▩,会意部件逐

---

① 李霖灿:《么些标音文字字典》,国立中央博物院 1945 年版。

渐减少，字形由繁变简；其假借表达式为同音假借，借用字符有 （pər⁵⁵梳子）、（pər⁵⁵斑纹）两种；其哥巴文写法主要有两种： 和 。

2. "写"在跋语中的用字形式

"写"在宝山、鸣音、大东地区的经文跋语中共使用 91 次，具体见下表（表一）：

地名	写经人	经文	读音	汉译	出处	次数
宝山乡	欧嘎宙		pər⁵⁵	写	3.170、4.151	4
			pər⁵⁵	写	3.170	1
	乌宙恒	、	pər⁵⁵	写	81.149	2
			pər⁵⁵	写	81.149	1
	乌孜嘎		pər⁵⁵	写	25.234	2
			to³³ba²¹nɯ³³pər⁵⁵ 东巴 由 写	东巴书写的	25.234	1
	东涛		pər⁵⁵	写	31.234	1
	东朗		pər⁵⁵	写	66.279	1
鸣音乡	东卢		pər⁵⁵	写	22.314、28.325	2
	东华		pər⁵⁵	写	54.268、307、394	9
	和长命	、、	pər⁵⁵	写	79.46、47、96.236	8
	和即贵	、	pər⁵⁵	写	45.176、62.260 68.3、84	7
			pər⁵⁵	写	62.260、68.3、4	4
大东乡	和士成	、	pər⁵⁵	写	29.50、207、28.378 31.115、34.181……	12
		、	pər⁵⁵	写	5.90、91、6.84、85、22.189、44.256……	12
			pər⁵⁵	写	34.181	1

东知之孙		pər⁵⁵	写	6.48、18.195、23.205 31.87、38.61、62.287	6
		pər⁵⁵	写	9.263、38.61、 89.218	3
		pər⁵⁵	写	23.205、49.152 100.305	3
东补鲁		pər⁵⁵	写	19.287、51.124、249	前3 次, 后1 次
东恩驷		pər⁵⁵	写	55.175	3
东恩驷 之子		pər⁵⁵	写	65.114	1
		pər⁵⁵	写	65.114	2
郑兴		pər⁵⁵	写	20.164	1
总计					91

　　从上表可以看出，有些东巴用字虽不固定，但总体上有一种使用次数最多、最常用的表达方式。其中东知之孙使用的会意字形有三种，从繁到简依次是：（3次）、（3次）、（6次），使用次数最多的是会意较简的这种字形。和士成东巴用了三种表达方式：会意字（12次）、假借字（12次）、形声字（1次），其中会意和假借字使用次数均衡，形声字只使用了1次。其余东巴的用字形式较少，只有一种或两种。

　　该地区"写"的用字总体情况见下表（表二）：

记录方式	表现形式	次数	小计	比例
会意		9	46	50.5%

		4		
		33		
假借		44	44	48.4%
形声		1	1	1.1%

　　从上表可以看出，宝山、鸣音、大东地区经文跋语中记录"写"的方式有会意、假借和形声三种，具体有 5 种表现形式。在 91 次的使用中，会意字使用得最多，占 50.5%，假借字占 48.4%，形声字只有 1 例，仅见于和士成东巴的经书中，占 1.1%。在使用字符上，使用次数最多的是 （44 次），其次为 （33 次）、（9 次）、（4 次）、（1 次）。

3.用字分析

结合上述两表，我们将从以下两方面对"写"的用字情况作具体分析：

（1）记录语言的方式

A.会意

"写"的会意字写法按会意部件（东巴、手、笔、纸）的多少可分为以下三类：

a.画东巴用手握笔在纸上书写之形

，这种写法图画性较强，具有原始文字的特征。

b.画手握笔在纸上书写之形

，这种写法省去了东巴的形体。

c.画笔在纸上书写之形

，这种写法在上种写法基础上又省去了手的形体。

[符号] →[符号] →[符号]，这种符号体态的演变反映出"写"的会意字写法由繁到简的发展趋势。

B.假借

"写"可用同音假借字 [符号]（pər⁵⁵梳子）或 [符号]（pər⁵⁵斑纹）表示，该地区借用的是前者，具体写法存在符号体态上的差异：[符号]、[符号]、[符号]、[符号]、[符号]、[符号]、[符号]、[符号]、[符号]。

C.形声

该地区用以记录"写"的形声字只有 1 例，出现在和士成东巴的经书中。写作 [符号]，声符为 [符号]（pər⁵⁵梳子），形符为 [符号]，是一个注音式形声字。

（2）字符体态

"写"的各种表现形式（除形声式外）使用的字符呈现出不同的符号体态，主要存在以下一些差异：

A.繁简

[符号] →[符号]、[符号] →[符号] →[符号]：表示东巴纸的符号体态由繁渐简。

[符号] →[符号]：表示东巴的字素有繁简之别。

B.方位

[符号]、[符号]、[符号]、[符号]、[符号]：表示笔的符号有时偏左，有时偏右。

C.具象与抽象

[符号] →[符号]：表示笔的符号抽象成一条直线。

D.构字元素

[符号]、[符号]：折线与弧线的差异。

[符号]、[符号]：弧线上面字素的有无。

4.用字特点

通过对"写"在宝山、鸣音、大东地区的用字情况进行分析，有如下一些特点：

（1）其表达方式在该地尚未完全脱离图画文字的特点，还存在一些图画性较强的会意字写法。

（2）记录语言的方式有会意、假借和形声三种，除去和士成东巴使用的唯一 1 例形声字外，该地只有会意和假借两种表词方式。其中会意字占 50.5%，假借字占 48.4%，两种表达方式基本均衡。

（3）使用的字符比较固定，假借字均借用 [符号]（pər⁵⁵梳子）表示，会意字多画笔在纸上书写之形，只是在字符体态上，有繁简、方位、具象与抽象、构字元素方面的差别。

（4）同一东巴的用字在符号体态上还存在一些细微差别。如方位：乌宙恒（ 、 ）；字素有无：和长命（ 、 ），和士成（ 、 ）；繁简：东知之孙（ 、、 ）；具象与抽象：东知之孙（ 、 ）。

（5）与字典中收录的用字相比，除没有假借 （pɒɹ⁵⁵斑纹）表示"写"的情况外，其余表词方式都有，还多了一种形声表达方式。

（三）经书

"经书"纳西语读作[tʻe³³ɣɯ³³]，还可读为[bɣ²¹lɯ³³]或[bɣ²¹dɯ³³]，也是一个常用词，经常出现在经文跋语中。现有几本字典中都收录了这个词。

1.字典中收录"经书"一词的情况

《谱》收录如下：

【F1051】[bɣ²¹dɯ³³]又[tʻe³³ɣɯ³³]，经书也，书也，横写三行。又作 、。

《字典》收录如下：

【L1166】[tʻe³³ɯ³³]二字联用作书、作信解。

【L1169】[tʻe³³ɯ³³]书也，画书之形，以旗 字注其首音。亦可作书信解，因音同故也。

【L1170】[tʻe³³ɯ³³]书也，经书也，画么些文经典扎起之形，或读为[bɣ²¹lɯ³³]。

【L1171】[tʻe³³ɯ³³]书也，经书也。画么些文经典一页之形。亦可作"书信"解。[bɣ²¹lɯ³³]经典也。

【L1172】[bɣ²¹lɯ³³]经典也，画经典之形，以 字注其首音， 为一音字，读作 bɣ²¹也。

【L1173】[tʻe³³ɯ³³]书也，画书之形，以 字注其首音。

《语汇》收录如下：

【J556】²tʻä.书。

《纳西象形文字》收录如下：

【M75】、、[tʻe³³ɣɯ³³]文字；文章；书信；书籍、经书。中间这种写法见于丽江坝、鲁甸地区。

【M134】、、[tʻe³³ɣɯ³³]、[bɣ²¹lɯ³³]书籍、经书、象物。

从四部字典收录"经书"一词的情况看，其记录方式有象形、假借、形声三种，具体文字表现形式有多种，总体情况见下表：

记录方式	表现形式	备注

象形	〔字形〕、〔字形〕、〔字形〕、〔字形〕	收于《谱》、《字典》、《语汇》、《纳西象形文字》
	〔字形〕、〔字形〕	收于《字典》、《纳西象形文字》
假借	〔字形〕、〔字形〕	收于《字典》、《纳西象形文字》
	〔字形〕	收于《纳西象形文字》
形声	〔字形〕、〔字形〕	收于《字典》、《纳西象形文字》
	〔字形〕	收于《字典》
	〔字形〕	收于《字典》

从上表可以看出，"经书"的象形字写法有两种：〔字形〕、〔字形〕，二者取象不同，前者画东巴经典一页之形，后者画东巴经典扎起之形；假借表达式有〔字形〕、〔字形〕两种，选用的字符及字符组合方式有所不同；形声字写法有三种：〔字形〕、〔字形〕、〔字形〕，三者形符都是一页东巴经典之形〔字形〕，声符都只标注了一个音节，注音字符各不相同。

2. "经书"在跋语中的用字形式

"经书"一词在宝山、鸣音、大东地区的经文跋语中共出现 25 次，下面按地域、东巴列表于下（表一）：

地名	写经人	经文	读音	汉译	出处	次数
宝山乡	东涛	〔字形〕	$t'e^{33}\mathrm{ɯ}^{33}$	经书	31.234	1
鸣音乡	东卢	〔字形〕	$t'e^{33}\mathrm{ɯ}^{33}$	经书	28.325	1
	东华	〔字形〕	$t'\mathrm{ɯ}^{33}\mathrm{ɯ}^{33}$	书本	54.394	1
		〔字形〕	$t'\mathrm{ɯ}^{33}\mathrm{ɯ}^{33}lɯ^{55}\mathrm{ɯ}^{33}$ 书本 很 好	书本	54.307	1

		t'ɯ³³ɯ³³	经书	54.307	1
	和长命	t'ɯ³³ɯ³³	经书	79.46、96.236	2
	构若	t'e³³ɯ³³	经书	27.85	1
	和即贵	t'e³³ɯ³³	经书	61.201、68.4	前1次，后3次
		t'e³³ɯ³³	经书	49.209　、61.201	前2次，后1次
大东乡	和士成	t'e³³ɯ³³	经书	6.84、22.189	前1次，后1次
	东知之孙	t'e³³ɯ³³	经书	23.205	1
	东恩驷之子	t'e³³ɯ³³	经书	65.114	1
	郑兴	t'e³³ɯ³³	经书	5.136　、207……	6
总计					25

从上表可以看出，"经书"一词有 1 例读作[t'ɯ³³ɯ³³lɯ⁵⁵ɯ³³]，原文中虽将[lɯ⁵⁵ɯ³³]对译作"很好"，但丽江坝区的经文跋语中有将"经书"读作[lɯ⁵⁵ɯ³³]的情况。由此，[lɯ⁵⁵ɯ³³]应是"经书"的另一种读法，[t'ɯ³³ɯ³³lɯ⁵⁵ɯ³³]是将"经书"的两种读法连在一起使用的特例。其文字表现形式为假借，借用的四个字符按语序排列，记录了全部音节。其余24例均读为[t'e³³ɯ³³]，表现形式略有差异。

总体用字情况见下表（表二）：

记录方式	读音	表现形式	次数	小计	比例
假借	t'e³³ɯ³³		14	18	72%
			2		
			1		

	$t^{c}\mathrm{u}^{33}\mathrm{u}^{33}\mathrm{lu}^{55}\mathrm{u}^{33}$		1		
形声	$t^{c}e^{33}\mathrm{u}^{33}$		4	6	24%
			2		
哥巴文	$t^{c}e^{33}\mathrm{u}^{33}$		1	1	4%

从上表可以看出，"经书"一词有 1 例用哥巴文 记录的情况，此为别人重抄东华东巴的经书时所写跋语中的文字。宝山、鸣音、大东地区的文字比较纯洁，无音字夹杂，所以重抄者可能不是本地人。还有 1 例只假借 记录[$t^{c}e^{33}\mathrm{u}^{33}$]第一音节，提示读音，此为字词关系中"有词无字"的情况，是原始文字的孑遗。总体来看，该地记录"经书"一词的方式有假借和形声两种，以假借记词法为主，占 72%，形声占 24%，无象形式写法。

3.用字分析

结合上述两表，以下将从两方面对"经书"一词在跋语中的用字情况作具体分析：

（1）记录语言的方式

A.假借

假借方式是"经书"一词在宝山、鸣音、大东地区的主要表达方式。借用的字符有：

a. ：[$t^{c}e^{33}$]旗子。借作[$t^{c}e^{33}\mathrm{u}^{33}$]第一音节。

b. ：[u^{33}]宝物。借作[$t^{c}e^{33}\mathrm{u}^{33}$]之第二音节。

c. ：[lu^{55}]牛虱。借作[$t^{c}\mathrm{u}^{33}\mathrm{u}^{33}\mathrm{lu}^{55}\mathrm{u}^{33}$]之第三音节。

d. ：[u^{33}]好。假借作[$t^{c}e^{33}\mathrm{u}^{33}$]之第二音节。

其中以 和 这两个字符的结合形式为主，共 14 例，但具体组合方式不一，有： 等。 和 这两个字符的组合形式 在该地区仅见于和即贵东巴的经书中。

B.形声

"经书"的形声字写法在该地跋语中共 6 例，有 4 例出现在和即贵东巴的经书中，和士成与东恩驷之子的经书中各 1 例。这些形声字均只标注了一个音节，可依据声符的不同分作两类：

148

a.声符记录第一音节

、：形符是 ，画经书一页之形，声符为 （t'e³³旗子）。此种写法见于和士成与东恩驷之子的经书中。

b.声符记录第二音节

、：形符为 ，声符为 （ɯ³³宝物）。此种写法见于和即贵东巴的经书中。

（2）字符体态

A. 组合方式

a. 字符间的组合方式

、、：有的合写在一起，有的分开书写。

b. 形符与声符的组合方式

、：分写与合写之别。

、：声符在形符之上或之下。

c. 方向

、、、、、：旗子的飘向均向右，但旗杆有倾斜与直立之别。

（3）构字元素

、、：旗杆上方圈字素的有无。

、、、、：最后一个字符的两侧比前几个字符多些字素。

4.用字特点

（1）记录语言的方式上，有假借和形声两种，以假借表达式为主，形声式较少，多出现在和即贵东巴的经书中，无象形式写法。说明该地"经书"一词已基本采用记音方式表达。

（2）假借表达式借用字符固定。[t'e³³ɯ³³]第一音节假借 （t'e³³旗子）表示，第二音节有借用 （ɯ³³宝物）和 （ɯ³³好）表示的情况。宝山、鸣音、大东地区都借用前者 ，借用 表示的情况一般见于丽江、鲁甸两地，该地只见于和即贵东巴的经书中。

（3）字符体态上，字符间的组合方式、字符各部件间的组合方式有所不同，单个字符的构字元素和书写方向也存在一些细微差别。

（4）与四部字典收字情况相比，无象形字写法，假借表现形式都有，形声字中无 、 这两种写法，但多了 这种形声表达式。

（四）延年益寿

"延年益寿"是求寿类祝福语中的一种，是东巴向祖先、天地、神灵祈求祭祀主人家、所有的东巴祭司或东巴个人能够长寿延年的用语。纳西语读作[zɿ³³ʂər²¹ha⁵⁵i³³]，[zɿ³³]意为"生命、寿命"，[ʂər²¹]意为"长"，[ha⁵⁵]意为"日子"，[i³³]意为"有"，故[zɿ³³ʂər²¹]表示"长寿"的意思，[ha⁵⁵i³³]表示"有日"，即日子长久之意。李静生先生认为，[ha⁵⁵]本义为"月"，转意为"夜晚"，再引申为"日子"。[ha⁵⁵i³³]为"有日"，"日复一日"之意，日子一多岁月就绵长，就长寿。[zɿ³³ʂər²¹]与[ha⁵⁵i³³]为同义重复语。[1]据我们对《全集》跋语中[zɿ³³ʂər²¹ha⁵⁵i³³]一语的考察，其表达的意思与李静生先生所述一致，即[zɿ³³ʂər²¹]与[ha⁵⁵i³³]为同义复语，合译作"延年益寿"。

李佳在其硕士论文《〈纳西东巴古籍译注全集〉祝福语用字研究》中从字词关系、字序、字符体态和记录语言的方式四方面对"zɿ³³ʂər²¹ha⁵⁵i³³（延年益寿）"的用字情况进行了全面系统的研究。其侧重点是对《全集》100卷经书中[zɿ³³ʂər²¹ha⁵⁵i³³]的用字形式进行收集整理，分析其不同表现形式，考察影响用字差异的因素。而本书侧重的是按地域分类研究"zɿ³³ʂər²¹ha⁵⁵i³³（延年益寿）"在《全集》所收各地经文跋语中的用字情况，考察各地用字特点及其用字差异，分析各地用字差异产生的原因。在此基础上，与李佳的研究结论进行比较，重点考察经文跋语与经书正文两种不同文献体裁在用字方面的差异。

1.用字情况列表

"zɿ³³ʂər²¹ha⁵⁵i³³（延年益寿）"这一祝福语在宝山、鸣音、大东地区的经书跋语中共出现20次，具体见下表：

地名	写经人	经文	标音对译	汉译	出处	次数
宝山乡	乌宙恒		py²¹zɿ³³ʂər²¹, p'a²¹ha⁵⁵i³³ 东巴 寿 长 卜师 日 久 iə⁵⁵ho⁵⁵. 做 愿	愿东巴世世代代相承传，愿卜师永传不间断。	81.149	1
	乌孜嘎		py²¹zɿ³³ʂər²¹, p'a²¹ha⁵⁵i³³ 东巴 寿 长 卜师 日 久 ho⁵⁵da²¹me⁵⁵. 愿 做 是	愿东巴长寿，卜师日久。	19.188	1
			py²¹zɿ³³ʂər²¹, p'a²¹ha⁵⁵i³³ 东巴 寿 长 卜师 日 久 iə⁵⁵ho⁵⁵me⁵⁵. 祝愿 啊	祝愿祭司长寿，卜师延年！	25.234	1

---

① 李静生：《纳西东巴文字概论》，云南民族出版社 2009 年版，第 167 页。

		字形	音义	译文	出处	数
鸣音乡	东涛		py²¹zη³³ʂər²¹fɣ³³me⁵⁵。 祭司 寿 长 去 吧	希望祭司长寿吧!	31.234	1
	东朗		py²¹zη³³ʂər²¹ho⁵⁵me⁵⁵。 东巴 寿 长 祝 呀	祝东巴延年益寿。	66.279	1
	东华		py²¹zη³³ʂər²¹, pʻaʔ²¹ha⁵⁵iʔ³³ 祭司 寿 长 卜师 日久 iə⁵⁵ho⁵⁵。 祝愿	愿祭司长寿,卜师日久。	54.394	1
	和长命		py²¹zη³³ʂər²¹, pʻaʔ²¹ha⁵⁵iʔ³³ 东巴 寿 长 卜师 日久 ho⁵⁵daʔ²¹me⁵⁵。 愿 的是	愿东巴益寿延年,愿卜师健康长寿。	79.47	1
			py²¹zη³³ʂər²¹, pʻaʔ²¹ha⁵⁵iʔ³³ 东巴 寿 长 卜师 日久	愿东巴长寿,卜师安康!	96.236	1
大东乡	和士成		zη³³ʂər²¹ha⁵⁵iʔ³³ 寿 长 年 延	延年益寿。	29.50、31.115……	5
			zη³³ʂər²¹ha⁵⁵iʔ³³ 寿 长 年 延	延年益寿。	24.194、25.127	2
			zη³³ʂər²¹ha⁵⁵iʔ³³ 寿 长 年 延	长寿延年。	22.190	1
	东知之孙		py²¹zη³³ʂər²¹gə³³duɯ³³kʻu³³ 祭司寿岁长 的 一 桩 le³³tʻɣ³³ho⁵⁵, pʻaʔ²¹ha⁵⁵iʔ³³ 又 到愿 卜师 日子长 gə³³duɯ³³kʻu³³le³³tʻɣ³³ho⁵⁵ 的 一 桩 又 开愿	愿祭司长寿,愿卜师长寿。	6.48	1
			py²¹zη³³ʂər²¹、pʻaʔ²¹ zη³³ʂər²¹ 祭司 寿岁长 卜师 寿岁长 hu⁵⁵, zη³³ʂər²¹ha⁵⁵iʔ³³hu⁵⁵ 愿 寿岁 长 年 延愿	愿祭司长寿,愿卜师长寿。	23.205	1
			py²¹zη³³ʂər²¹, pʻaʔ²¹ha⁵⁵iʔ³³ 东巴 寿 长 卜师 富裕	愿东巴长寿、卜师富	49.152	1

		iə⁵⁵ho⁵⁵。 愿	足。		
郑兴		py²¹ẓ̩³³le³³ʂər²¹ho⁵⁵, pʻa²¹ 东巴寿 又 长 愿 卜师 ha⁵⁵le³³i³³ho⁵⁵。 日 又 久 愿	愿东巴长寿，卜师日久。	5.136	1
总计					20

从上表可以看出，只有和士成东巴的经书中未将"ẓ̩³³ʂər²¹ha⁵⁵i³³（延年益寿）"一语拆分成[ẓ̩³³ʂər²¹]和[ha⁵⁵i³³]两个词使用。其余东巴都在[ẓ̩³³ʂər²¹]、[ha⁵⁵i³³]前分别插入祝福对象"东巴"和"卜师"，将"ẓ̩³³ʂər²¹ha⁵⁵i³³"分开用，汉译作"愿东巴长寿，卜师日久"。郑兴东巴还分别在[ẓ̩³³ʂər²¹]之间和[ha⁵⁵i³³]之间插入一个助词[le³³]，纳西语读作"py²¹ẓ̩³³le³³ʂər²¹ho⁵⁵, pʻa²¹ha⁵⁵le³³i³³ho⁵⁵"，也汉译作"愿东巴长寿，卜师日久"。

2.用字分析

下面将从字词关系、字序、记录语言的方式、字符体态四方面对"ẓ̩³³ʂər²¹ha⁵⁵i³³（延年益寿）"的用字作具体分析。

（1）字词关系

从表一中[ẓ̩³³ʂər²¹ha⁵⁵i³³]的用字情况看，鸣音乡和长命、东华两位东巴的用字倾向于完全记录语言；大东乡除和士成东巴的用字完全记录语言外，东知之孙和郑兴两位东巴均未完全记录，其中东知之孙未记录的语词更多；宝山乡的用字总体状况也是未完全记录语词。具体如下：

A.宝山乡

a.乌宙恒：，纳西语读作"py²¹ẓ̩³³ʂər²¹, pʻa²¹ha⁵⁵i³³iə⁵⁵ho⁵⁵"，共8个音节，记录了6个音节，其中i³³、iə⁵⁵这2个音节未记录。

b.乌孜嘎：，纳西语读作"py²¹ẓ̩³³ʂər²¹, pʻa²¹ha⁵⁵i³³iə⁵⁵ho⁵⁵me⁵⁵"，共9个音节，记录了5个音节，其中i³³、iə⁵⁵、ho⁵⁵、me⁵⁵这4个音节未记录。

c.东涛：，纳西语读作"py²¹ẓ̩³³ʂər²¹fv³³me⁵⁵"，共5个音节，记录了4个音节，其中ʂər²¹这1个音节未记录。

B. 大东乡

a. 东知之孙

，纳西语读作"$py^{21}z_\gamma^{33}sər^{21}gə_1^{33}dɯ_1^{33}k'u_1^{33}le_1^{33}t'y_1^{33}ho_1^{55}$, $p'a^{21}ha^{55}i^{33}gə_2^{33}dɯ_2^{33}k'u_2^{33}le_2^{33}t'y_2^{33}ho_2^{55}$"，共 18 个音节，其中 $sər^{21}$、$gə_1^{33}$、$dɯ_1^{33}$、le_1^{33}、ho_1^{55}、ha^{55}、i^{33}、$dɯ_2^{33}$、le_2^{33}、ho_2^{55} 这 10 个音节未记录，只记录了 8 个音节。

纳西语读作"$py^{21}z_{\gamma_1}^{33}sər_1^{21}$、$p'a^{21}z_{\gamma_2}^{33}sər_2^{21}hu^{55}$，$z_{\gamma_3}^{33}sər_3^{21}ha^{55}i^{33}hu^{55}$"，共 12 个音节，记录了 9 个音节，有 $z_{\gamma_2}^{33}$、$z_{\gamma_3}^{33}$、$sər_3^{21}$ 这 3 个音节未记录。

，纳西语读作"$py^{21}z_\gamma^{33}sər^{21}$，$p'a^{21}ha^{55}i^{33}iə^{55}ho^{55}$"，共 8 个音节，记录了 4 个音节，有 $sər^{21}$、ha^{55}、$iə^{55}$、ho^{55} 这 4 个音节未记录。

b. 郑兴

纳西语读作"$py^{21}z_\gamma^{33}le_1^{33}sər^{21}ho^{55}$，$p'a^{21}ha^{55}le_2^{33}i^{33}ho^{55}$"，共 10 个音节，记录了 9 个音节，有 1 个音节 le_2^{33} 未记录，靠与上下文的关系体现出来。

（2）字序

记录[$z_\gamma^{33}sər^{21}ha^{55}i^{33}$]一语的文字几乎都按语序排列，从左至右或从上至下书写，只有 1 例逆序从右至左书写。

顺序：，读作 $py^{21}z_\gamma^{33}sər^{21}$，$p'a^{21}ha^{55}i^{33}iə^{55}ho^{55}$。

逆序：，读作 $py^{21}z_\gamma^{33}sər^{21}$，$p'a^{21}ha^{55}i^{33}ho^{55}da^{21}me^{55}$。

（3）记录语言的方式

由于宝山、鸣音、大东地区跋语中使用[$z_\gamma^{33}sər^{21}ha^{55}i^{33}$]一语时，几乎都插入了祝福对象、助词和语气词，将其分成[$z_\gamma^{33}sər^{21}$]和[$ha^{55}i^{33}$]两个词单独使用。故考察该地[$z_\gamma^{33}sər^{21}ha^{55}i^{33}$]一语的记录方式时，也将其分成[$z_\gamma^{33}sər^{21}$]和[$ha^{55}i^{33}$]两个词单独进行分析。

A.[$z_\gamma^{33}sər^{21}$]的记录方式

下面将[$z_\gamma^{33}sər^{21}$]一词的用字情况按记录语言的方式列表如下：

记录方式	具体类别	表现形式	记录的音节数	次数	小计	比例
指事	记录两个音节		2	1	8	38.1%
			2	7		
形声	声符记录第一音节		2	3	3	14.3%
假借	记录第一音节		1	2	9	47.6%
	记录第二音节		1	1		
	记录两个音节		2	6		

从上表可以看出，[zɿ³³ʂər²¹]表词方式中使用得最多的是假借，占 47.6%，其次是指事，占 38.1%，最少的是形声，占 14.3%。

a.指事

该地区所使用的字形有 2 种：、，前者只在宝山乡的经书中出现了 1 次，后者虽出现 7 次，但仅见于和士成东巴的经书中。

b.形声

[zɿ³³ʂər²¹]一词的形声式写法只有 1 种，即在指事字上加注声符(zɿ³³草)，写作：，声符只记录了第一个音节，在宝山乡的经书中出现了 3 次。

c.假借

根据假借字所记录的音节，可将其分作三类：

只记录第一音节：，[zɿ³³]草，假借作[zɿ³³ʂər²¹]之第一音节，出现了 3 次。

只记录第二音节：，[ʂər³³]七，假借作[zɿ³³ʂər²¹]之第二音节，出现了 1 次。

记录两个音节：，出现了 6 次。

B.[ha⁵⁵i³³]的记录方式

用字情况也按记录语言的方式列表如下：

记录方式	具体类别	表现形式	记录的音节数	次数	小计	比例
指事	记录两个音节		2	1	6	35.3%
			2	5		
形声	声符记录第二		2	1	6	35.3%

	音节		2	3		
			2	2		
假借	记录第一音节	、	1	2	5	29.4%
	记录第二音节		1	1		
	记录两个音节		2	2		

从上表可以看出，[ha^{55}i^{33}]的表词方式中指事、形声均衡，都占 35.3%；其次是假借，占 29.4%。

a.指事

该地使用的字形有两种：、，前者只在宝山乡的经书中出现了 1 次，后者虽出现了 5 次，但仅见于和士成东巴的经书中。

b.形声

[ha^{55}i^{33}]的形声式写法中，声符都只记录第二音节，根据声符用字的不同，有三种表现形式：、、，前者是大东一带的写法，出现了 2 次；后者出现了 1 次，只见于和长命东巴的经书中；中间这种写法虽出现了 3 次，但只见于和士成东巴的经书中。

c.假借

根据假借字所记录的音节，可将其分为三类：

只记录第一音节：，[ha^{55}]饭，假借作[ha^{55}i^{33}]之第一音节，出现了 2 次。

只记录第二音节：，[i^{33}]山骡，假借作[ha^{55}i^{33}]之第二音节，出现了 1 次。

记录两个音节：，其中[i^{21}]右，假借作[ha^{55}i^{33}]之第二音节，在鸣音乡的经书中出现了 2 次。

[z$\text̩$^{33}ʂər^{21}]、[ha^{55}i^{33}]两词在宝山、鸣音、大东地区经文跋语中的表达方式均只有指事、形声、假借三种，无会意表达方式。其中形声表达式在该地类别较少，尚处于发展初期。

（4）字符体态

A. [z$\text̩$^{33}ʂər^{21}]一词指事字写法中的表人字素几乎没有类化，一般写成东巴的模样，只有和士成东巴的经书中写成类化了的人的字形。

→：前者尚未类化，出现在宝山乡的经书中，读作[py^{21}z$\text̩$^{33}ʂər^{21}]，将"东巴"的形体一起读出；后者已经类化，只出现在了和士成东巴的经书中，读作[z$\text̩$^{33}ʂər^{21}]。

B.[z$\text̩$^{33}ʂər^{21}]一词形声式写法中的形符尚未类化，读作[py^{21}z$\text̩$^{33}ʂər^{21}]。

、、：注音式形声字，声符是（z$\text̩$^{33}草）。

C. 从[ha⁵⁵i³³]一词的用字形式看，其指事字写法中的曲线字素有多少之别。

⚘→⚘：三根曲线简作一根，前者出现在宝山乡的经书中。

D. [ha⁵⁵i³³]一词形声式写法中都只标注了第二个音节[i³³]，但声符用字有所不同，有三种：🐝（i³³，山骡），🐚（i²¹，漏），𝍦（i³³，哥巴字）。

🐝、⚘、⚘：三者均为注音式形声字，形符⚘[ha⁵⁵i³³]有日，日子长久，是一个指事字，𝄞曲线字素表示长远之意。🐝此种写法见于和士成东巴的经书中，⚘此种写法见于和长命东巴的经书中，🐝这种写法多见于大东一带，具有明显的地域特征。

3. 用字特点

（1）字词关系上，[zɿ³³ʂər²¹ha⁵⁵i³³]一语用字除鸣音乡完全记录语言外，宝山乡、大东乡都存在不完全记录语言的情况，其中大东乡东知之孙的用字中字词关系最为稀疏。

（2）字序上，总体发展较成熟，按语序从左至右或从上至下书写，只是宝山乡有个别逆序从右至左书写的情况。

（3）字符体态上，[zɿ³³ʂər²¹]一词指事式写法中的表人字素没有类化，形声式写法中的形符也尚未类化；[ha⁵⁵i³³]一词的指事式写法存在繁简之别，形声式写法均只标注第二音节，声符用字有所不同。

（4）记录语言的方式上，[zɿ³³ʂər²¹]、[ha⁵⁵i³³]两词都只有指事、形声、假借三种。

① 从[zɿ³³ʂər²¹]一词的表词方式看，除去和士成东巴的用字，该地区用字形式以假借为主，共使用 9 次；其次是形声，使用 3 次；最少的是指事，只使用了 1 次。假借式写法使用得最为广泛，在宝山、鸣音、大东的跋语中都有出现，但鸣音乡以二字假借为主，宝山、大东多是一字假借。尚未类化的形声式写法和指事式写法多出现在宝山乡的经文跋语中。

② 从[ha⁵⁵i³³]一词的表词方式看，除去和士成东巴的用字，也是假借表词法使用得最多，有 5 次，其次是形声 3 次，最少的是指事 1 次。一字假借中的🐝这种写法见于宝山乡，🐝这种写法见于大东乡，二字假借⚘🐦这种写法见于鸣音乡；形声式🐝见于大东乡，⚘只见于和长命东巴的经书中；指事式见于宝山乡的经书中。

（5）和士成东巴使用[zɿ³³ʂər²¹ha⁵⁵i³³]一语时，未将其分开使用，而是按这四个音节的语序连用，用字形式有三种：

指事+指事：🐝，由两个指事字构成，在他的经文跋语中共出现 5 次，

指事+形声：🐝🐚，由一个指事字加一个形声字构成，出现 2 次。

假借＋形声：，由两个假借字加一个形声字构成，出现 1 次。

对于同一语词，同一东巴虽会采取不同的形式表达，但总有一种使用次数最多的形式，即常用表达。和士成东巴记录[zɿ³³ʂər²¹ha⁵⁵i³³]一语的常用表达是指事＋指事，其次是指事＋形声，假借＋形声这种组合方式使用次数最少。

和士成东巴的经书多是到丽江东巴文化研究院工作后写的，其经书用字在一定程度上受到了丽江、鲁甸地区东巴文字的影响，故和士成东巴记录[zɿ³³ʂər²¹ha⁵⁵i³³]一语时的用字形式较成熟。这主要体现在两个方面：一是[zɿ³³ʂər²¹]一词指事字写法中的表人字素已经类化，这种已类化的指事字是丽江、鲁甸两地的写法；二是[ha⁵⁵i³³]一词形声式写法中的声符[i³³]用字固定，用（i²¹，漏）这种丽江、鲁甸两地最常用的字符标示。

（五）数词短语

本书中研究的数词短语有别于人们常说的数量词或数量短语，主要是指表示"年月日"或"年龄"等含有数目字的短语。这类数词短语多出现在经文跋语中，因为东巴在抄写经书时，往往在经书开头、末尾或正文中间写上具有跋语性质的文字，记录抄经的时间、地点，抄经东巴的姓名、乡籍、年龄等。

关于纳西东巴文中数目字的表示方法，王元鹿师早在其《纳西东巴文计数习俗中所见的原始思维》[①]一文中作过较为深入的研究；喻遂生师所写有关东巴文地契研究的文章中也有所提及；李佳《东巴文中的数量结构研究》[②]一文也对东巴文中数目字的表达方式进行了归纳总结。但王元鹿师侧重探讨的是东巴文经典文献中数目字的表达方式；喻遂生师虽有提及东巴文应用性文献中数目字的表达方式，但未作系统研究，只涉及了东巴文地契，未涉及东巴经跋语；李佳侧重研究的是东巴文中数量词和数量结构的表达方式。结合上述研究成果，本书将侧重对东巴经跋语中数词短语的表达方式进行全面系统的研究。

东巴经跋语属于应用性文献，其记录语言的方式比经典文献成熟，其中数词短语的表达方式也具有一些成熟文字的特征，具体表现形式比字典中收录的要多，下面将对其在宝山、鸣音、大东地区经文跋语中的用字形式作具体分析。

1.用字情况列表

宝山、鸣音、大东地区经文跋语中出现的数词短语主要有以下一些，按地名、东巴排列如下：

---

① 王元鹿：《东巴文计数习俗中所见的原始思维》，载《东巴文化论》，云南人民出版社 1991 年版，第 430 页。
② 李佳：《东巴文中的数量结构研究》，课程论文，未刊。

地名	写经人	经文	标音对译	汉译	出处	次数
宝山乡	欧嘎宙		şər³³ts'ər²¹ts'ua⁵⁵k'ɣ³³ 七十　六　岁	七十六岁	3.170	1
			ho⁵⁵ts'ər²¹duɯ³³k'ɣ⁵⁵ 八十　一　岁	八十一岁	4.151	1
	乌宙恒		hua⁵⁵me³³n̠i³³ tsər²¹n̠i³³ 八　月　二　十　日	八月二十日	81.149	1
			lu³³ tsər²¹sŋ⁵⁵k'ɣ³³ 四　十　三　岁	四十三岁	81.149	1
	乌孜嘎		hua⁵⁵me³³he³³ 八月份	八月	25.234	1
	东朗		ts'e²¹me³³ts'e³³sŋ²¹n̠i³³ 十　月　十　三　日	十月十三日	66.279	1
鸣音乡	东华		mi³³ko²⁴sŋ³³tsər²¹ua³³k'ɣ⁵⁵ 民国　三　十　五　年	民国三十五年	54.394	1
			sa⁵⁵ua³³n̠i³³ tsər²¹ua⁵⁵n̠i³³ 三月　二　十　五　日	三月二十五日	54.394	1
			he²¹dzə³³ 二月	二月	54.394	1
	和长命		lu³³ts'ər²¹k'ɣ⁵⁵ 四十　年	四十岁	96.236	1
			sa⁵⁵ua³³he³³gə³³ts'e²¹n̠i³³ 三月　的　十　日	三月十日	96.236	1
	和即贵		hua⁵⁵me³³ts'e²¹ho⁵⁵n̠i³³ 八月　十　八　日	八月十八日	68.3	1
			ts'e²¹me³³he³³n̠i³³tsər²¹ şər³³n̠i³³ 十月　二　十　七　日	十月二十七日	62.260	1
			şər³³ts'ər²¹ts'ua⁵⁵k'ɣ³³ 七　十　六　岁	七十六岁	68.3、4	2
			ua³³ts'ər²¹ts'ua⁵⁵k'ɣ³³ 五　十　六　岁	五十六岁	62.260	1
大东	和士成		iə²¹pe²¹n̠i³³tsər²¹şər³³n̠i³³ 正月　二　十　七　日	正月二十七日	5.91	1

158

乡		ho³³ts'ər²¹sʅ⁵⁵k'ɣ³³ 八　十　三　岁	八十三岁	24.194	1
		ho³³ts'ər²¹sʅ⁵⁵k'ɣ³³ 八　十　三　岁	八十三岁	3.379、 6.85、 29.50	3
		ʂər³³ts'ər²¹gɣ³³k'ɣ⁵⁵ 七　十　九　岁	七十九岁	5.91、 22.189	2
		ho⁵⁵ts'ər²¹lu³³k'ɣ⁵⁵ 八　十　四　岁	八十四岁	31.115	1
		ʂər³³ts'ər²¹ho⁵⁵k'ɣ³³ 七　十　八　岁	七十八岁	34.181	1
		ho³³ts'ər²¹ɳi³³k'ɣ³³ 八　十　二　岁	八十二岁	51.229	1
东知之孙		ua³³ts'ər²¹ʂər³³k'ɣ³³ 五十　七　岁	五十七岁	6.48	1
		ts'ua⁵⁵ts'ər²¹lu³³k'ɣ⁵⁵ 六十　四　岁	六十四岁	9.263	1
		ts'ua⁵⁵ts'ər²¹gɣ³³k'ɣ⁵⁵ 六　十　九　岁	六十九岁	18.195、 89.218	2
		ts'ua⁵⁵ts'ər²¹ho⁵⁵k'ɣ³³ 六　十　八　岁	六十八岁	23.205、 31.87	2
		lu³³ts'ər²¹gɣ³³k'ɣ⁵⁵ 四　十　九　岁	四十九岁	38.61	1
		he²¹dʑə³³ɳi³³tsər²¹ho⁵⁵ 二月　二十八	二月二十八日	49.152	1
东补鲁		he²¹dʑə³³sʅ⁵⁵ɳi³³ 二月　三日	二月三日	51.124	1
东恩驲		ts'e²¹me³³he³³ɳi³³tsər²¹sʅ⁵⁵ɳi³³ 十月　二　十　三日	十月二十三日	55.175	1
东恩驲之子		ɳi³³tsər²¹ua³³k'ɣ⁵⁵ 二　十　五　岁	二十五岁	65.114	1

东巴文中的数字为十进制，一至九分别写作：𝟙、𝟙𝟙、𝟙𝟙𝟙、𝟙𝟙/𝟙𝟙、𝟙𝟙𝟙/𝟙𝟙、𝟙𝟙𝟙/𝟙𝟙𝟙、

〃〃〃、〃〃〃、〃〃〃，均为指事字。十写作 ✕，也是指事字。十以上的整数，用"十"的累增来表示，如：✕✕ 二十、✕✕✕ 三十、✕✕✕ 五十、✕✕✕ 九十。若有零数，就在整数后面加上零数，如：✕〃 二十五。百位数、千位数、万位数也是如此，如：✕✕✕ 三百六十、✕✕✕ 一千五百、✕✕ 一万六千。

上表中的数词短语既有表示年龄的，又有表示月日的，这些短语中包含的数字几乎没有百位数，千位数，万位数更是少之又少，故我们考察的重点是东巴文中十位数及以下数字的用字情况。

2.使用字符字释

上表数词短语的文字表达中，使用到了以下一些字符：

（1）数目字

𝟙：duɯ²¹一。《谱》中写作 𝟙。

𝟛、𝟛、𝟛：sʅ²¹三。《谱》中写作 𝟛。

𝟜、𝟜：lu³³四。《谱》中写作 𝟜。

𝟝、𝟝：ua³³五。《谱》中写作 𝟝。

𝟞、𝟞、𝟞：tʂʻua⁵⁵六。《谱》中写作 𝟞。

𝟟、𝟟、𝟟：ʂər³³七。《谱》中写作 𝟟。

𝟠、𝟠、𝟠：ho⁵⁵八。《谱》中写作 𝟠。

𝟡、𝟡：gv³³九。《谱》中写作 𝟡。

✕、十：tsʻe²¹十。《谱》中写作 ✕，此字在东巴经中常与 十（çi³³百）混用，需按语言环境来区分。但宝山、大东一带常用 卐 这一字符表示 çi³³百。

✕✕、✕十、十十、十十、十十：ȵi³³tsər²¹二十。《谱》中写作 ✕✕。

十十：sʅ³³tsʻər²¹三十。《谱》中写作 ✕✕✕。

✕✕、十十：lu³³tsər²¹四十。

十十、𝟛：ua³³tsʻər²¹五十。《谱》中写作 ✕✕✕。

✕✕✕、十十十：tsʻua⁵⁵tsʻər²¹六十。

𝟟、𝟟、✕✕：ʂər³³tsʻər²¹七十。

𝟠、十十十、𝟠：ho⁵⁵tsʻər²¹八十。

（2）月令

▱：iə²¹pe²¹，正月。《谱》中写作 ▱，从月 ▱（iə³³烟叶）、▱（pe³³闩）▱ 此处表示意义的 ▱（he³³月）字省略未写。

▱、▱：he²¹dzə³³，二月。《谱》中写作 ▱，从月 ▱（he²¹神）、▱（dzə²¹称砣）声。

𝟛、▱：sa⁵⁵ua³³或 sa⁵⁵ua³³he³³，三月。《谱》中写作 ▱，从月 ▱（sa⁵⁵

气）、 ⿰ （ua^{33}五）声。

表示意义的 ⊖ 月字可省略不写。若写出，有时也可读音作 sa^{55}ua^{33}he^{33}，所有字符全部读出，就不再是形声字，而是字组。

⿱、⿱、⿱：hua^{55}me^{33}或 hua^{55}me^{33}he^{33}，八月。《谱》中写作 ⿱。

⿰、⿰、⿰：ts'e^{21}me^{33}或 ts'e^{21}me^{33}he^{33}，十月。《谱》中写作 ⿰。

（3）⿰、⿰、⿰、⿰、⿰、⿰、⿰：k'ɣ^{33}收获，假借作岁。此字一般写作 ⿱，从镰割麦。

（4）⿰：k'ɣ^{55}年。即 fv^{55}鼠字，鼠为十二生肖之首，故用为年字。

（5）⊗、⊖：ȵi^{33}日。

（6）⿰：ȵi^{33}鱼，假借作日。

从使用字符的情况看，用以记录"ts'e^{21}（十）"的字符有 ✕、✚ 两个，其中两直线正交叉的字形 ✚ 使用次数较多，两直线斜交叉的字形 ✕ 使用次数相对较少。"ȵi^{33}（日）"常用 ⊖ 这一字符表示，仅有 1 例假借 ⿰（ȵi^{33}鱼）表示。

3.用字特点

宝山、鸣音、大东地区的数词短语具有以下一些用字特点：

（1）字词关系上，存在有字无词、有词无字、字词对应三种情况，但以字词一一对应居多，有字无词的现象仅有 1 例，有词无字的现象多出现在大东乡东知之孙的经书中。

①有字无词

⿰ ：纳西语读作 ho^{55}ts'ər^{21}dɯ^{33}k'ɣ^{55}，汉译作"八十一岁"。⿰ ho^{55}ts'ər^{21}，八十。⿰ k'ɣ^{33}收获，此处未读音。⿰ dɯ^{21}，一。⿰ k'ɣ^{33}收获，假借作 k'ɣ^{55}岁。这种有字无词的现象只有 1 例，出现在宝山乡欧嘎宙东巴的经书中。

②有词无字

⿰ ：纳西语读作 ts'ua^{55}ts'ər^{21}lu^{33}k'ɣ^{55}，汉译作"六十四岁"。⿰ ts'ua^{55}ts'ər^{21}，六十。⿰ lu^{33}，四。其中 k'ɣ^{55}（岁）这个音节无文字记录，一般借用 ⿰（k'ɣ^{33}收获）表示。东知之孙的经文跋语中约出现了 7 次表示年龄的数词短语，其中 k'ɣ^{55}（岁）这个音节都没有被记录。

③字词对应

⿰ ：纳西语读作 hua^{55}me^{33}ȵi^{33}tsər^{21}ȵi^{33}，汉译作"八月二十日"。

ho^{55}八，me^{33}雌，两字连读作 hua^{55}me^{33}八月。ȵi^{33}tsər^{21}，二十。ȵi^{33}，日。字词一一对应。

：纳西语读作 lu^{33}tsər^{21}sʅ^{55}k'ɣ^{33}，汉译作"四十三岁"。lu^{33}tsər^{21}，四十。sʅ^{21}，三。k'ɣ^{33}收获，假借作岁。字词一一对应。

（2）字序上，该地区数词短语的用字字序发展得比较成熟，几乎都按语言顺序从上到下、从左至右排列。

（3）字符体态方面，数目字的异体形式较多，主要是由于构字元素不同或字素间的组合方式多样造成的。

如单一基数：六： 、 、 ；七： 、 、 ；八： 、 、 、 ，使用字素有直钩形、弯钩形和无钩形三种，组合方式不一。

复合基数：二十： 、 ；四十： 、 ；六十： 、 ；七十： 、 ；八十： 、 ，使用字素有斜交叉 、正交叉 两种，组合方式不一。

此外，假借作"岁"的字符"[k'ɣ^{33}]收获"在东巴文献中一般写作 （省去表"物"字素），也有写作 （以镰刀割物）的情况，但使用次数较少，该地只出现在了和即贵东巴的经书中。

（4）记录语言的方式上，全部使用东巴文，"十"以上整数的累增表达式中出现音补现象，有的还开始分化成一字一音节。

如：[ȵi^{33}tsər^{21}]二十： 、 、 、 → ，前者用"十"的累增形式表示，后者 在其累增形式下多出 （ȵi^{21}二）这一字符，用以补注[ȵi^{33}tsər^{21}]之第一音节。

五十： → ；七十： 、 → ；八十： 、 → ，前者均是累增形式，后者分化成一字一音节。这种一字一音节的记录方式只出现在了和即贵、和士成两位东巴的经书中，且两位东巴的经书中都是"累增式"与"分化式"并存。

三、用字小结

以上从书写行款、用字类别、字词对应关系及跋语中常用语词的用字特点四方面对宝山、鸣音、大东地区的经文跋语用字进行了考察。

1. 书写行款方面，主要按从上到下、从左至右的东巴经中最常见的行款顺序书写，少量按语序竖行逐字排列书写。除大东乡和士成东巴所写跋语有按语序横行逐字排列书写外，几乎没有其他横行逐字排列书写的跋语。

2.用字类别方面，无音字夹杂，除和长命、和即贵、和士成三位东巴的经书中有夹杂个别哥巴字的现象外，其余东巴的经文及跋语一律用东巴文书写，无夹杂哥巴字的情况。

3.字词关系方面，跋语中记录的音节数为 70%及以上，有的可高达 90%左右，少量内容较短的跋语基本记录了全部音节。总体状况倾向于完全记录语言，存在少量有词无字或有字无词的现象。

4.常用语词用字特点

（1）各组常用语词都采用不同的记录方式表达，但各种记录方式的发展程度不同。有的象形表达方式突出，有的指事方式发达，有的图画会意性较强，有的已基本使用假借方式表词。总体情况是假借表达方式使用较多，象形、指事、会意等记意表达式次之，形声表达方式极少，多出现在和即贵、和士成东巴的经书中。

（2）同一用语、同一记录方式和用字形式存在符号体态方面的差异。各组常用语词表现形式多样，虽没有固定的一种用字形式，但都有一种使用次数相对较多的形式，其用字固定。由于东巴文没有经历过文字统一的过程，故各位东巴在书写该字符时，会存在繁简、比例、方位、笔画增减、字素不同、字素组合方式多样等方面的差异，从而导致东巴文字异体繁多。同一东巴书写同一字符时，也存在符号体态方面的差异，究其原因，可能是为了求新奇、避重复，也可能是在书写时临时遗忘而出现多写一笔、少写一画的情况。

第二节 丽江经跋语用字研究

丽江经是指分布在丽江坝及其周边地区的经书，以丽江城附近为大本营。该地东巴文的发展较宝山、鸣音、大东地区成熟，并开始出现哥巴字，形字经典中常夹有成句或多数的哥巴字在内，同时还存在一些用纯哥巴字书写的经典。该地区经文跋语在书写行款、用字类别、字词关系、常用语词的用字方面都独具特色。

一、丽江经跋语的书写行款、用字类别及字词关系

（一）书写行款

东巴文在丽江坝区已发展得比较成熟，因此该地经文跋语的书写行款也正朝着成熟文字的方向发展：大部分从左至右横行书写，按语序呈线性排列；其次是按经书正文的书写行款从上到下、从左至右书写；少量按语序竖行逐字排列书写。

下面是丽江坝大研镇祥云乡和凤书东巴写的经书《全集》87 卷《大祭风·迎请罗巴涛格大神》中的跋语页（第 224 页）：

该页横行逐字排列书写部分即是跋语，汉译作：

皇历甲子二十九年十二月二十四日写。由来自名宅的白龙潭的和凤书书写。在南方的无论哪一种祈福仪式兴怎么做，全部都已记在心中。

从中可以看出，该则跋语与正文的书写行款不同：正文是从上到下、从左至右书写；跋语是从左至右横行书写，按语序呈线性排列，此为丽江经跋语的常用行款。

下面是丽江龙山乡阿石村东巴东吐书写的经书《全集》25 卷《禳垛鬼仪式·给鬼施放和递交牺牲经》中的跋语（第 156 页）：

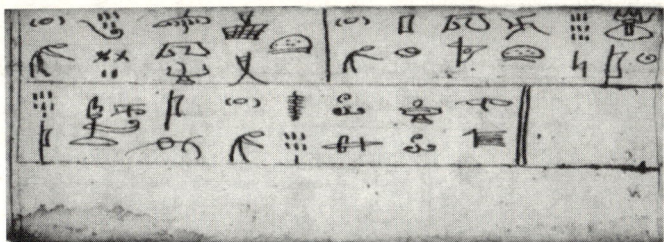

此则跋语的书写行款是从上到下、从左至右。汉译作：

这是祭司我二十二岁这年书写的。这是祭司东吐我的经典。九代祖父为祭司，希望祭司我口中祭诵能出现吉祥；七代祖母为卜师，希望卜师我口中占卜能出现福泽啊。祝祭司长寿，愿主人延年。

下面是丽江太安乡恒柯督东巴东贵写的经书《全集》77 卷《超度拉姆仪式·丢弃卡里面偶》的跋语（第 29 页）：

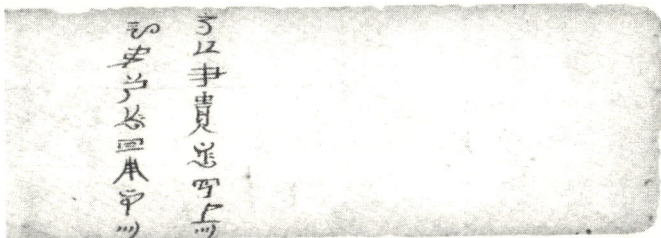

汉译作：这是恒柯督的经书，由东巴东贵所写。此则跋语按语序竖行逐字排列书写，这种书写行款主要见于太安乡。

（二）用字类别

丽江坝及其周边地区的东巴文较宝山、鸣音、大东一带成熟，并进一步出现哥巴文。故丽江经中的跋语大部分是东巴文和哥巴文夹杂书写，其次是用纯哥巴文书写，少量用东巴文书写。其中东巴文、哥巴文夹杂书写和用纯哥巴文书写的跋语几乎均按语序呈线性排列，或横行从左至右，或竖行从上到下。用东巴文书写的跋语中常夹杂个别哥巴字，多按从上到下、从左至右的经文中最常见的行款顺序书写，如上所举 25 卷《禳垛鬼仪式·给鬼施放和递交牺牲经》中的跋语（第156 页）；少量按语序竖行或横行逐字排列书写，如 85 卷《唤醒神灵·撒神粮》（第51 页）、71 卷《超度什罗仪式·点灯火》（第 173 页）中的跋语。

（三）字词关系

丽江经中字词关系的疏密程度介于宝山、鸣音、大东经和鲁甸经之间，基本上记录了 60%—70% 的音节。据我们对该地经文跋语中字词关系的考察，用东巴文、哥巴文夹杂书写和用纯哥巴文书写的跋语几乎记录了全部语词，已达到逐词标音的程度；用东巴文书写的跋语虽未记录全部语词，但记录的音节数已高达 95% 及以上。

下面是丽江大研镇五台下束河村的东巴东康写的经书《全集》29 卷《禳垛鬼仪式·用柳枝男偶像作替身关死门经》中的跋语（第 239 页）：

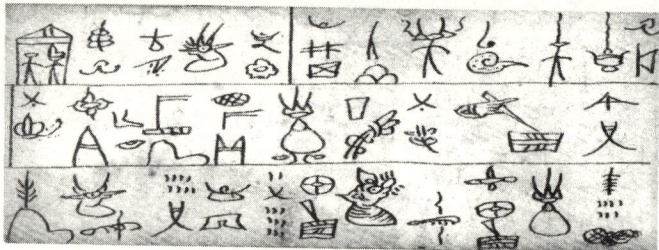

字释：

la^{33}，哥巴字。

$lər^{21}$唤。与上字连读作 $la^{33}lər^{33}$辽阔地。

$ua^{21}hər^{21}$绿松石。

$dʐy^{21}$山。

$k'ɯ^{33}$足，脚。引申作山麓。

$t'ɣ^{55}$奶渣。此处未读音。

$lɯ^{33}$地。

$ʂua^{21}$高。

bu^{21}坡。此处只表意，未读音。

mu^{21}簸箕。

$ʂua^{21}$高。

$uə^{33}$村寨。三字连读作地名 $mu^{21}ʂua^{55}uə^{33}$蒙绍坞。

$py^{33}bɣ^{21}$东巴之古称。从 东巴， $bɣ^{33}$分声。

to^{33}板。

$k'æ^{55}$散开。与上字连读假借作人名 $to^{33}k'æ^{33}$东康。

la^{21}手，哥巴字。

$nɯ^{33}$心。假借作状语助词由。

$pər^{55}$写。

mu^{55}菌。假借作助词 mu^{33}的。

me^{55}雌。假借作语气词。

bu^{21}坡，像山坡。

$t'o^{33}$松。与上字连读假借作 $bu^{33}t'o^{21}$干支。

$ɯ^{33}$牛。

᠅ k'ɣ³³收获。假借作 k'ɣ⁵⁵属。

᠅ ho⁵⁵八。

᠅ me³³雌。

᠅ he³³月。三字连读作 hua⁵⁵me³³he³³八月。

᠅ gə²¹上。假借作助词 gə³³的。

᠅ ȵi²¹二。

᠅ tsʻe²¹十。与上字连读作 ȵi³³tsər²¹二十。

᠅ gɣ³³九。

᠅ ȵi³³日。

᠅ pər⁵⁵写。

᠅ la³³虎。

᠅ k'ɣ³³收获。假借作 k'ɣ⁵⁵属。

᠅ duɯ²¹大。假借作一。

᠅ ȵi³³日，天。

᠅ pər⁵⁵写。

᠅ pɣ³³bɣ²¹东巴之古称。

᠅ zɿ³³草。假借作寿命。

᠅ ʂər³³七。假借作 ʂər²¹长。

᠅ hu⁵⁵胃。假借表祝愿之词"愿"。

全段标音：

la³³lər³³ ua³³ hər²¹dʑy³³ʂua²¹kʻɯ³³，lɯ³³ʂua²¹mu²¹ʂua⁵⁵uə³³，pɣ³³bɣ²¹to³³kʻæ³³
辽阔地 松石绿 山 高山麓 地 高 蒙绍坞 祭司 东康
la²¹nɯ³³pər⁵⁵mu³³me⁵⁵。bu³³tʻo²¹gə³³ɯ³³k'ɣ⁵⁵，
手 由 写 的 啊 干支 的 牛 属
hua⁵⁵me³³he³³gə³³ȵi³³tsər²¹gɣ³³ȵi³³pər⁵⁵，
八月 的二十 九 日 写
la³³k'ɣ⁵⁵duɯ³³ȵi³³pər⁵⁵。pɣ³³bɣ²¹zɿ³³ʂər²¹hu⁵⁵。
虎 属 一 天 写 祭司 寿 长 愿

汉译：这本经书是辽阔大地上，绿松石色高山下高地蒙绍坞的祭司东康亲笔写的啊。这是干支属牛的这年的八月二十九日写的，是属虎的一天写的。愿祭司长寿。

全段共 45 个音节，用字 42 个，其中哥巴字 2 个（᠅ 出现 2 次），东巴字 40 个。因其中 ᠅（奶渣）、᠅（坡）两字未读音；᠅、᠅、᠅ 是双音节字，᠅

读了 2 次，故此则跋语用 40 个字记录了 44 个音节，占音节总数的 98%，只有一个助词[gə³³]（的）未记录。东巴字中用本义引申义的 20 个，假借字 18 个，占东巴字的 47.4%。其中同音假借 8 个，音近假借 10 个。

二、丽江经跋语中常用语词用字研究

（一）东巴

上文已对字典中收录的"东巴"称谓及其文字表现形式作出概述，下面重点考察其在丽江经跋语中的称谓及用字特点。

1.用字形式

丽江经跋语中"东巴"称谓较宝山、鸣音、大东地区多，用字形式也较复杂。现按地域、东巴列表于下（表一）：

地名	写经人	经文	读音	汉译	出处	次数
大研镇坞吕肯	和凤书	〔东巴文〕	py³³by²¹	东巴	88.198、200	2
		〔东巴文〕	py²¹be³³	东巴	88.201	1
		〔东巴文〕（他称）	to³³ba²¹	东巴	88.201	1
		〔东巴文〕	py³³by²¹	东巴	93.124	1
	多尤青	〔东巴文〕	lɯ³³bu²¹	里卜	6.220	1
	东玉康	〔东巴文〕	py³³by²¹	祭司	30.170	1
	朵拉	〔东巴文〕	lɯ³³by²¹	东巴	48.146	1
大研镇五台初柯督	东发	〔东巴文〕	lɯ³³bu²¹	东巴	79.222、80.248、92.211……	5
		〔东巴文〕（祝福语）	py³³by²¹	东巴	23.42、37.32、76.117……	6
		〔东巴文〕（祝福语）	py³³by²¹	东巴	45.117	1
		〔东巴文〕（祝福语）	py²¹	东巴	80.248	1
		〔东巴文〕	lɯ³³bu²¹ py²¹dæ²¹ 高明东巴能干	贤能祭司	37.32	1
		〔东巴文〕	lɯ³³bu²¹	东巴	45.117	1
		〔东巴文〕	lɯ³³bu²¹	东巴	47.188	1
		〔东巴文〕、〔东巴文〕	py³³by²¹	东巴	47.188、83.105、68.146	3

村镇	东巴	字形	读音	身份	出处	数
		（图）（他称）				
大研镇五台中和村	东迪	（图）	$to^{33}ba^{21}$	东巴	52.154	1
		（图）（祝福语）	py^{21}	东巴	52.155	1
大研镇五台下束河	东康	（图）	$py^{33}by^{21}$	祭司	29.238	1
		（图）	$py^{33}by^{21}$	祭司	29.238	1
		（图）	$py^{33}by^{21}$	东巴	38.43	1
		（图）	$py^{33}by^{21}$	东巴	38.43	1
	东李	（图）	$to^{33}ba^{21}$	东巴	81.101	1
	东阿	（图）（他称）	$lu^{33}bu^{21}$	东巴	16.80	1
太安乡汝南化	东余	（图）	$lu^{33}bu^{21}$	东巴	91.207	1
太安乡吾主比	东恒	（图）	$py^{33}by^{21}$	东巴	100.71	1
太安乡恒柯督	东卢	（图）（他称）	py^{21}	东巴	21.18	1
		（图）	$lu^{33}bu^{21}$	东巴	21.18、59.72、	3
	东贵	（图）	$lu^{55}bu^{21}$	东巴	77.29	1
	不明写经人	（图）	$py^{33}by^{21}$	祭司	64.306	1
		（图）	$py^{33}by^{21}$	东巴	91.56	1
黄山乡文化村	吉次牡	（图）	$lu^{55}by^{21}$ $py^{33}by^{21}$	东巴	68.183	1
龙山乡阿石村	东吐	（图）	$py^{33}by^{21}$	祭司	25.156	3
		（图）（他称）	py^{21}	祭司	25.156	1
总计						49

从上表可以看出，和凤书、东发、东康三位东巴的用字很不固定：称谓不同，用字不同；称谓相同，用字也有所不同。和凤书用了 4 种称谓，各种称谓用字不同，但都用哥巴文书写；东发也用了 4 种称谓，同一称谓[$lɯ^{55}bu^{21}$]有的用东巴文记录，有的用哥巴文记录，还有的用东巴文和哥巴文夹杂书写记录，[$py^{33}bɣ^{21}$]这种称谓的表达方式也不统一；东康东巴的经书中虽只有一种称谓[$py^{33}bɣ^{21}$]，却用了四种表达方式：象形字、不完全标音的形声字、完全标音的形声字、哥巴字。

下面将丽江坝区的"东巴"称谓及其用字总体情况列表于下（表二）：

称谓	表现形式					备注
	象形	假借	形声	哥巴文+东巴	哥巴文	
$lɯ^{33}bu^{21}$		（字形）		（字形）	（字形）	常用于自称，偶用于他称。
$to^{33}ba^{21}$	（字形）				（字形）	既用于自称，又用于他称。
$py^{33}bɣ^{21}$	（字形）	（字形）	（字形）	（字形）	（字形）	既用于自称，又用于他称，还用于祝福语中。
$py^{33}bɣ^{21}$					（字形）	
$py^{21}be^{33}$					（字形）	
py^{21}	（字形）	（字形）			（字形）	常用于祝福语中，偶用于他称。
$lɯ^{33}bu^{21}$ $py^{21}dæ^{21}$					（字形）	
$lɯ^{55}bu^{21}$ $py^{33}bɣ^{21}$			（字形）			
比例	6.1%	14.3%	16.3%	10.2%	53.1%	

从表二可以看出，丽江经跋语中的"东巴"称谓共有 8 种，仍无字典中记载的[$dɑ^{33}hɯ^{21}$]和[to^{33}]两种称谓。其中[$py^{21}be^{33}$]只出现了 1 次，[$py^{33}bɣ^{21}$]出现多次，这两种称谓应与[$py^{33}bɣ^{21}$]一样，都是东巴之古称，只是由于受到方言读音的影响，

从而导致读音不完全相同；由于读音的不同，从而又导致了用字方面的差异：[$py^{21}be^{33}$] 记作 〇〇，[$py^{33}b\d{y}^{21}$] 记作 〇〇，[$py^{33}b\d{y}^{21}$] 记作 〇〇。[$l\mu^{55}b\d{y}^{21}py^{33}b\d{y}^{21}$]应是将东巴之自称与古称连读在一起以表示对"东巴"的称呼。[$py^{21}dæ^{21}$]可能也是东巴之古称，故跋语中又出现了 1 次[$l\mu^{33}bu^{21}py^{21}dæ^{21}$]这种"东巴"称谓。

　　由此，丽江坝区常用东巴称谓仍是 4 种：[py^{21}]、[$py^{33}b\d{y}^{21}$]、[$l\mu^{33}bu^{21}$]、[$to^{33}ba^{21}$]，只是各自的适用范围扩大了一些。[py^{21}]虽常用于祝福语中，但偶尔也用于他称；[$py^{33}b\d{y}^{21}$]既用于自称，又用于他称，还可用于祝福语中；[$l\mu^{33}bu^{21}$]常用于自称，偶可用于他称；[$to^{33}ba^{21}$]既用于自称，又用于他称。

2.用字分析

　　结合上述两表，下面将从字符体态和记录语言的方式两方面对丽江经跋语中"东巴"一词的用字形式作具体分析：

　　（1）使用字符和字符体态

　　从表一可以看出，"东巴"一词在丽江经跋语中共出现 49 次，读作[$py^{33}b\d{y}^{21}$]、[$py^{33}by^{21}$]或[$py^{21}be^{33}$]共 25 次，其次是读作[$l\mu^{33}bu^{21}$]15 次，[py^{21}]4 次，[$to^{33}ba^{21}$]3 次，[$l\mu^{55}b\d{y}^{21}py^{33}b\d{y}^{21}$]和[$l\mu^{33}bu^{21}py^{21}dæ^{21}$]各 1 次。下面将对记录这些称谓而使用的字符及其符号体态作进一步分析。

　　A.使用的字符

　　a. 〇、〇、〇、〇、〇、〇、〇、〇、〇、〇：[py^{21}]，哥巴字。

　　b. 〇、〇：[$b\d{y}^{21}$]，哥巴字。

　　c. 〇、〇、〇：[by^{21}]，哥巴字。

　　d. 〇：[be^{33}]，哥巴字。

　　e. 〇、〇：[to^{33}]，哥巴字。

　　f. 〇、〇：[ba^{21}]，哥巴字。

　　g. 〇、〇、〇、〇、〇、〇、〇：[$l\mu^{33}$]，哥巴字。

　　h. 〇、〇、〇、〇、〇、〇：[bu^{21}]，哥巴字。

　　i. 〇：[$dæ^{21}$]，哥巴字。

　　j. 〇、〇、〇：[$l\mu^{55}$]牛虻，假借作[$l\mu^{33}bu^{21}$]之第一音节。

　　k. 〇、〇、〇、〇、〇：[bu^{21}]猪，假借作[$l\mu^{33}bu^{21}$]之第二音节。

　　l. 〇、〇、〇、〇、〇、〇：[$py^{33}b\d{y}^{21}$]东巴。不完全标音的形声字，形符是 〇，声符是 〇[by^{33}]分。

　　m. 〇：[$py^{33}b\d{y}^{21}$]东巴。不完全标音的形声字，形符是 〇，声符是 〇[by^{21}]

哥巴字。

n. 🐝：[py³³bɣ²¹]东巴。完全标音的形声字，形符是 🐝，声符是 ▐◀[py³³]哥巴字，◀▐[bɣ²¹]哥巴字。

o. 🐝：[luɯ⁵⁵bɣ²¹py³³bɣ²¹]东巴。不完全标音的形声字，形符是 🐝，声符是 🐝[luɯ⁵⁵]牛虱，🐷[bu²¹]猪。

p. 🔲：[to³³]板，假借作[to³³ba²¹]之第一音节。

q. 🧍：[ba³³]大脖子，假借作[to³³ba²¹]之第二音节。

r. 🐝、🐝：[py²¹]东巴。画巫师头戴佛冠，口中诵经之形。

s. 🐝：[py³³bɣ²¹]祭司。

t. 🦎、🦎：[bɣ²¹]匍匐也，驼背也，像人伏地行。假借作[py³³bɣ²¹]之第二音节。

w. 🐖：[py²¹]像，一种兽，身有箭刺。假借作[py²¹]东巴。

B.字符体态

a.表示[py²¹]、[luɯ³³]所使用的哥巴文字符较固定。[py²¹]用 ⌢ 表示，[luɯ³³]用 ℥ 表示，只是字迹略有不同。

b.表示[bɣ²¹]、[bɣ²¹]、[to³³]、[ba²¹]、[bu²¹]所使用的哥巴文字符均存在异体。[bɣ²¹]：开、冇；[bɣ²¹]：刈、刈、ᕮ；[to³³]：甲、甲；[ba²¹]：ᖯ、ᵡ；[bu²¹]：ᴪ、ᴪ、ᴪ、ᴪ、ᴪ、ᴪ。

c.[py³³bɣ²¹]的形声字写法组合方式不同，声符中的构字元素也有所差别。🐝、🐝、🐝、🐝、🐝：声符有的在形符下边，有的在形符右边；声符中的构字元素有的是弧形字素 ➤↩，有的是圆形字素 つ↩，有的是省去两边的字素 ℣。

（2）记录语言的方式

丽江经趺语中"东巴"一词有用东巴文、东巴文和哥巴文夹杂、哥巴文记录三种情况，而用东巴文记录的文字类型有象形、假借、形声三种。用哥巴文记录的比例最多，占 53.1%，东巴文和哥巴文夹杂记录占 10.2%，象形式占 6.1%，假借式占 14.3%，形声式占 16.3%。

A.象形

该地用象形字记录"东巴"一词的比例最少，在表一中仅有 3 例。有 🐝（画巫师头戴佛冠之形）、🐝（画巫师头戴佛冠，口中诵经之形）两种字形，前者读作[py³³bɣ²¹]，后者读作[py²¹]。

B.假借

该地"东巴"一词的假借表达式也较少，有 7 例。[luɯ³³bu²¹]5 例，使用字符较固定，[lɯ⁵⁵]借用 🐛 牛虻，[bu²¹]借用 🐗 猪；[to³³ba²¹]1 例：🐭；[py²¹]1 例：🦅 。

C.形声

该地"东巴"一词的形声式写法有 8 例，除 1 例读作[lɯ⁵⁵bɤ²¹py³³bɤ²¹]外，其余 7 例均读作[py³³bɤ²¹]，可分作两类：

a.声符记录两个音节：🀄，仅有 1 例。

b.声符记录第一音节：🔣、🔣、🔣、🔣、🔣、🔣，有 6 例。

D.东巴文和哥巴文夹杂

该地用东巴文和哥巴文夹杂书写记录"东巴"一词的情况有 5 例。读作[lɯ³³bu²¹]的 1 例：🔣，第一音节是哥巴文；读作[py³³bɤ²¹]的 4 例，记作 🔣，第一音节也是哥巴文。

E.哥巴文

用纯哥巴文记录"东巴"一词所占比例最多，除[lɯ⁵⁵bɤ²¹py³³bɤ²¹]这种称谓外，其余 7 种称谓都有用哥巴文记录的情况。

3.用字特点

丽江经跋语中"东巴"一词在用字方面具有以下一些特点：

（1）记录语言的方式上，有用东巴文、东巴文和哥巴文夹杂、纯哥巴文记录三种形式。其中用纯哥巴文记录的次数最多，用东巴文象形式记录的次数最少。

（2）个别东巴使用字符不固定。如东康东巴记录[py³³bɤ²¹]时，使用了 4 种表达方式。

（3）字符体态上，哥巴文字符中存在较多异体，[py³³bɤ²¹]的形声式写法中，形符和声符的组合方式不稳固，声符中的构字元素也有所不同。

（4）与宝山、鸣音、大东经跋语中的用字相比：用象形式记录"东巴"一词的比例明显减少，假借式也相对较少，用形声式记录的比例有所增长，并出现用大量哥巴文记录的情况，而宝山、鸣音、大东经跋语中根本不存在用哥巴文记录的现象。

（二）写

1.用字形式

"写"在《全集》所收的丽江经跋语中共出现 73 次，具体见下表（表一）：

地名	写经人	经文	读音	汉译	出处	次数
大研镇坞吕肯	和凤书	🔣	pər⁵⁵	写	87.224、93.124	6
		🔣	pər⁵⁵	写	88.198、199	5
	多尤青	🔣	pər⁵⁵	写	6.220	2
	东玉康	🔣	pər⁵⁵	写	30.202	1

		朵拉		pər⁵⁵	写	48.146	4
大研镇五台初柯督	东发			pər⁵⁵	写	6.299、42.36、47.188、83.105	4
				pər⁵⁵	写	23.42、26.135、71.158……	9
				pər⁵⁵	写	37.32、76.117、92.211	5
				pər⁵⁵	写	45.117	2
				bər⁵⁵	写	42.254	3
大研镇五台中和村	东迪			pər⁵⁵	写	52.154	1
				pər⁵⁵	写	52.154	1
大研镇五台下束河	东康			la²¹nɯ³³pər⁵⁵ 手来写	用手写	29.238	1
				pər⁵⁵	写	29.238	2
				la²¹nɯ³³pər⁵⁵ 手来写	用手写	38.43	1
				pər⁵⁵	写	38.43	1
	东阿			pər⁵⁵	写	16.80	1
太安乡汝南化	东余			pər⁵⁵	写	91.207	6
太安乡恒柯督	东卢			pər⁵⁵	写	21.18、59.72、69.142……	7
				pɯ⁵⁵	写	85.51	1
	纽督			pər⁵⁵	写	19.267	1
	东贵			pər⁵⁵	写	77.29	1

	不明写经人		pər⁵⁵	写	84.230	2
			pər⁵⁵	写	84.230、91.55	2
黄山乡文化村	东纯		pər⁵⁵	写	11.212、213	2
	吉次牡		pər⁵⁵	写	68.183	1
龙山乡阿石村	东吐		pər⁵⁵	写	25.156	1
总计						73

从上表可以看出，"写"在《全集》中大部分读作[pər⁵⁵]，还可读作[bər⁵⁵]或[pɯ⁵⁵]，这种异读现象可能是受到了读经人方言的影响。表中还有 2 例读作[la²¹nɯ³³pər⁵⁵]，汉译作"用手写"，这是由于"写"的形声式写法 在经文中既可读作[pər⁵⁵]，又可读作[la²¹nɯ³³pər⁵⁵]，语言对文字的离析作用使得后种读法在用字上逐渐写出与音节一一对应的字符，故出现了 、 两种书写形式。

现将丽江经跋语中"写"的用字总体情况列表于下（表二）：

记录方式	表现形式	次数	比例
会意		9	12.3%
假借		28	38.4%
形声		1	1.4%
哥巴文+东巴文		2	2.7%
哥巴文		33	45.2%

从表二可以看出，丽江经跋语中的"写"有用东巴文、东巴文和哥巴文夹杂、哥巴文记录三种形式，用东巴文记录的构字类型有会意、假借、形声三种。用纯哥巴文记录的次数最多，占 45.2%；其次是假借，占 38.4%；会意式使用得较少，占 12.3%；形声式只有 1 例，占 1.4%；东巴文和哥巴文夹杂书写的有 2 例，占 2.7%，仅见于东康东巴的经书中。

2.用字分析

结合上述两表，下面将从记录语言的方式和符号体态两方面对"写"的用字情况作具体分析：

（1）记录语言的方式

A.会意

"写"在丽江经跋语中的会意表达方式相对较少，有 9 例，并且使用字符稳固，都画笔在纸上书写之形，只是笔和纸的比例略有不同：▱、▱、▱、▱、▱、▱。

B.假借

丽江地区用东巴文记录"写"时，使用最多的表达方式是假借，有 28 例之多。借用字符固定，均假借 ▱（pər^{55}梳子）表示，只是构字元素略有差异：▱、▱、▱。

C.形声

该地"写"的形声表达方式使用得最少，只有 1 例：▱ ▱。这是一个注音式形声字，形符是 ▱ "写"的会意字形，声符是 ▱（pər^{55}梳子）。

D.东巴文和哥巴文夹杂

这种表达方式只见于东康东巴的经书中，有 2 例：▱ ▱、▱ ▱。▱：[la^{21}]，哥巴字；▱：[nɯ^{33}]，哥巴字；▱：[nɯ^{33}]心，假借作状语助词；▱、▱：[pər^{55}]写，两个均是会意字。

E.哥巴文

丽江经跋语中用纯哥巴文记录"写"的情况最多，共 33 例。使用到的字符有三种：▱、▱、▱，使用次数最多的是 ▱（25 次），其次是 ▱（5 次），▱（3 次）。

（2）字符体态

A."写"的会意字形中表示笔和纸的字素比例有别：▱、▱。前一字符中的笔字素稍长、细，且微向左倾；后一字符中的笔字素短、粗。

B."写"的假借表达式借用字符中的构字元素多寡不同：▱、▱、▱。▱较 ▱ 中多一个半圆字素，▱ 又比 ▱ 多一个线字素。

C.同一哥巴文字符，各家书写有异：▱、▱、▱，存在笔画多少之别。

3.用字特点

（1）记录语言的方式上，"写"在丽江地区以用纯哥巴文记录为主，其次是东巴文假借，再次是会意，最少的是形声，用东巴文和哥巴文夹杂书写记录的较少。

其中会意表达方式在该地已发展得比较成熟，使用字符几乎都简化成 ▱ "笔在纸上书写之形"。在已简化的会意字基础上，萌发了"写"的形声式写法 ▱ ▱，但由于该地哥巴文的大量使用，在一定程度上抑制了形声式的发展，故该地"写"

的形声式写法极少。

（2）该地各种表达方式使用字符基本稳固，会意字用 🖼 表示，假借字都借用 🖼 （pər⁵⁵ 梳子）表示，哥巴文大都写作 🖼 。只是在字符体态上，各家书写存在一些细微差别。

（3）与宝山、鸣音、大东经中的用字情况相比：在用东巴文记录"写"时，假借字使用比例仍占主导地位，会意表达方式相对减少，但已基本脱离了图画文字的特点，使用已简化的字符表示，形声表达方式在该地开始萌芽；丽江经跋语中新出现了用东巴文、哥巴文夹杂记录和用纯哥巴文记录"写"的情况，且用纯哥巴文记录所占比例最多。

（三）经书

1.用字形式

"经书"一词在《全集》所收的丽江经跋语中共出现 47 次，具体见下表（表一）：

地名	写经人	经文	读音	汉译	出处	次数
大研镇坞吕肯	和凤书	🖼	$t'e^{33}ɯ^{33}lɯ^{55}ɯ^{33}$	书	93.124	1
	多尤青	🖼	$t'e^{33}ɯ^{33}lɯ^{55}ɯ^{33}$	好书	6.221	1
	东玉康	🖼	$t'e^{33}ɯ^{33}$	经书	30.202	2
	朵拉	🖼	$t'e^{33}ɯ^{33}$	经书	48.146	1
大研镇五台初柯督	东发	🖼	$t'e^{33}ɯ^{33}$	经书	45.117、39.36 47.162……	5
		🖼	$t'e^{33}ɯ^{33}$	经书	42.254	1
大研镇五台下束河	东李	🖼	$t'e^{21}ɯ^{33}$	经书	81.101	1
	多里	🖼	$t'e^{33}ɯ^{33}$	经书	85.32	1
太安乡吾主比	东恒	🖼	$t'e^{33}ɯ^{33}$	经书	100.71	1
太安乡恒柯督	东卢	🖼	$t'e^{33}ɯ^{33}$	经书	21.17	1
	纽督	🖼	$t'e^{33}ɯ^{33}$	经书	19.267	1
	东贵	🖼	$t'e^{33}ɯ^{33}$	经书	77.29	1
	不明写经人	🖼	$t'e^{33}ɯ^{33}$	经书	2.302、6.273、23.230……	23

		字形	读音	书类	页码	次数
		[字形]	$lɯ^{33}ɯ^{33}$	书本	79.173	1
		[字形]	$t'e^{33}ɯ^{33}lɯ^{55}ɯ^{33}$	经书	79.173	1
		[字形]	$t'e^{33}ɯ^{33}lɯ^{55}ɯ^{33}$	经书	83.232	1
		[字形]	$lɯ^{55}ɯ^{33}$	经书	83.232	1
金山乡思勒	不明写经人	[字形]	$t'e^{33}ɯ^{33}$	经书	11.46、61.244	2
龙山乡阿石村	东吐	[字形]	$t'e^{33}ɯ^{33}$	经书	25.156	1
总计						47

从上表可以看出，"经书"大都读作$[t'e^{33}ɯ^{33}]$（41次），但还可读作$[lɯ^{55}ɯ^{33}]$（2次），字典中还收有读作$[by^{21}dɯ^{33}]$、$[by^{21}lɯ^{33}]$的情况。由此，表中$[t'ɯ^{33}ɯ^{33}lɯ^{55}ɯ^{33}]$应是将经书$[t'e^{33}ɯ^{33}]$和$[lɯ^{55}ɯ^{33}]$两种读法连读在一起构成一个"同义复词"，以表示"经书"的意思。这种连读形式在丽江经跋语中共出现4次，2例用东巴文、哥巴文夹杂书写表示，2例用假借字表示，都按语序排列，记录全部音节。

下面将该地"经书"一词的整体用字情况列表于下（表二）：

记录方式	读音	表现形式	次数	小计	比例
假借	$t'e^{33}ɯ^{33}$	[字形]、[字形]、[字形]、[字形]	34	37	78.7%
	$lɯ^{55}ɯ^{33}$	[字形]	1		
	$t'e^{33}ɯ^{33}lɯ^{55}ɯ^{33}$	[字形]、[字形]	2		
东巴文＋哥巴文	$t'e^{33}ɯ^{33}lɯ^{55}ɯ^{33}$	[字形]、[字形]	2	4	8.5%
	$t'e^{33}ɯ^{33}$	[字形]、[字形]	2		
哥巴文	$t'e^{33}ɯ^{33}$	[字形]、[字形]、[字形]、[字形]	5	6	12.8%
	$lɯ^{55}ɯ^{33}$	[字形]	1		

从表二可以看出，"经书"一词有用东巴文、东巴文和哥巴文夹杂、哥巴文记

录三种情况。用东巴文记录的构字类型只有假借方式，并以这种表达方式为主，占 78.7%；其次是用哥巴文记录，占 12.8%；东巴文、哥巴文夹杂记录最少，占 8.5%。

2.用字分析

结合上述两表，下面将从记录语言的方式和符号体态两方面对"经书"用字进行分析：

（1）记录语言的方式

A.假借

假借式是"经书"一词在丽江经跋语中最主要的表达方式，借用字符如下：

a. ▨、▨、▨、▨、▨：$[t'e^{33}]$旗子。假借作$[t'e^{33}ɯ^{33}]$之第一音节。

b. ▨、▨、▨、▨、卍、卍、卍：$[ɯ^{33}]$好。假借作$[t'e^{33}ɯ^{33}]$或$[lɯ^{55}ɯ^{33}]$之第二音节。

c. ▨、▨、▨：$[lɯ^{55}]$牛虱。假借作$[lɯ^{55}ɯ^{33}]$之第一音节。

d. ▨：$[ɯ^{33}]$宝物。假借作$[lɯ^{55}ɯ^{33}]$之第二音节。

$[t'e^{33}ɯ^{33}]$的假借表达方式中，以 ▨ 和 ▨ 这两个字符的结合形式为主，按语序呈"并列式"组合：▨▨、▨▨。$[ɯ^{33}]$借用 ▨（$ɯ^{33}$宝物）表示的情况在丽江经跋语中只有 1 例：▨▨▨▨，借作$[t'ɯ^{33}ɯ^{33}lɯ^{55}ɯ^{33}]$的第四音节，第二音节$[ɯ^{33}]$仍借用 ▨（$ɯ^{33}$好）表示。

B.东巴文+哥巴文

这种夹杂表达方式有 4 例：▨、▨、▨、▨，使用到的字符如下：

a. ▨、▨：$[t'e^{33}]$，哥巴文，记录$[t'e^{33}ɯ^{33}]$之第一音节。

b. ▨、▨：$[ɯ^{33}]$，哥巴文，记录$[t'e^{33}ɯ^{33}]$之第二音节。

c. ▨、▨：$[lɯ^{55}]$，哥巴文，记录$[lɯ^{55}ɯ^{33}]$之第一音节。

d. 卍、卍、卍：东巴文。

e. ▨、▨：东巴文。

用哥巴文记录$[ɯ^{33}]$时，一般选用 ▨，用 ▨ 记录的情况只有 1 例：▨。

C.哥巴文

该地用纯哥巴文记录"经书"一词有 6 例，其中$[t'e^{33}ɯ^{33}]$（5 例）都记作 ▨，$[lɯ^{55}ɯ^{33}]$（1 例）记作 ▨。

（2）字符体态

A.用以记录$[t'e^{33}ɯ^{33}]$的字符较稳固，东巴文用假借式 ▨▨ 表示，哥巴文用表示。

B.单个音节用字存在不固定的情况，[t'e³³]、[ɯ³³]、[lɯ⁵⁵]三个音节可分别用东巴字或哥巴字表示，如[t'e³³]用到的字符有：　、　；[ɯ³³]用到的字符有：　、　、　、　；[lɯ⁵⁵]用到的字符有　、　。但仍有最常使用的一种字符，如丽江经跋语中[ɯ³³]一般用东巴字　、哥巴字　记录，用　、　两字记录的较少。

C.[t'ɯ³³ɯ³³lɯ⁵⁵ɯ³³]第二音节与第四音节相同，但用字不同，可能是为了避重复，有两种表现形式：　、　。

D.记录[ɯ³³]时的东巴文字符　方向不同：　、　、　、　、　、　、　，存在顺时针与逆时针之别。

3.用字特点

丽江经跋语中"经书"一词在用字方面具有以下一些特点：

（1）记录方式以东巴文假借为主，占78.7%，其次是用哥巴文记录，东巴文和哥巴文夹杂书写记录的形式较少。其假借式写法在该地以　为主，无字典中记载的　这种写法，也无所记载的象形式、形声式写法。

（2）使用字符基本固定，[t'e³³ɯ³³]多采用东巴文形式　表示，少量用哥巴文　表示。

（3）与宝山、鸣音、大东地区的用字相比，存在明显的地域差异。[t'e³³ɯ³³]在宝山、鸣音、大东等地常用　表示，而在丽江坝区一律用　这种表达方式。

（四）延年益寿

"延年益寿"在纳西语中读作[zɿ³³ʂər²¹ha⁵⁵i³³]，还可汉译作长寿日永、长命百岁、健康长寿、长寿富足等。下面重点考察[zɿ³³ʂər²¹ha⁵⁵i³³]在丽江经跋语中的用字形式及其特点。

1.用字形式

[zɿ³³ʂər²¹ha⁵⁵i³³]在《全集》所收的丽江经跋语中共出现21次，具体见下表：

地名	写经人	经文	标音对译	汉译	出处	次数
大研镇坞吕肯	和凤书		zɿ³³ʂər²¹ha⁵⁵i³³ 寿 长 日 有	延年益寿	93.124	1
	多尤青		zɿ³³ʂər²¹ha⁵⁵i³³ 寿 长 日 永	长寿日永	6.221	1
	朵拉		zɿ³³ʂər²¹ha⁵⁵i³³ 寿 长 日 久	长命百岁	48.146	1
大研	东发		zɿ³³ʂər²¹ha⁵⁵i³³	延年益寿	23.42、	3

地点	东巴	字形	读音·释读	释义	页码	数量
镇五台初柯督			寿 长 年 延		26.135、37.32	
			$z\gamma^{33}\text{ş}\text{ər}^{21}\text{ha}^{55}\text{i}^{33}$ 寿 长 多出	长命百岁	45.117	1
			$z\gamma^{33}\text{ş}\text{ər}^{21}\text{ha}^{55}\text{i}^{33}$ 寿 长 日 增	健康长寿	76.117、79.222 42.254	3
			$z\gamma^{33}\text{ş}\text{ər}^{21}\text{ha}^{55}\text{i}^{33}$ 寿 长 日 久	长寿健康	80.248	1
			$z\gamma^{33}\text{ş}\text{ər}^{21}\text{ha}^{55}\text{i}^{33}$ 寿 长 日 久	长寿	83.105	1
			$z\gamma^{33}\text{ş}\text{ər}^{21}\text{ha}^{55}\text{i}^{33}$ 寿 长 命 久	延年益寿	68.146	1
大研镇五台中和村	东迪		$z\gamma^{33}\text{ş}\text{ər}^{21}\text{ha}^{55}\text{i}^{33}$ 寿 长 夜 长	长寿延年	52.155	1
大研镇五台下束河	东康		$z\gamma^{33}\text{ş}\text{ər}^{21}$ 寿 长	长寿	29.238	1
			$z\gamma^{33}\text{ş}\text{ər}^{21}\text{ha}^{55}\text{i}^{33}$ 寿 长 日 久	长寿富足	38.43	1
太安乡吾主比	东恒		$z\gamma^{33}\text{ş}\text{ər}^{21}\text{ha}^{55}\text{i}^{33}$ 寿 长 命 久	延年益寿	100.71	1
太安乡恒柯督	不明写经人		$z\gamma^{33}\text{ş}\text{ər}^{21}\text{ha}^{55}\text{i}^{33}$ 寿 长 日 久	健康长寿	2.302	1
			$z\gamma^{33}\text{ş}\text{ər}^{21}\text{ha}^{55}\text{i}^{33}$ 寿 长 命 久	延年益寿	64.306	1
			$z\gamma^{33}\text{ş}\text{ər}^{21}\text{ha}^{55}\text{i}^{33}$ 寿长 日 久	延年益寿	91.56	1
龙山乡阿石村	东吐		$\text{py}^{33}\text{by}^{21}z\gamma^{33}\text{ş}\text{ər}^{21}\text{i}^{33}\text{da}^{21}$ 祭司 寿 长 主人 $\text{ha}^{55}\text{i}^{33}\text{iə}^{55}\text{hu}^{55}$ 年 延 祝愿	祝祭司长寿，愿主人延年。	25.156	1

总计					21

上表中只有 1 例在[zๅ^{33}ʂər^{21}]和[ha^{55}i^{33}]前分别加上不同的祝福对象"祭司"和"主人"，将[zๅ^{33}ʂər^{21}ha^{55}i^{33}]这一同义重复语拆开使用。还有 1 例单用[zๅ^{33}ʂər^{21}]一词表示"长寿"，其余 19 例都将[zๅ^{33}ʂər^{21}]和[ha^{55}i^{33}]连在一起表示"延年益寿"。

2.用字分析

下面将从四个方面对[zๅ^{33}ʂər^{21}ha^{55}i^{33}]一语在丽江经跋语中的用字形式作具体分析：

（1）字词关系

在语言与文字的对应关系上，丽江地区总体倾向于完全记录音节，占 **85.7%**；只存在 3 例不完全记录语音的情况，占 **14.3%**，但只出现在了东发东巴的经书中：

人人弄（3 次）未记录 ha^{55}、i^{33}两个音节。

（2）字序

丽江经跋语中[zๅ^{33}ʂər^{21}ha^{55}i^{33}]一语的用字字序已发展得比较成熟，几乎都按语序排列，大部分呈线性顺序，只有少量按从上到下、从左至右的行款顺序。

（3）记录语言的方式

A.[zๅ^{33}ʂər^{21}]的记录方式

下面将[zๅ^{33}ʂər^{21}]一词的用字形式按记录语言的方式列表于下：

记录方式	具体类别	表现形式	记录的音节数	次数	小计	比例
指事	记录两个音节		2	1	1	4.8%
假借	记录两个音节		2	9	9	42.9%
哥巴文+东巴文	记录两个音节		2	1	1	4.8%
哥巴文	记录两个音节		2	9	10	47.6%
	记录两个音节		2	1		

从表中可以看出，用哥巴文记录[zๅ^{33}ʂər^{21}]一词的形式最多，占 47.6%；其次是假借，占 42.9%；用指事字和东巴文、哥巴文夹杂记录的各有 1 例，没有用形声式记录的情况。

a.指事

丽江经跋语中[zɿ³³ʂər²¹]一词的指事表达方式仅有 1 例：，[zɿ³³ʂər²¹]，长寿。 表示长远之意。

b.假借

该地用假借方式记录[zɿ³³ʂər²¹]一词的情况较多，都为二字假借，使用字符稳固：、、、、，只是组合方式有所不同。

c.东巴文+哥巴文

该地用东巴文和哥巴文夹杂记录的书写形式只有 1 例： [zɿ³³]，哥巴字； [ʂər³³]，七，借作[zɿ³³ʂər²¹]第二音节。

d.哥巴文

该地用纯哥巴文记录[zɿ³³ʂər²¹]一词的次数最多，共 10 例。9 例写作或，只有 1 例写作，使用字符基本固定。

B.[ha⁵⁵i³³]的记录方式

用字形式按记录方式列表如下：

记录方式	具体类别	表现形式	记录的音节数	次数	小计	比例
指事	记录两个音节		2	1	1	5.9%
形声	声符记录第二音节		2	2	5	29.4%
	声符记录第二音节		2	2		
	声符记录两个音节		2	1		
假借	记录两个音节		2	2	3	17.6%
	记录两个音节		2	1		
东巴文+哥巴文	记录两个音节		2	1	2	11.8%
	记录两个音节		2	1		
哥巴文	记录两个音节		2	5	6	35.3%

记录两个音节	TF ⿰	2	1		

从上表可以看出，[ha⁵⁵i³³]一词仍以纯哥巴文记录居多，占 35.3%；其次是东巴文形声，占 29.4%；再次是假借，占 17.6%；哥巴文、东巴文夹杂记录占 11.8%；使用最少的是东巴文指事，只有 1 例，占 5.9%。

a.指事

指事字只有 1 例：⿰，[ha⁵⁵i³³]，有日，日子长久。⿰示长远之意。

b.形声

可分作两类：

声符记录第二音节：⿰、⿰；⿰、⿰。此类两组形声式写法均只标注了第二音节[i³³]，但使用字符不同：前者是 ⿰[i³³]，哥巴字；后者是 ⿰[i²¹]，漏，东巴字。

声符记录两个音节：⿰。此类形声式写法仅有 1 例，标注了 2 个音节，声符是 ⿰[ha⁵⁵]夜晚，⿰[i³³]哥巴字。

c.假借

根据第二音节[i³³]借用字符的不同可分作两类：

⿰ ⿰、⿰：第二音节借用字符 ⿰[i²¹]，漏。

⿰：第二音节借用字符 ⿰[i³³]，山骤。

d.东巴文+哥巴文

用东巴文和哥巴文夹杂记录[ha⁵⁵i³³]一词的情况有 2 例：⿰、⿰。具体表现形式不同：前者第一音节用东巴文 ⿰，第二音节用哥巴文 ⿰；后者第一音节用哥巴文 TF，第二音节用东巴文 ⿰。

e.哥巴文

该地用纯哥巴文记录[ha⁵⁵i³³]一词所占比例最多，有两种表现形式：TF ⿰、TF ⿰，区别在于第二音节使用字符不同，但使用前者 TF ⿰ 居多。而[zɿ³³ʂər²¹]一词以用纯哥巴文 ⿰⿰ 记录较多，故丽江地区用哥巴文记录[zɿ³³ʂər²¹ha⁵⁵i³³]一语的用字形式以 ⿰⿰ TF⿰ 这种组合使用得最为广泛。

综上，[zɿ³³ʂər²¹]、[ha⁵⁵i³³]两词在丽江经跋语中的记录方式都以纯哥巴文记录的形式使用最多，存在少量用东巴文和哥巴文夹杂书写记录的情况，东巴文指事式使用得最少，无会意表达方式。此外，[zɿ³³ʂər²¹]的表词方式中无形声，但假借方式突出；[ha⁵⁵i³³]的表词方式中形声使用较多，假借式次之。

（4）字符体态

A.[zɿ³³ʂər²¹]的假借表达方式用字固定，[zɿ³³]借用 ⿰（zɿ³³草）表示，[ʂər²¹]借

用 （şər^{33} 七）表示。只是书写顺序有并列 和叠置 两种，这与整则跋语的书写行款有关。

B.用以记录[$z\text{ı}^{33}\text{şər}^{21}$]的哥巴文字符也较稳固，[$z\text{ı}^{33}$]大都用 ，只有 1 例写作 ；[$\text{şər}^{21}$]都用 ，组合方式也有并列 和叠置 两种。

C.[$\text{ha}^{55}\text{i}^{33}$]的形声表达方式中，形符是一个固定的指事字 ，声符很不稳固，有三种： （i^{33}，哥巴字）， （$\text{ha}^{55}\text{i}^{33}$，东巴字、哥巴字）， （$\text{i}^{21}$，漏）。但这种形声式写法 只有 1 例，另两种各 2 例。

D.[$\text{ha}^{55}\text{i}^{33}$]的假借表达方式中，用以借作[$\text{ha}^{55}$]的字符固定： （$\text{ha}^{55}$饭）；借作[$\text{i}^{33}$]的字符有两种： （$\text{i}^{21}$，漏）， （$\text{i}^{33}$，山骡），最常使用的是前者 。究其原因，可能是因为前者虽是音近假借，但字符简单；后者虽是同音假借，但字符较繁，东巴们在选用假借字符时，还是会优先考虑书写简单的用字。

E.用以记录[$\text{ha}^{55}\text{i}^{33}$]的哥巴文字符较固定，[$\text{ha}^{55}$]都用 ，[$\text{i}^{33}$]用 、 ，但使用最多的是 ， 只有 1 例。

3.用字特点

丽江经跋语中[$z\text{ı}^{33}\text{şər}^{21}\text{ha}^{55}\text{i}^{33}$]一语的用字形式存在如下一些特点：

（1）语言与文字的对应关系上，总体倾向于完全记录语言。能完全记录四个音节的已达到 85.7%。

（2）字序上，已发展得比较成熟，几乎都按语序排列，大部分呈线性顺序，只有少量是从上到下、从左至右的经文中最常见的行款顺序。

（3）字符体态上，[$z\text{ı}^{33}\text{şər}^{21}$]的各种表达方式使用字符基本稳固，[$\text{ha}^{55}\text{i}^{33}$]的各种表达方式用字不固定，从而使得[$z\text{ı}^{33}\text{şər}^{21}\text{ha}^{55}\text{i}^{33}$]一语的用字形式丰富多样。如东发东巴一个人的用字形式就多达 6 种。

（4）记录语言的方式上，[$z\text{ı}^{33}\text{şər}^{21}$]、[$\text{ha}^{55}\text{i}^{33}$]都有用东巴文、东巴文和哥巴文夹杂、哥巴文记录三种情况。不同的是在用东巴文记录时，[$z\text{ı}^{33}\text{şər}^{21}$]的表词方式中只有指事和假借两种，无形声表达方式；而[$\text{ha}^{55}\text{i}^{33}$]的表词方式中指事、形声、假借均有。

①单从[$z\text{ı}^{33}\text{şər}^{21}$]一词的表词方式看，用哥巴文记录的最多，其次是假借，最少的是指事，用东巴文和哥巴文夹杂记录的也较少。各种表词方式均完全记录音节，除指事字外，都是一字一音节的形式。

②从[$\text{ha}^{55}\text{i}^{33}$]一词的表词方式看，也是用哥巴文记录的最多，其次是形声，再次是假借，最后是东巴文、哥巴文夹杂，最少的是指事。各种表词方式中的用字形式较[$z\text{ı}^{33}\text{şər}^{21}$]丰富，都完全记录了两个音节，除指事和形声外，都是一字一音节的形式。

（5）与宝山、鸣音、大东地区的用字情况相比：

①字词关系上，丽江坝区几乎完全记录语言，并朝着一字一音节的趋势发展；而宝山、鸣音、大东地区大都没有完全记录语言，字词关系不严密。

②字序上，丽江坝区大都按语序呈线性排列；而宝山、鸣音、大东地区按语序从上到下、从左至右排列，还存在少量逆序从右至左排列的情况。

③字符体态上，丽江坝区使用的字符都已类化或简化；而宝山、鸣音、大东地区使用的字符大都尚未类化或简化。

④记录语言的方式上，丽江坝区除用指事式、形声式、假借式记录外，还有用哥巴文、东巴文和哥巴文夹杂记录的情况，并且用哥巴文记录的形式最多；而宝山、鸣音、大东地区只有指事、形声、假借三种记录方式，无哥巴文使用情况。

⑤从[$zη^{33}şər^{21}$]一词的记录方式看，宝山、鸣音、大东地区以指事式、假借式为主，形声式使用较少；而丽江坝区以哥巴文记录为主，其次是假借，指事式只有1例，无形声表达方式。从[$ha^{55}i^{33}$]一词的记录方式看，宝山、鸣音、大东地区指事式、形声式、假借式使用基本均衡；而丽江坝区仍以哥巴文记录为主，其次是形声，再次是假借，指事字也只有1例。

两个地区的经文跋语中都无[$zη^{33}şər^{21}ha^{55}i^{33}$]一语的会意表达方式，只有指事这种记意方式，并且指事式的使用频率逐渐减少。由此可以看出，[$zη^{33}şər^{21}ha^{55}i^{33}$]的记录方式在从宝山、鸣音、大东地区向丽江坝区发展的过程中，记意表达方式逐渐减少，记意记音和记音表达方式不断增多，并进一步出现了用纯标音文字哥巴文记录的情况。

（五）数词短语

1.用字形式

丽江经跋语中出现的数词短语主要有以下一些，现按地名、东巴排列如下：

地名	写经人	经文	标音对译	汉译	出处	次数
大研镇坞吕肯	和凤书		$k'a^{21}ga^{33}ny^{55}bu^{33}t'o^{21}ni^{33}ts'ər^{21}$ 皇帝 甲子 二 十 $gv^{33}k'y^{55}$ 九 年	皇历甲子二十九年	87.224	1
			$da^{33}ua^{33}gə^{33}ni^{33}ts'ər^{21}lu^{33}ni^{33}$ 十二月 的 二 十 四 天	十二月二十四日	87.224	1
			$kuæ^{33}sy^{55}sη^{33}ts'ər^{21}sη^{55}k'y^{33}$ 光绪 三 十 三 年	光绪三十三年	88.198	1

			lu^{55}me^{33}ts‘e^{33}do^{21}ua^{33}ȵi^{33} 四　月　初　五　日	四月初五	88.198	1
		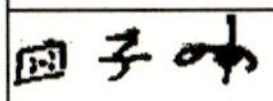	sɿ^{33} ts‘ər^{21} k‘v̩^{55} 三　十　岁	三十岁	88.199	1
		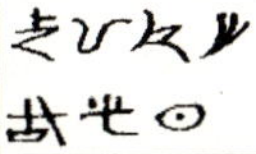	iə^{21}pe^{21}he^{33}gə^{33}ts‘e^{21}tʂ‘ua^{55}ȵi^{33} 阴历一月　的　十　六　日	正月十六日	93.124	1
大研镇五台初柯督	东发		ʂər^{33} ts‘ər^{21} k‘v̩^{55} 七　十　岁	七十岁	23.42、26.135	2
		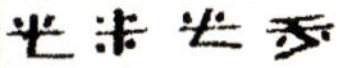	tʂ‘ua^{55}ts‘ər^{21}tʂ‘ua^{55}k‘v̩^{33} 六　十　六　岁	六十六岁	76.117	1
			ʂər^{33} ts‘ər^{21}dɯ^{33} k‘v̩^{55} 七　十　一　岁	七十一岁	79.22、80.248	2
		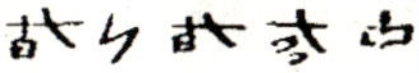	ts‘e^{21}diə^{33} ts‘e^{21}ho^{55}ȵi^{33} 阴历十一月　十　八　日	阴历十一月十八日	42.254	1
		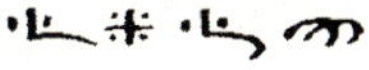	tʂ‘ua^{55}ts‘ər^{21}tʂ‘ua^{55}k‘v̩^{33} 六　十　六　岁	六十六岁	42.254	1
大研镇五台下束河	东康	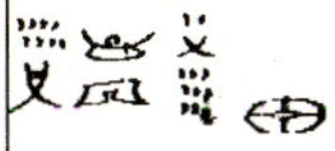	hua^{55}me^{33}he^{33}gə^{33}ȵi^{33}ts‘ər^{21} 八月　月份　的　二　十 gv̩^{33}ȵi^{33} 九　日	八月二十九日	29.238	1
太安乡汝南化村	东余	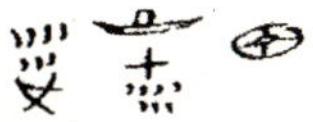	sæ^{33}me^{33}he^{33} ts‘e^{21}ʂər^{33}ȵi^{33} 七　月　十　七　日	七月十七日	91.207	1
			sɿ^{33}ts‘ər^{21}ʂər^{33} k‘v̩^{55} 三　十　七　岁	三十七岁	91.207	1
太安乡恒柯督	东卢		ua^{33}ts‘ər^{21}gv̩^{33}k‘v̩^{55} 五　十　九　岁	五十九岁	59.72	1
			guə^{33}me^{33}he^{33}ȵi^{33}ts‘ər^{21}ʂər^{33}ȵi^{33} 九月　月份　二　十　七　日	九月二十七日	85.51	1
	不明写经人		guə^{33}me^{33}he^{33}ts‘e^{33}do^{21}dɯ^{33}ȵi^{33} 九月　月份　初　一　日	九月初一	84.230	1
			tʂ‘ua^{55}ts‘ər^{21}k‘v̩^{55} 六　十　岁	六十岁	84.230	1

		（字符）	tş'ua⁵⁵ts'ər²¹sŋ⁵⁵k'ɣ⁵⁵ 六　十　三　岁	六十三岁	91.55	1
黄山乡文化村	东纯	（字符）	lu³³ts'ər²¹ho⁵⁵k'ɣ³³ 四　十　八　岁	四十八岁	11.212	1
龙山乡阿石村	东吐	（字符）	ȵi³³ts'ər²¹ȵi³³k'ɣ⁵⁵ 二　十　二　岁	二十二岁	25.156	1

2.使用字符字释

上表数词短语的文字表达中，使用到了以下一些字符：

（1）数目字

🔣、🔣：duɯ²¹一。🔣是东巴字，🔣是哥巴字。

🔣：ȵi²¹二。

🔣、🔣：sŋ²¹三。🔣是东巴字，🔣是哥巴字。

🔣：lu³³四，哥巴字。

🔣：ua³³五。

🔣、🔣、🔣：tş'ua⁵⁵六，哥巴字。

🔣、🔣、🔣：şər³³七。

🔣、🔣：ho⁵⁵八。🔣是假借字，本义是ho²¹肋骨；🔣是哥巴字。

🔣、🔣、🔣：gɣ³³九。🔣是东巴字，🔣是哥巴字。

🔣、🔣、🔣：ts'e²¹十。🔣是东巴字，🔣是哥巴字。

🔣、🔣、🔣、🔣、🔣：ȵi³³tsər²¹二十。前三个是东巴文，后两个是哥巴文。

🔣、🔣、🔣：sŋ³³ts'ər²¹三十。前两个是东巴文，后一个是哥巴文。

🔣：lu³³ts'ər²¹四十。🔣本义是lu³³一种长度名；🔣本义是ts'ər⁵⁵切，从刀切断线，🔣（ts'e³³盐）声。两字连读假借作lu³³ts'ər²¹四十。

🔣 🔣：ua³³ts'ər²¹五十。🔣本义是ts'ər⁵⁵切。

🔣、🔣、🔣、🔣：ts'ua⁵⁵ts'ər²¹六十，哥巴字。

🔣、🔣：şər³³ts'ər²¹七十，哥巴字。

（2）月令

🔣：iə²¹pe²¹he³³阴历一月，即正月，用哥巴文记录。

〴〴 宍：lu⁵⁵me³³四月

⺍⼀：sæ³³me³³he³³七月。

宍 ⼀：hua⁵⁵me³³he³³八月。

⁝⁝宍㠯、⁝宍凵：guə³³me³³he³³九月。

甘夕：tsʻe²¹diə³³十一月，用哥巴文记录。

弓羊：da³³ua³³十二月，用哥巴文记录。

（3）向小：kʻa²¹ga³³ny⁵⁵皇历，用哥巴文记录。

（4）开川：bu³³tʻo²¹甲子，用哥巴文记录。

（5）匡全：kuæ³³sy⁵⁵光绪。

（6）囵汸、囵汸：囵tsʻe³³盐，汸do²¹见。两字连读作 tsʻe³³do²¹，表示"初"。

（7）冈：gə²¹上，假借作助词 gə³³的。

（8）丷、丿：gə³³，哥巴字，表示助词"的"。

（9）田、曲、田：n̩i³³日。

（10）⊙、◑、⊙、凷：n̩i³³，哥巴字，表示日。

（11）〵帅、〵巾、〵帮、〵丽、〵帮、〵帅：kʻɣ³³收获，假借作年或岁。

（12）开、丞、示、丽、丽、丽：kʻɣ³³，哥巴字，表示岁。

从上述使用字符的情况看，除用哥巴文记录数目字外，还有用假借字记录的情况，但数量较少。1 例全用假借字记录：呆曲亖帮（四十八岁）；1 例只有一个音节用假借字记录：苕帮（五十九岁），苕本义是 tsʻər⁵⁵切。

3.用字特点

（1）语言与文字的对应关系上，记录全部音节，几乎不存在字词不对应的情况。这在一定程度上与哥巴文的大量使用有关。

（2）字序上，几乎都按语序逐词记录语言，大部分呈线性排列，只有少量按从上到下、从左至右的行款顺序。

（3）使用字符上，同一音节有的用东巴文记录，有的用哥巴文记录。用东巴文记录的使用字符较固定，用哥巴文记录的使用字符存在多种形式，如 kʻɣ³³（岁）有 开、丞、丽、丽四种写法；n̩i³³（日）有 ⊙、凷两种写法。

（4）字符体态上，存在笔画增减、构字元素、组合方式的差异。

①笔画增减

世、光→凼：中间少一横。武→武：方框中多一画。

②组合方式

ᴵᴵᴵ 、 ᴵᴵᴵᴵ 、 ᴵᴵᴵ：点的位置不同。

③构字元素

＋＋ 、 ✕✕：正交叉 ＋ 与斜交叉 ✕ 的不同。

（5）记录语言的方式上，半数以上用哥巴文记录，其余用东巴文记录。数目字除用哥巴文、东巴文指事字记录外，还有用东巴文假借字记录的情况。

和凤书和东康东巴的经书中还出现了"十"以上整数的"分化式"写法：ᴵᴵᴵ ✕ ᴵᴵᴵ（三十三）、ᴵᴵ（二十九）。$[s\eta^{33}ts'\partial r^{21}]$（三十）一般写作 ✕✕✕，$[\eta i^{33}ts\partial r^{21}]$（二十）一般写作 ✕✕，都是在 ✕$[ts'e^{21}]$十的基础上累增而成，但在丽江坝区的经书中，已出现分化成一字一音节的形式。

鸣音和即贵、大东和士成两位东巴的经书中也出现了"十"以上整数的"分化式"写法，但两位东巴的用字不能完全代表宝山、鸣音、大东一带的用字风格，而是更多地具有丽江坝区用字特点。因为《全集》中所收两位东巴的经书几乎都是他们到丽江东巴文化研究院工作后写的，其书写风格在一定程度上已收到丽江经的影响。由此，我们可以得出结论：这种"十"以上整数分化成一字一音节的"分化式"写法在丽江地区开始出现。

《哈佛》第 2 卷《祭署・东巴什罗开署寨之门・让署给主人家赐予福泽、保福保佑》跋语（第 369 页）：

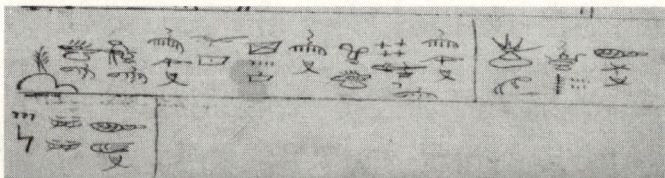

其中四十一岁写成

✚✚ 本已经表示出了"四十"，但用 ⟶ 表示"十"。这应该是过渡到分化式写法的前一中间过程。中间既出现了"十"，但前边仍保留了"十"的意思。

（6）与宝山、鸣音、大东地区的用字相比：字词关系上能够记录全部音节，而宝山、鸣音、大东地区还存在有字无词、有词无字的情况；字序上都按语序排列，但丽江坝区多呈线性顺序，而宝山、鸣音、大东地区按从上到下、从左至右的顺序；字符体态上各家书写均存在差异；记录语言的方式上，宝山、鸣音、大东地区一律用东巴文书写，而丽江坝区半数以上用哥巴文书写，还出现了用假借字记录数目字的情况，"十"以上整数分化成一字一音节的形式也开始在丽江地区出现。

三、用字小结

以上从书写行款、用字类别、字词关系和跋语中常用语词的用字特点四方面对丽江经跋语的用字情况进行了分析研究。

1.书写行款上，大部分从左至右横行书写，按语序呈线性排列；其次是按经书正文的书写行款从上到下、从左至右书写；少量按语序竖行逐字排列书写。

2.用字类别上，多用东巴文和哥巴文夹杂书写，其次是用纯哥巴文书写，少量用纯东巴文书写。

3.字词关系上，用东巴文、哥巴文夹杂书写和用纯哥巴文书写的跋语几乎记录了全部语词，已达到逐词标音的程度；用东巴文书写的跋语虽未记录全部语词，但记录的音节数已高达 95% 及以上。

4.常用语词在用字方面具有以下一些特点：

（1）各组常用语词记录语言的方式都以用纯哥巴文记录为主，其次是东巴文和哥巴文夹杂书写记录，用纯东巴文记录的较少。东巴文记录的表词方式中，以假借式居多，形声式次之，象形、指事、会意等记意表达方式使用得非常少。

（2）字符体态上，由于丽江地区的常用语词以哥巴文记录为主，故同一用字形式在符号体态上多体现为笔画增减、字符方位不同的差别。丽江地区的东巴文发展得比较成熟，和大东一带相比，同一用字形式常简写，所以该地用东巴文记录同一用语时，相同的用字形式在符号体态上较少存在繁简方面的差异，有的只是长宽比例、字素组合方式等方面的不同。

第三节 鲁甸经跋语用字研究

鲁甸经是指分布在丽江鲁甸、巨甸和维西县的经书,《全集》所收鲁甸经大部分是鲁甸乡的经书。据李霖灿先生考察,东巴经由疏到密的演变情况与纳西族的迁徙路线一致:若喀(即汝卡)→北地(即白地)→丽江→鲁甸。[①]鲁甸是东巴文发展到最晚的时期,该地经书中对语言的记录也最为完善,大都逐词记音。该地经书正文多用东巴文写成,但经书跋语用字类别较复杂,书写行款也不固定。下面就从书写行款、用字类别、字词关系、常用语词的用字特点等方面对该地经文跋语用字进行研究。

一、鲁甸经跋语的书写行款、用字类别及字词关系

(一)书写行款

书写行款在一定程度上与使用的文字种类有关,用东巴文写成的经文大都不按语序排列,呈从上到下、从左至右的行款顺序;用哥巴文写成的几乎均按语序呈线性排列,东巴文夹杂成句或多数哥巴文写成的经文也是此种行款顺序。鲁甸经跋语多用东巴文书写,故该地经文跋语书写行款大都是从上到下、从左至右;其次是按语序从左至右或从上至下呈线性排列。

下面是鲁甸著名东巴和世俊写的经书《全集》14 卷《延寿仪式·建翠柏纳召及白塔》中的跋语(第 306 页):

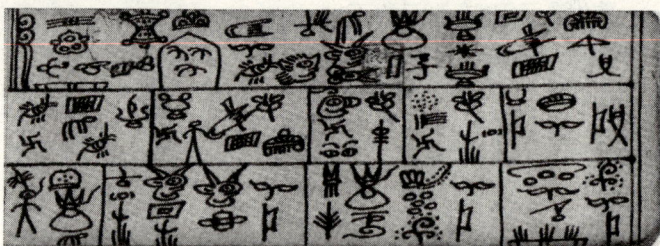

汉译作:是好地方阿什仲妥罗村东巴梭补余登、东仔书写的。这本书,是好男之手书写的。愿亿双好眼看此书,善出好点子和好主意者诵此书,成为经典之作!纳西东巴凡是祭祀都为祈福泽,愿生儿育女得福泽!愿会者和知者、祭司和卜师的种子得传扬,愿像天上的繁星、地上的青草一样繁盛!

---

① 李霖灿《么些族文字的发生和演变》,载《么些研究论文集》,台湾故宫博物院 1984 年版,第 75 页。

此则跋语按从上到下、从左至右的经文中最常用的行款顺序书写，此为鲁甸经跋语中最常见的书写行款。

下面是和世俊东巴写的另一册经书《全集》10卷《延寿仪式·迎请许冉五方大神、东巴、刹道神和哈姆女神》中的跋语（第17页）：

汉译作：这是梭补余登、东仔的书。

此则跋语用东巴文写成，按语序从上到下逐字排列。这种书写行款在鲁甸经跋语中较少，但和世俊东巴还有2册经书中的跋语也是此种行款顺序，分别是11卷《延寿仪式·绵羊牺牲的来历·解绵羊之梦》（第177页）、13卷《延寿仪式·向祖先战神献饭·供养祖先战神》（第54页）。

下面是和世俊之孙和文质东巴写的经书70卷《超度胜利者·末卷，献饭，遗留福泽》中的跋语（第111页）：

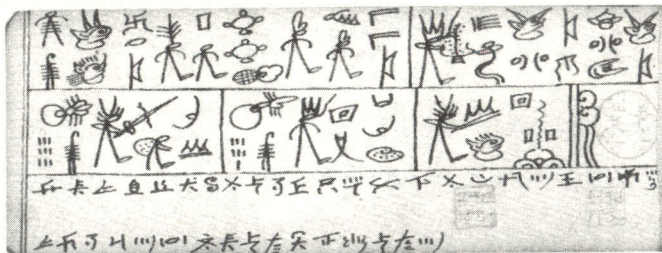

哥巴文部分即是跋语内容，汉译作：

这是阿时主地方格纽坞山脚下的人，知识渊博的普支登梭东巴写的经书，经书也是我的，祝东巴长寿！祝巫师延年！

此则跋语用哥巴文写成，按语序从左至右呈线性排列。这种书写行款在鲁甸经跋语中也较少，和开祥、和乌尤、和云章东巴的经书中有少量跋语按此种行款顺序书写。

（二）用字类别

鲁甸地区的经文跋语大都用东巴文书写；其次是用纯哥巴文书写，此种用字类别多见于和乌尤东巴后期经书中；再次是东巴文中夹杂个别或成句哥巴字，这种用字类别较少；最后是东巴文、哥巴文对照书写，这种用字类别目前只见于和乌尤东巴的经书中，数量极少。

（三）字词关系

鲁甸是东巴文发展到最晚的时期，该地经文中的字词关系十分严密，记录了绝大部分甚至是全部语词。据我们对该地经文跋语中字词关系的考察，跋语部分也基本记录了全部语词，有的虽未完全记录，但记录的音节数高达 98%及以上。

下面是和文质东巴 20 岁时写的经书 70 卷《超度胜利者·迎接优麻神·擒敌仇》中的跋语（第 247 页）：

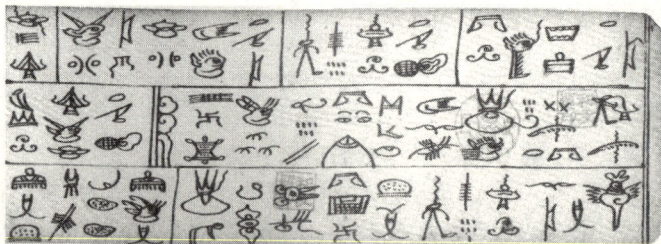

字释：

▥ dər^{33}纸，像纸捆。假借作地。

𓅬 ɯ^{33}好。

𓃰 t‘o^{21}拓模。

𓅰 lo^{21}黑麂。

𓇶 be^{33}雪。三字连读假借作 t‘o^{55}lo^{33}be^{33}妥罗村。

𓏴 a^{33}ʂər^{55}dzu^{21}阿时主。

⟍ a^{33}呵，应答声。

꜍꜍꜍ ʂər^{33}七。

∥ a^{33}ʂər^{21}筷子。⟍、꜍꜍꜍两字标音，三字一起表示地名 a^{33}ʂər^{55}dzu^{21}阿时主。

𓊆 gə^{21}上面。

𓁹 ŋə^{21}眼睛。

M ʋə^{33}村寨。三字连读假借作山名 gə^{21}ŋə^{55}ʋa^{33}格扭瓦。

⌃ dʑy^{21}山。

𓂾 k‘ɯ^{33}足，脚。

𓂀 t‘ɣ^{55}奶渣。两字连读作 k‘ɯ^{33}t‘ɣ^{55}（山）脚。

𓂡 la^{21}手。

𓄿 iə^{21}烟叶。两字连读假借作 la^{33}iə^{21}见多识广。

𓆣 lɯ^{55}牛虻。

bu²¹猪。两字连读假借作 lɯ⁵⁵bu²¹祭司。

ŋə²¹我，从东巴自指。

n̠i³³ts'ər²¹二十。

k'ɣ³³收获。假借作 k'ɣ⁵⁵岁。

kʅ³³蛋。假借作 gʅ³³成。

gə²¹上面。假借作定语助词 gə³³的。

t'ɯ²¹饮。假借作 t'ɯ³³那。

k'ɣ³³收获。假借作 k'ɣ⁵⁵年。

pər⁵⁵梳子，假借作写。

me³³雌。假借作助词 me³³的。

o²¹谷堆。假借作 ua²¹是。

kʅ³³蒜，假借作头。

mæ³³尾巴。引申作 mæ⁵⁵尾。

mə³³像落日之形。假借作 mə⁵⁵不。

dər³³池，潭。

dər³³池，潭。两字连读假借作 dər³³dər⁵⁵差错。

pər⁵⁵梳子，假借作写。

se²¹岩羊。假借作助词 se²¹了。

me³³雌。假借作语气词 me⁵⁵呀。

pɣ³³bʅ²¹东巴的古称，从[字]东巴，[字]bʅ²¹匐匐声。

p'ɣ³³雄阴。

dzʅ³³，字源不详。

te²¹剪刀。

so³³大秤也。四字连读假借作人名 p'ɣ³³dzʅ³³te³³so³³普支登梭。

gə²¹上面。假借作定语助词 gə³³的。

t'e³³ɯ³³经书，不完全标音的形声字，从[字]t'e³³ɯ³³书，[字]ɯ³³好声。

o²¹谷堆。假借作 ua²¹是。

me³³雌。假借作语气词 me⁵⁵呀。

zʅ³³sər²¹长寿，双音节形声字，从[字]zʅ³³sər²¹，[字]zʅ³³草、[字]sər³³七声。

ha⁵⁵i³³有日，不完全标音的形声字，从[字]ha⁵⁵i³³，[字]i²¹漏声。

iə²¹烟叶。

k'u³³门。两字连读假借作 iə⁵⁵ho⁵⁵祝，表祝愿。

me³³雌。假借作语气词 me⁵⁵呀。

🌿 fɣ⁵⁵ze³³白海螺，句末装饰符号，此处不读音。

全段标音：

dər³³ɯ³³t'o⁵⁵lo³³be³³a³³ʂər⁵⁵dzʅ²¹，gə²¹ŋə⁵⁵ua³³dʑy²¹k'ɯ³³t'ɣ⁵⁵，la³³iə²¹lɯ⁵⁵bu²¹
地　好　妥罗村　阿时主　　格扭瓦　山　脚　识广　祭司

ŋə²¹n̥i³³ts'ər²¹k'ɣ⁵⁵gɣ³³gə³³t'ɯ³³k'ɣ⁵⁵pər⁵⁵me³³ua²¹，
我　二　十　岁　成　的　那年　写　的　是

kɣ³³mæ⁵⁵mə⁵⁵dər³³dər⁵⁵pər⁵⁵se²¹me⁵⁵。
头　尾　不　差错　写　了呀

py³³bɣ²¹p'ɣ³³dzʅ³³te³³so³³gə³³t'e³³ɯ³³ua²¹me⁵⁵，zʅ³³ʂər²¹ha⁵⁵i³³iə⁵⁵ho⁵⁵me⁵⁵。
祭司　普支登梭　　的　经书　是　呀　寿长　命久　祝　呀

汉译：在格扭瓦山脚下，肥沃的阿时主地方的妥罗村人，见识广阔的我呀，年有二十岁的那年写的经书呀！写时头尾都没有什么差错的写完了。这是普支登梭祭司的经书，祝祭司延年益寿！

全段共 55 个音节，用字 48 个。因其中 ⛈ 记录了 3 个音节，✕✕、🐾、🛏、🕺、🪔 是双音节字，故实际记录了全部音节，且一律用东巴文书写。48 字中用本义、引申义的 6 个（好、山、脚、我、二十、尾），形声字 4 个（东巴、经书、长寿、有日），音补 1 个（阿时主），假借字 37 个，占东巴字的 77.1%。其中同音假借 16 个，音近假借 21 个。

二、鲁甸经跋语中常用语词用字研究

（一）东巴

1.用字形式

《全集》所收鲁甸地区写有跋语的经书较多，"东巴"一词在该地经书跋语中出现的次数也就相对较多，共 142 次，具体见下表（表一）：

地名	写经人	经文	读音	汉译	出处	次数
鲁甸新主中村	和世俊	🪶	la³³iə²¹lɯ⁵⁵bu²¹	东巴或贤能祭司	11.126、11.238、12.115、13.86……	13
		🪶	lɯ³³bu²¹	东巴	10.233、11.93、12.170……	16

196

		py³³bɣ²¹	东巴	13.86、68.335	2
	、	py³³bɣ²¹	东巴	14.306、70.18	2
		py³³bɣ²¹	东巴	15.199	1
	（他称）	py²¹	东巴	15.306、27.130	4
	（他称）	py²¹	东巴	15.306	3
	（祝福语）	py³³bɣ²¹	东巴	32.168	1
		lɯ³³bu²¹	东巴	32.176	1
和文质	、	py³³bɣ²¹	东巴	8.234、12.40、16.203、16.248、33.147……	19
	（祝福语）	py²¹	东巴	8.235、16.203、69.103	5
	、	py³³bɣ²¹	东巴	18.240、70.111	2
		py³³bɣ²¹	祭司	70.70	1
		la³³iə²¹lɯ⁵⁵bu²¹	贤能东巴	70.111	1
		la³³iə²¹lɯ⁵⁵bu²¹	贤能东巴	70.247	1
		py³³bɣ²¹	东巴	39.110	1
杨向芝	、	lɯ³³bu²¹	东巴	17.317、73.67、73.215	3
	（祝福语）	py²¹	东巴	73.67	1

		（祝福语）	py^{21}	东巴	73.67	1
			$lɯ^{33}bu^{21}$	东巴	73.298	1
		（祝福语）	$py^{33}bγ^{21}$	东巴	73.298	1
		（祝福语）	py^{21}	祭司	73.298	1
	东才		$lɯ^{33}bu^{21}$	东巴	72.171	1
			$py^{33}bγ^{21}$	东巴	72.172	1
			$lɯ^{33}bu^{21}$	东巴	73.116	1
			$py^{33}bγ^{21}$	东巴	73.116	1
			$lɯ^{55}bu^{21}$	东巴	76.93	1
			$lɯ^{55}bu^{21}$	东巴	76.93	1
		（祝福语）	py^{33}	东巴	76.93	2
鲁甸新主上村	和开文		$py^{33}bγ^{21}$	东巴	81.260	2
	和开祥		$lɯ^{33}bu^{21}$	东巴	1.297、 69.259、 100.22、100.82	4
鲁甸乡甸头村	和乌尤		$lɯ^{33}bu^{21}py^{33}bγ^{21}$	贤能东巴	1.257、91.203	2
			$lɯ^{33}bu^{21}py^{33}bγ^{21}$	贤能东巴	4.304	1
			$lɯ^{33}bu^{21}py^{33}bγ^{21}$	贤能东巴	4.304、 80.313、 84.302、89.193	4
			$lɯ^{33}bu^{21}$	东巴	9.43、 9.215、 45.275、 63.85、	5

				66.123	
	[东巴文]	py³³bʏ²¹	祭司	24.260、58.80、89.245	3
	[东巴文]	lɯ³³bu²¹	祭司	36.95、62.33、86.212	3
	[东巴文]	lɯ³³bu²¹	祭司	38.293、85.71、21.144	3
	[东巴文]	lɯ³³bu²¹py³³bʏ²¹	贤能东巴	45.245、54.89、67.302、81.217、85.241……	9
	[东巴文]	lɯ³³bu²¹py³³bʏ²¹	贤能东巴	54.44、54.243、	2
	[东巴文]	py³³bʏ²¹	东巴	68.166	1
	[东巴文]	py³³bʏ²¹	东巴	91.107	1
	[东巴文]（祝福语）	py²¹	东巴	91.203	1
	[东巴文]	py³³bʏ²¹	东巴	42.86、43.90	2
和云章	[东巴文]	py³³bʏ²¹	东巴	14.207	1
	[东巴文]	lɯ³³bu²¹	东巴	64.102、62.224 65.228	4
	[东巴文]	lɯ³³bu²¹	东巴	76.189	1
	[东巴文]	lɯ³³bu²¹	东巴	64.145	1
东其	[东巴文]	lɯ³³bʏ³³	东巴	2.47	1
	[东巴文]（祝福语）	py²¹	祭司	2.47	2
总计					142

　　从上表可以看出，和世俊、和文质、杨向芝、东才、和乌尤、和云章六位东巴用字不固定，但每位东巴都有一种使用次数最多的形式。和世俊东巴使用次数最多的是 [东巴文]（16 次），其次是 [东巴文]（13 次）；和文质东巴使用次数最多的是 [东巴文]（19

次）；杨向芝东巴是 [图]（3 次）；东才东巴是 [图]（3 次）；和乌尤东巴是 [图]（9 次），其次是 [图]（5 次）；和云章东巴是 [图]（4 次）。此外，和开祥东巴的常用形式是 [图]（4 次）。

现将鲁甸地区的"东巴"称谓及其用字总体情况列表于下（表二）：

称谓	表现形式					备注
	象形	假借	形声	东巴文+哥巴文	哥巴文	
$lɯ^{33}bu^{21}$	[图]、[图]	[图]、[图]	[图]、[图]		[图]、[图]	用于自称。
$py^{33}bʐ^{21}$	[图]	[图]、[图]、[图]、[图]、[图]	[图]	[图]	[图]、[图]、[图]	用于自称，偶用于祝福语中。
py^{21}	[图]、[图]	[图]	[图]		[图]	用于祝福中，偶用于他称。
$la^{33}iə^{21}$ $lɯ^{55}bu^{21}$	[图]				[图]	
$lɯ^{33}bu^{21}$ $py^{33}bʐ^{21}$	[图]、[图]			[图]	[图]、[图]	
	10.6%	37.3%	26.8%	2.8%	22.5%	

从表二可以看出，鲁甸经跋语中共有 5 种东巴称谓：[$lɯ^{33}bu^{21}$]、[$py^{33}bʐ^{21}$]、[py^{21}]、[$la^{33}iə^{21}lɯ^{55}bu^{21}$]、[$lɯ^{33}bu^{21}py^{33}bʐ^{21}$]。仍无字典中记载的[$dɑ^{33}huɯ^{21}$]和[$to^{33}$]两种称谓，也无宝山、鸣音、大东经和丽江经跋语中都出现的[$to^{33}ba^{21}$]称谓。其中[$la^{33}iə^{21}lɯ^{55}bu^{21}$]指"贤能东巴"，该地区只见于和世俊、和文质东巴的经书中；而[$lɯ^{33}bu^{21}py^{33}bʐ^{21}$]虽汉译作"贤能东巴"，实是东巴自称和古称的连读形式，该地区只见于和乌尤东巴的经书中。[$lɯ^{33}bu^{21}$]在鲁甸地区仅表示东巴的自称；[$py^{33}bʐ^{21}$]常用于自称，偶用于祝福语中；[py^{21}]常用于祝福语中，偶用于他称。

2.用字分析

结合上述两表，下面将对"东巴"一词在鲁甸经跋语中的用字形式作具体分析：

（1）使用字符和字符体态

"东巴"一词在鲁甸经跋语中共出现 142 次，其中读作[$lɯ^{33}bu^{21}$]47 次，[$py^{33}bʐ^{21}$]42 次，[py^{21}]20 次，[$la^{33}iə^{21}lɯ^{55}bu^{21}$]15 次，[$lɯ^{33}bu^{21}py^{33}bʐ^{21}$]18 次。

A.使用的字符

a.【图】、【图】：[la²¹]手。假借作[la³³iə²¹lɯ⁵⁵bu²¹]之第一音节。

b.【图】、【图】：[iə²¹]烟叶。假借作[la³³iə²¹lɯ⁵⁵bu²¹]之第二音节。

c.【图】、【图】、【图】、【图】、【图】：[lɯ⁵⁵]牛虱。假借作[la³³iə²¹lɯ⁵⁵bu²¹]之第三音节或[lɯ³³bu²¹]之第一音节。

d.【图】、【图】、【图】、【图】、【图】、【图】、【图】、【图】：[bu²¹]猪。假借作[la³³iə²¹lɯ⁵⁵bu²¹]之第四音节或[lɯ³³bu²¹]之第二音节。

e.【图】、【图】、【图】、【图】：[lɯ²¹]蕨。假借作[lɯ³³bu²¹]之第一音节或[lɯ³³bu²¹py³³bɣ²¹]之第一音节。

f.【图】：[py²¹]祭木。假借作[py²¹]东巴或[lɯ³³bu²¹py³³bɣ²¹]之第三音节。

g.【图】、【图】、【图】：[py²¹]哥巴字。表示[py²¹]东巴或用作[py³³bɣ²¹]之第一音节。

h.【图】：[bɣ²¹]匍匐也，驼背也。假借作[py³³bɣ²¹]之第二音节。

i.【图】、【图】、【图】：[lɯ³³bu²¹]东巴。完全标音的形声字，从【图】东巴，【图】[lɯ⁵⁵]牛虱、【图】[bu²¹]猪声。

j.【图】：[lɯ³³bu²¹]东巴。完全标音的形声字，从【图】东巴，【图】[lɯ³³]哥巴字、【图】[bu²¹]猪声。

k.【图】、【图】、【图】：[py³³bɣ²¹]东巴。完全标音的形声字，从【图】东巴，【图】[py²¹]哥巴字、【图】[bɣ²¹]匍匐声。

l.【图】：[py³³bɣ²¹]东巴。完全标音的形声字，从【图】东巴，【图】[py²¹]祭木、【图】[bɣ²¹]匍匐声。

m.【图】、【图】、【图】、【图】：[py³³bɣ²¹]东巴。不完全标音的形声字，从【图】东巴，【图】[bɣ²¹]匍匐声。

n.【图】、【图】：[py³³bɣ²¹]东巴。不完全标音的形声字，从【图】东巴，【图】[py²¹]哥巴字声。

o.【图】：[py²¹]东巴。完全标音的形声字，从【图】东巴，【图】[py²¹]哥巴字声。

p. [图形] ：[py³³bɣ²¹]东巴。完全标音的形声字，从 [图形] 东巴，[图形] [py²¹]哥巴字、[图形] [bɣ²¹]哥巴字声。

q. [图形] ：[py³³bɣ²¹]东巴，象形字。

r. [图形] 、[图形] 、[图形] 、[图形] 、[图形] ：[py²¹]东巴，象形字。

s. [图形] ：[lɯ³³bu²¹]东巴。[图形] [lɯ³³]、[图形] [bu²¹]哥巴字。

t. [图形] 、[图形] 、[图形] ：[lɯ³³bu²¹]东巴。[图形] [lɯ³³]、[图形] [bu²¹]哥巴字。

u. [图形] 、[图形] 、[图形] 、[图形] ：[py³³bɣ²¹]东巴。[图形] [py³³]、[图形] [bɣ²¹]哥巴字。

v. [图形] ：[lɯ³³bu²¹py³³bɣ²¹]东巴。

w. [图形] ：[lɯ³³bu²¹py³³bɣ²¹]东巴。

x. [图形] ：[la³³iə²¹lɯ⁵⁵bu²¹]贤能东巴。[图形] [la³³]、[图形] [iə²¹]、[图形] [lɯ⁵⁵]、[图形] [bu²¹]哥巴字。

B.字符体态

a.使用字符存在繁简（[图形] 、[图形] ），方位（[图形] 、[图形] ），构字元素（[图形] 、[图形] 、[图形] ），组合方式（[图形] 、[图形] ）的差别。

b.用以假借作[lɯ³³]的字符有 2 种：[图形] （lɯ⁵⁵牛虻）、[图形] （lɯ²¹蕨）。假借前者 [图形] 居多，借用 [图形] 的形式多见于和开祥、和乌尤东巴的经书中。

c.表示[lɯ³³]的哥巴文字符也有 2 种：[图形] 、[图形] ，使用次数以 [图形] 这种形式为主。

d.[py³³bɣ²¹]的形声式写法不稳固，多达 5 种：[图形] 、[图形] 、[图形] 、[图形] 、[图形] ，但以 [图形] 此种形式的使用次数最多。

e.[lɯ³³bu²¹py³³bɣ²¹]这种称谓在该地仅见于和乌尤东巴的经文跋语中，表现形式有多种：[图形] 、[图形] 、[图形] 、[图形] 、[图形] 。

（2）记录语言的方式

"东巴"一词在鲁甸经跋语中有用东巴文、东巴文夹杂哥巴文、哥巴文记录三种方式，以东巴文记录为主，用字类型有象形、假借、形声。其中用假借式记录的次数最多，占 37.3%；其次是形声，占 26.8%；再次是用哥巴文记录，占 22.5%，象形式占 10.6%；最少的是东巴文夹杂哥巴文记录，只占 2.8%。

A.象形

该地用象形字记录"东巴"一词共 15 例，使用到的字符有：🉐、🉐、🉐、🉐、🉐、🉐，大都画巫师头戴佛冠，口中诵经之形。其中只有 1 例读作 [py³³bv̩²¹]，另外 14 例均读作[py²¹]。

B.假借

该地用假借方式记录"东巴"一词的用例最多，共 53 例。其中[lɯ³³bu²¹]35 例，有 2 种表现形式：🉐、🉐，前种表现形式使用较多；[py²¹]1 例：🉐；[la³³iə²¹lɯ⁵⁵bu²¹]14 例：🉐；[lɯ³³bu²¹py³³bv̩²¹]3 例，有 2 种表现形式：🉐、🉐。

C.形声

"东巴"一词的形声表达方式在该地也使用较多，有 38 例。其中[lɯ³³bu²¹]4 例，2 种表现形式：🉐、🉐，都是完全标音的形声字；[py²¹]1 例：🉐；[py³³bv̩²¹]33 例，可分作两类：

a.声符记录两个音节：🉐、🉐、🉐（6 例）；🉐（1 例）；🉐（1 例），三种表现形式的声符用字不同。

b.声符记录第一音节：🉐、🉐（2 例）。

c.声符记录第二音节：🉐、🉐、🉐、🉐（23 例）。

d.东巴文夹杂哥巴文

此种记录方式最少，只有 4 例。[lɯ³³bu²¹py³³bv̩²¹]2 例，写作🉐，第三音节是哥巴文；[py³³bv̩²¹]2 例，写作🉐，第一音节是哥巴文。

e.哥巴文

用纯哥巴文记录"东巴"一词的形式也较多，共 32 例，上述 5 种称谓都有用哥巴文记录的情况。[lɯ³³bu²¹]8 例：🉐、🉐；[py³³bv̩²¹]6 例：🉐、🉐、🉐；[py²¹]4 例：🉐；[la³³iə²¹lɯ⁵⁵bu²¹]1 例：🉐；[lɯ³³bu²¹py³³bv̩²¹]13 例：🉐、🉐。

3.用字特点

鲁甸经跋语中"东巴"一词在用字方面具有以下一些特点：

（1）记录语言的方式上，有用东巴文、东巴文夹杂哥巴文、哥巴文记录三种情况，以用东巴文记录为主。数量上东巴文假借优于形声，其次是哥巴文，再次是东巴文象形式，使用次数最少的是用东巴文夹杂哥巴文记录。由此可以看出，该地区假借和形声两种表词方式已相对发达，占据主导地位。

（2）各位东巴用字均不固定，但都有一种使用频率最高的书写形式。

（3）字符体态上，使用字符存在繁简、方位、构字元素、组合方式的差别；各种称谓的表现形式十分丰富，总体用字形式不固定。

（4）与宝山、鸣音、大东经跋语中"东巴"一词的用字相比：记录语言的方式上，虽都以假借方式为主，但该地形声式的数量不断增多，而象形式的数量逐渐减少，并有用哥巴文、东巴文夹杂哥巴文记录的情况；该地使用字符不固定，组合形式多样，新出现了借用 𝍦（lɯ²¹蕨）记录[lɯ³³bu²¹]第一音节的用例；两地用字在字符体态上都存在繁简、方位、构字元素、组合方式的差异。

（5）与丽江经跋语中的用字相比：该地记录语言的方式以东巴文为主，而丽江以哥巴文为主，东巴文象形、假借、形声表达方式使用较少；两地各种称谓的表现形式均不固定，使用字符也不稳固。

（二）写

1.用字形式

"写"在《全集》所收的鲁甸经跋语中出现次数较多，共 88 次，具体见下表（表一）：

地名	写经人	经文	读音	汉译	出处	次数
鲁甸新主中村	和世俊		pər⁵⁵	写	11.126、13.228、13.272、14.35、15.306……	15
			pər⁵⁵	写	13.86	1
			la²¹nɯ³³pər⁵⁵ 手 来 写	用手写	14.306、27.130	2
			zo³³ɯ³³la²¹nɯ³³pər⁵⁵ 男子善 手 来 写	好男之手书写	14.306	1
			la²¹nɯ³³pər⁵⁵ 手 来 写	用手写	76.141	1
	和文质		la²¹nɯ³³pər⁵⁵ 手 来 写	用手写	8.234、42.137	2
			la²¹nɯ³³dʑə²¹le³³pər⁵⁵ 手 来 累又 写	用手写累了	8.234	1
			pər⁵⁵或pɯ⁵⁵	写	8.235、12.40、16.203、16.248、33.168……	13
			zo³³ɯ³³la²¹nɯ³³pɯ⁵⁵ 男 好 手 由 写	好男之手书写	33.168	1
			la²¹nɯ³³bər⁵⁵ 手 来 写	用手写	40.36	1

		字形	读音	汉译	经书页码	数量
		（图）	la²¹nɯ³³pər⁵⁵ 手　来　写	用手写	70.111	1
	杨向芝	（图）、（图）	pər⁵⁵或bər⁵⁵	写	17.317、73.298	2
		（图）	la²¹nɯ³³pər⁵⁵ 手　用　写	用手写	72.172	1
	东才	（图）、（图）	pər⁵⁵	写	73.116、76.93	2
		（图）	pər⁵⁵	写	76.93	1
鲁甸新 主上村	和开文	（图）	pər⁵⁵	写	81.260	1
		（图）、（图）	pər⁵⁵	写	1.297、100.112	4
	和开祥	（图）、（图）、（图）	pər⁵⁵	写	1.294 、 55.206 、 69.259 、 100.22 、 100.82、100.112	6
鲁甸乡 甸头村	和乌尤	（图）、（图）	pər⁵⁵	写	1.257、9.215、24.259、54.243、60.236……	11
		（图）、（图）、（图）	pər⁵⁵	写	38.293 、 58.80 、 61.280 、 62.33 、 66.123……	10
		（图）	pər⁵⁵	写	60.254、21.145	2
		（图）	pər⁵⁵	写	68.166	1
	和云章	（图）	pər⁵⁵	写	64.102	1
	东其	（图）	pər⁵⁵	写	2.47	1
		（图）、（图）	pər⁵⁵	写	2.47、2.379	6
总计						88

从上表可以看出，"写"的会意字（图）旁加注一个声符（图）（pər⁵⁵梳子）的形式（图）既可读作[pər⁵⁵]，又可读作[la²¹nɯ³³pər⁵⁵]，汉译作"用手写"。语言对文字的影响使得原记录[la²¹nɯ³³pər⁵⁵]的字符旁加了一个助词[nɯ³³]（图）（~ɯ³³，本义是心），从而使得[la²¹nɯ³³pər⁵⁵]的文字表现形式成为一个字组（图）。有的还在[la²¹nɯ³³pər⁵⁵]前加上主语，如（图），读作[zo³³ɯ³³la²¹nɯ³³pər⁵⁵]，汉译作"好

男之手书写"。语言对文字的离析作用和文字系统内部自身发展的规律使得
[la²¹nɯ³³pər⁵⁵]朝着一字一音节的方向发展，并出现了 🖼 这种文字与音节完全对应
的书写形式，还出现了哥巴文写法🖼。

"写"的形声式用字发展示意图如下：

鲁甸经趷语中"写"的用字总体情况如下表（表二）：

记录方式	表现形式	次数	比例
会意		11	12.5%
假借		54	61.4%
形声		4	4.5%
东巴文字组		8	9.1%
哥巴文		11	12.5%

　　从表二可以看出，鲁甸经趷语中"写"的记录方式以假借为主，占 61.4%；
其次是会意，占 12.5%；哥巴文记录也占 12.5%；东巴文字组占 9.1%；最少的是
形声，占 4.5%。

2.用字分析

　　结合上述两表，下面将从记录语言的方式和符号体态两方面对"写"的用字
情况作具体分析：

　　（1）记录语言的方式

　　A.会意

　　"写"的会意式写法在鲁甸经趷语中有 11 例，使用字符基本固定。除 1 例画
笔在纸上书写之形🖼外，其余 10 例均画手握笔在纸上书写之形：🖼、🖼、🖼。

　　B.假借

　　"写"的假借表达方式在该地使用得最多，共 54 例。用以借作[pər⁵⁵]的字符
固定，都借用[pər⁵⁵]梳子表示，写作：🖼、🖼、🖼、🖼、🖼、🖼、
🖼，只是存在符号体态上的差异，各家书写略有不同。

　　C.形声

该地这种表达方式使用比例最小，只有4例：、、、，是注音式形声字。形符均是"写"的会意字形，只有1例省去了形符中的纸字素，声符是（pər⁵⁵梳子）。

D.东巴文字组

这种表达方式只见于和世俊、和文质东巴的经书中，有8例，5种表现形式：

、、、、。

E.哥巴文

该地用纯哥巴文记录"写"的情况较少，有11例。1例字组：；其余10例写作：、、，使用字符固定，字符体态略有差异，均见于和乌尤东巴的经书中。

（2）字符体态

A."写"的会意字形中构字元素存在多少之别。

、、→：手字素的有无。

B."写"的假借字形中存在繁简、构字元素的不同。

、、→、：前繁、后简。

、→：折线与弧线、圆形与钩形之别。

C."写"的形声式写法中形符和声符的组合方式有别。

、、：声符一个在右上角，一个在形符下边，一个在形符右边。

D.同一哥巴文字符，书写时存在笔画增减的差异。

→、：少一撇，多一点。

3.用字特点

鲁甸经跋语中的"写"在用字方面具有如下一些特点：

（1）记录语言的方式上，以假借表达式为主，其次是会意，最少的是形声；有少量用哥巴文记录的情况，主要见于和乌尤东巴的经书中；还有少量东巴文字组形式，主要见于和世俊、和文质东巴的经书中。

（2）各种表达方式使用字符基本固定，会意式一般写作，假借式都借用（pər⁵⁵梳子）表示，形声式一般写作，只是形符和声符的组合方式不同。

（3）字符体态上，使用字符存在繁简、笔画增减、构字元素、组合方式的差异。

（4）与宝山、鸣音、大东经跋语中"写"的用字相比：该地记录语言的方式以假借为主，会意式相对减少，且会意表达方式已基本脱离了图画文字的特点，使用较简的字符表示；该地形声表达方式相对增多，并出现了用哥巴文记录的情况。使用字符基本稳固，字符体态上两地都存在繁简、方位、构字元素、组合方式等方面的差异。

（5）与丽江经跋语中"写"的用字相比：该地以东巴文记录为主，假借表达方式占据主导地位，会意式所占比例相对不变，形声式数量增多；用哥巴文记录的情况迅速减少，且使用的哥巴文字符固定，不存在用东巴文、哥巴文夹杂书写记录的形式。

（三）经书
1.用字形式
"经书"一词在《全集》所收鲁甸经跋语中共出现 113 次，具体见下表（表一）：

地名	写经人	经文	读音	汉译	出处	次数
鲁甸新主中村	和世俊		$t^ce^{33}uu^{33}buu^{21}luu^{33}$	书	10.233、11.238、13.86、70.18	4
			$t^ce^{33}uu^{33}$	书	10.17、10.47、11.18、11.177、12.115……	16
			$t^ce^{33}uu^{33}$	书	11.93、13.198、14.67、67.146、68.335、76.141	6
			$t^ce^{33}uu^{33}$ 或 $buu^{21}luu^{33}$	书	13.54、14.355、15.199、32.168、67.88、67.227	6
			$t^ce^{33}uu^{33}$	书	14.274	1
			$luu^{55}uu^{33}buu^{21}luu^{33}$	书	14.306	1
			$t^ce^{33}uu^{33}$	经书	27.130	1
			$buu^{21}luu^{33}$	书籍	67.146	1
			$by^{33}luu^{33}$ 或 $buu^{21}luu^{33}$	经书	67.279、69.224、76.141	3
			$buu^{21}luu^{33}$	经书	69.182	1

	和文质		t'e³³uɯ³³	经书	8.234、235、12.40、16.203、16.248……	15
			t'e³³uɯ³³	经书	18.240	1
			by²¹luɯ³³t'e³³uɯ³³	经书	69.103	1
			by²¹luɯ³³	经书	70.70	1
			buɯ²¹luɯ³³	经书	70.111	1
			t'e³³uɯ³³	经书	70.247	1
	杨向芝		t'e³³uɯ³³	经书	73.67、68、73.215、73.298	4
			t'e³³uɯ³³buɯ²¹luɯ³³	经书	72.172	1
	东才		t'e³³uɯ³³	经书	73.116	1
			t'e³³uɯ³³	书籍	76.93	1
鲁甸新主上村	和开祥		t'e³³uɯ³³	经书	100.112	1
鲁甸乡甸头村	和乌尤		buɯ²¹luɯ³³	经书	4.304	1
			buɯ²¹luɯ³³	经书	4.304	1
			t'e³³uɯ³³	经书	24.259	1
			t'e³³uɯ³³	经书	24.260、36.95、91.107、35.183、	4
			buɯ²¹luɯ³³	经书	38.293、54.89、89.193、91.144、	4
			t'e³³uɯ³³buɯ²¹luɯ³³	经书	60.236	1
			buɯ³³luɯ³³t'e³³uɯ³³	经书	60.254	1

		读音		出处	数量
		$t'e^{33}ɯ^{33}$	经书	37.121、61.178、42.86、43.45、43.72……	8
和云章		$by^{21}lɯ^{33}$	经书	14.207	1
		$t'e^{33}ɯ^{33}$	经书	76.189	1
		$t'e^{33}ɯ^{33}$	经书	56.392、59.315、62.224 64.145	4
东其		$t'e^{33}ɯ^{33}$	经书	2.47、2.379、4.353、4.387、5.154……	18
总计					113

　　上表中"经书"大都读作[$t'e^{33}ɯ^{33}$]（90 次），还可读作[$by^{33}lɯ^{33}$]或[$bɯ^{21}lɯ^{33}$]（14 次），字典中也收有此种读音。在丽江经跋语中读作[$lɯ^{55}ɯ^{33}$]，表示经书的意思，但在鲁甸经跋语中读作[$bɯ^{33}lɯ^{33}t'e^{33}ɯ^{33}$]。由此，可将[$lɯ^{55}ɯ^{33}$]看作是[$bɯ^{33}lɯ^{33}t'e^{33}ɯ^{33}$]的简读形式，而[$bɯ^{33}lɯ^{33}t'e^{33}ɯ^{33}$]是将经书的两 读法[$bɯ^{21}lɯ^{33}$]和[$t'e^{33}ɯ^{33}$]连读在一起表示经书的意思。鲁甸经跋语中还有将 读作[$t'e^{33}ɯ^{33}bɯ^{21}lɯ^{33}$]的情况。

　　总之，"经书"在跋语中的双音节读法有 3 种：[$t'e^{33}ɯ^{33}$]、[$by^{33}lɯ^{33}$]、[$lɯ^{55}ɯ^{33}$]，而[$bɯ^{33}lɯ^{33}t'e^{33}ɯ^{33}$]（2 次）、[$t'e^{33}ɯ^{33}bɯ^{21}lɯ^{33}$]（6 次）、[$lɯ^{55}ɯ^{33}bɯ^{21}lɯ^{33}$]（1 次）是"经书"的"同义复词"形式，即将两种读法连读在一起的形式，这 6 种读音都表示经书的意思。

　　下面将鲁甸经跋语中"经书"一词的总体用字情况列表于下（表二）：

记录方式	读音	表现形式	次数	小计	比例
象形	$t'e^{33}ɯ^{33}$或 $bɯ^{21}lɯ^{33}$		7	7	6.2%
假借	$t'e^{33}ɯ^{33}$		66	69	61.1%
			1		
	$by^{21}lɯ^{33}$		1		
	$bɯ^{33}lɯ^{33}t'e^{33}ɯ^{33}$		1		

		字形			
形声	$t'e^{33}u^{33}bw^{21}lw^{33}$	（东巴文字形）	4	23	20.3%
		（东巴文字形）	1		
	$b\gamma^{21}lw^{33}t'e^{33}u^{33}$	（东巴文字形）	1		
	$lw^{55}u^{33}bw^{21}lw^{33}$	（东巴文字形）	1		
	$b\gamma^{33}lw^{33}$ 或 $bw^{21}lw^{33}$	（东巴文字形）	3		
		（东巴文字形）	1		
	$t'e^{33}u^{33}$	（东巴文字形）	7		
		（东巴文字形）	3		
		（东巴文字形）	2		
哥巴文	$t'e^{33}u^{33}$	（哥巴文字形）	5	14	12.4%
	$bw^{21}lw^{33}$	（哥巴文字形）	8		
	$t'e^{33}u^{33}bw^{21}lw^{33}$	（哥巴文字形）	1		

　　表二中"经书"一词的记录方式有东巴文象形、假借、形声和哥巴文 4 种，其中假借式最多，占 61.1%；其次是形声，占 20.3%；再次是哥巴文，占 12.4%；象形式最少，只占 6.2%。

2.用字分析

　　结合上述两表，下面将从记录语言的方式和符号体态两方面对"经书"用字进行分析：

　　（1）记录语言的方式

　　A.象形

　　该地"经书"一词的象形式用例最少，只有 7 例。用到的字符有：（字符）、（字符），画么些文经典一页之形。

B.假借

"经书"一词的假借表达方式使用得最多，共 69 例，4 种表现形式：⬚、⬚、⬚、⬚，借用字符如下：

a. ⬚、⬚：[tʻe³³]旗子。假借作[tʻe³³ɯ³³]之第一音节。

b. ⬚、⬚、⬚：[ɯ³³]好。假借作[tʻe³³ɯ³³]之第二音节。

c. ⬚：[ɯ³³]宝物。假借作[tʻe³³ɯ³³]之第二音节。

d. ⬚：[bɣ²¹]匍匐，驼背。假借作[bɣ³³lɯ³³]之第一音节。

e. ⬚、⬚：[lɯ⁵⁵]牛虻。假借作[bɣ³³lɯ³³]之第二音节。

其中以 ⬚ 和 ⬚ 两个字符的结合形式 ⬚ 使用得最多，共 66 次，字符间的组合方式稳固，多为"叠置式"：⬚、⬚、⬚、⬚、⬚、⬚。⬚ 和 ⬚ 两个字符的结合形式 ⬚ 较少，仅有 1 例，这种组合方式多见于宝山、鸣音、大东地区的经书中。⬚ 也使用得较少，只有 1 例；⬚ 只有 1 例。

C 形声

鲁甸经跋语中"经书"的形声表达方式居于三区之首，表现形式十分丰富，比丽江和宝山、鸣音、大东地区都多，有 23 例，9 种表现形式。

a. ⬚、⬚：[tʻe³³ɯ³³bɣ²¹lɯ³³]经书。从 ⬚ 经书，⬚（tʻe³³旗子）、⬚（ɯ³³好）、⬚（bɣ²¹匍匐，驼背）、⬚（lɯ⁵⁵牛虻）声。

b. ⬚：[tʻe³³ɯ³³bɣ²¹lɯ³³]经书。从 ⬚ 经书，⬚、⬚声，是一个不完全标音的形声字，注第一、第二音。

c. ⬚：[bɣ²¹lɯ³³tʻe³³ɯ³³]经书。从 ⬚ 经书、⬚（bɣ²¹匍匐，驼背）、⬚（lɯ⁵⁵牛虻）声，不完全标音的形声字，注第一、第二音。

d. ⬚：[lɯ⁵⁵ɯ³³bɣ²¹lɯ³³]经书。从 ⬚ 经书，⬚、⬚、⬚、⬚声。

e. ⬚：[bɣ³³lɯ³³]经书。从 ⬚ 经书，⬚、⬚声。

f. ⬚：[bɣ³³lɯ³³]经书。从 ⬚ 经书，⬚（lɯ⁵⁵牛虻）声，注第二音。

g. ⬚、⬚、⬚、⬚：[tʻe³³ɯ³³]经书。从 ⬚ 经书，⬚、⬚声。

h. 、、：[tʼe³³ɯ³³]经书。从 经书，（ɯ³³好）声，注第二音。

i. 、：[tʼe³³ɯ³³]经书。从 经书，（tʼe³³旗子）声，注第一音。

上述 9 种表现形式使用次数最多的是 、、、，共 7 次，只是声符所在位置不同。

D.哥巴文

用哥巴文记录"经书"一词的情况较少，有 14 例，3 种表现形式：、、，使用最多的是 ，8 次。

（2）字符体态

A.[tʼe³³ɯ³³]的假借表达方式用字稳固，以 这两个字符结合的形式使用次数最多也最稳定，仅有组合方式上的差别，叠置或平列：、。这两个字符结合的形式仅有 1 例。

B.用以借作[ɯ³³]的字符方位有别：、，以 这种写法居多。

C.[tʼe³³ɯ³³]的形声式写法有三种： 标注两个音节，标注第一音节， 标注第二音节。各种写法中形符和声符的组合方式不固定：、、；、；、。"经书"其他读音的形声式写法中形符和声符的组合方式也不稳固。

D.表示[bɯ²¹]的哥巴文字符存在异体：、，以 这种写法为主。

3.用字特点

鲁甸经跋语中"经书"一词在用字方面具有以下一些特点：

（1）同一东巴在书写该词时会采取不同的形式，但总有一种使用次数最多的写法。

如和世俊东巴用到的表现形式有 10 种：

、、、、、、、、、，使

用次数最多的是 ，16 次。

和乌尤东巴用了 8 种：

、、、、、、、，最常使用的是 ，8 次。

（2）"经书"一词在《全集》所收鲁甸经跋语中的表现形式共 17 种。在 113 次的使用中，使用次数最多的是 这两个字符的组合形式，有 66 次之多。只是在组合方式上有叠置和平列之分：、。

（3）记录语言的方式有东巴文象形、假借、形声和哥巴文四种，数量上假借优于形声，其次是哥巴文，最少的是象形。假借表达方式用字相对稳固，以 这两个字符的结合形式为主；形声表达方式用字不固定，表现形式多达 9 种，各种写法中形符和声符的组合方式较随意。

（4）字符体态上，使用字符存在方位、组合方式、异写等方面的差异。

（5）与宝山、鸣音、大东地区用字相比：该地记录语言的方式除有假借式和形声式外，还多了象形式和哥巴文，但仍以假借表达方式为主，而形声式的数量及类别相对增多。其次，用以假借作[u^{33}]的字符不同，鲁甸地区常借用 （u^{33}好），而宝山、鸣音、大东地区常借用 （u^{33}宝物）。

（6）与丽江地区用字相比：该地记录语言的方式除用假借和哥巴文外，多了象形和形声两种表达方式，少了东巴文和哥巴文夹杂记录这种形式；仍以假借表达方式为主，借用字符固定，用 和 两个字符的结合形式表示，都按字序排列，或呈"叠置式" ，或呈"并列式" 。

（四）延年益寿

[$\mathrm{z_1}^{33}\mathrm{sər}^{21}\mathrm{ha}^{55}\mathrm{i}^{33}$]一语常汉译作"延年益寿"，其表现形式十分丰富，上文已对其在宝山、鸣音、大东和丽江地区经文跋语中的用字形式进行了考察，下面将对其在鲁甸经跋语中的用字形式进行分析研究。

1.用字形式

[$\mathrm{z_1}^{33}\mathrm{sər}^{21}\mathrm{ha}^{55}\mathrm{i}^{33}$]在《全集》所收的鲁甸经跋语中出现次数较多，共 45 次，具体见下表：

地名	写经人	经文	标音对译	汉译	出处	次数
鲁甸新主中村	和世俊		$\mathrm{py}^{33}\mathrm{by}^{21}\mathrm{z_1}^{33}\mathrm{sər}^{21}\mathrm{ha}^{55}\mathrm{i}^{33}$ 东巴 寿 长 日 有	愿东巴长寿安康	11.238	1
			$\mathrm{z_1}^{33}\mathrm{sər}^{21}\mathrm{ha}^{55}\mathrm{i}^{33}$ 寿 长 日 有	延年益寿	10.233、15.199、67.88、	4

分类	字形	读音·释义	汉译	出处	数量
				68.335	
		$py^{33}by^{21}z\underset{.}{\eta}^{33}\c{s}\partial r^{21}ha^{55}i^{33}$ 东巴　寿长　日有	愿东巴长寿安康	11.93	1
		$z\underset{.}{\eta}^{33}\c{s}\partial r^{21}ha^{55}i^{33}$ 寿长　日有	延年益寿	11.126	1
		$py^{33}by^{21}z\underset{.}{\eta}^{33}\c{s}\partial r^{21}ha^{55}i^{33}$ 东巴　寿长　命久	祝东巴延年益寿	12.115、67.279	2
		$z\underset{.}{\eta}^{33}\c{s}\partial r^{21}ha^{55}i^{33}$ 寿长　日有	延年益寿	14.35、76.141	2
		$py^{33}by^{21}z\underset{.}{\eta}^{33}\c{s}\partial r^{21}ha^{55}i^{33}$ 东巴　寿长　日有	祝东巴延年益寿	14.67	1
		$py^{33}by^{21}z\underset{.}{\eta}^{33}\c{s}\partial r^{21}ha^{55}i^{33}$ 东巴　寿长日有	愿东巴延年益寿	15.306	1
		$py^{21}zo^{33}\ z\underset{.}{\eta}^{33}\c{s}\partial r^{21}$ 祭司　男　寿长 $p'a^{21}\ zo^{33}\ ha^{55}i^{33}$ 师男　年　延	愿祭司长寿、卜师延年	27.130	1
		$py^{33}by^{21}z\underset{.}{\eta}^{33}\c{s}\partial r^{21}ha^{55}i^{33}$ 东巴　命长　永寿	祝东巴们延年益寿	67.146	1
		$ga^{33}z\underset{.}{\eta}^{33}\c{s}\partial r^{21},$ 胜利者　长命 $py^{33}by^{21}\ ha^{55}i^{33}$ 东巴寿　永	祝胜利者和东巴延年益寿	69.224	1
		$py^{33}by^{21}z\underset{.}{\eta}^{33}\c{s}\partial r^{21}ha^{55}i^{33}$ 东巴　　延年益寿	祝愿东巴长寿	75.218	1
和文质		$z\underset{.}{\eta}^{33}\c{s}\partial r^{21}ha^{55}i^{33}$ 寿　长　日有	愿长寿日久	8.234、16.248、	2
		$z\underset{.}{\eta}^{33}\c{s}\partial r^{21}ha^{55}i^{33}$ 寿　长　日久	愿东巴健康长寿	16.203	1
		$z\underset{.}{\eta}^{33}\c{s}\partial r^{21}ha^{55}i^{33}$ 寿　长　日增	愿延年益寿	40.36、42.137、39.110	3

		字形	音义	义	出处	数
			zɿ³³ʂər²¹ha⁵⁵i³³ 寿 长 命 久	愿延年益寿	69.103	1
			py²¹zɿ³³ʂər²¹ 祭司长 寿 pʻa²¹ha⁵⁵i³³ 巫师 命 久	祝祭司长寿，巫师延年	70.70	1
			py²¹zɿ³³ʂər⁵⁵iə⁵⁵ho⁵⁵ 东巴 寿 长 给 祝 pʻa²¹ha⁵⁵i³³ iə⁵⁵ho⁵⁵ 巫师 命 久 给 祝	祝东巴长寿，祝巫师延年	70.111	1
			zɿ³³ʂər²¹ha⁵⁵i³³ 寿 长 命 久	祝祭司延年益寿	70.247、8.65	2
			zɿ³³ʂər²¹ha⁵⁵i³³ 寿 长 命 久	愿长寿日永	8.245	1
			zɿ³³ʂər²¹ha⁵⁵i³³ 寿 长 命 久	愿长寿日永	9.146	1
	杨向芝		py³³bʏ²¹zɿ³³ʂər²¹ha⁵⁵i³³ 东巴 寿 长 日 久	愿东巴健康长寿	17.317	1
			zɿ³³ʂər²¹ha⁵⁵i³³ 寿长 长久	愿长寿无疆	73.67	1
	东才		zɿ³³ʂər²¹ha⁵⁵i³³ 寿 长 日 久	天长日久，万寿无疆	72.172	1
			zɿ³³ʂər²¹ha⁵⁵i³³ 命 长 无 限	祝长寿无疆	76.93	1
鲁甸 新主 上村	和开祥		zɿ³³ʂər²¹ha⁵⁵i³³ 寿 长 久远	愿长寿延年	1.298	1
			zɿ³³ʂər²¹ha⁵⁵i³³ 寿 长 命 久	愿延年益寿	69.259	1
鲁甸 乡甸	和乌尤		zɿ³³ʂər²¹ha⁵⁵i³³ 寿 长 延 年	愿延年益寿	9.215	1

头村		$z\underset{.}{\eta}^{33}\text{ʂər}^{21}\text{ha}^{55}\text{i}^{33}$ 长寿　富足	愿人们长寿富足	38.293、67.302	2
		$z\underset{.}{\eta}^{33}\text{ʂər}^{21}\text{ha}^{55}\text{i}^{33}$ 寿　长　日　久	愿延年益寿	21.116	1
		$z\underset{.}{\eta}^{33}\text{ʂər}^{21}\text{ha}^{55}\text{i}^{33}$ 寿　长　日　有	愿延年益寿	14.207	1
和云章		$\text{py}^{33}\text{bʏ}^{21}z\underset{.}{\eta}^{33}\text{ʂər}^{55}\text{iə}^{55}\text{ho}^{55}$ 东巴　寿　长　给　祝　$\text{pʻa}^{21}\text{ha}^{55}\text{i}^{33}\ \text{iə}^{55}\text{ho}^{55}$ 巫师　命　久　给　祝	祝东巴长寿，祝巫师延年	64.145	1
		$z\underset{.}{\eta}^{33}\text{ʂər}^{21}\text{ha}^{55}\text{i}^{33}$ 寿　长　延年	愿长寿又延年	2.47	1
东其		$\text{pər}^{55}\text{me}^{33}z\underset{.}{\eta}^{33}\text{ʂər}^{21}$ 写　的　寿长　$\text{ʂʻu}^{33}\text{me}^{33}\text{ha}^{55}\text{i}^{33}$ 念的　夜延	愿书写者延年，念者获得长寿	2.47、2.379	2
总计					45

从上表可以看出，和世俊东巴用到的表现形式有 12 种，和文质东巴用了 9 种。和世俊东巴有 6 种用字形式中尚未将祝福对象（东巴）抽象成表人字素：、、、、。其中 读作 $[\text{py}^{33}\text{bʏ}^{21}z\underset{.}{\eta}^{33}\text{ʂər}^{21}\text{ha}^{55}\text{i}^{33}]$，字符 将两个形声字杂糅在一起，共用一个形符 东巴，记录了两个词 $\text{py}^{33}\text{bʏ}^{21}$（东巴）和 $z\underset{.}{\eta}^{33}\text{ʂər}^{21}$（长寿），声符分别是 （$\text{bʏ}^{21}$匍匐）和 （$z\underset{.}{\eta}^{33}$草）；指事字 （$z\underset{.}{\eta}^{33}\text{ʂər}^{21}$长寿）在此处是一个赘余字符； 读作 $[\text{ha}^{55}]$， 读作 $[\text{i}^{33}]$。其余东巴的用字形式中不存在这种未抽象的表人字素，有的只是将祝福对象单列出来，不将其与祝福语合写在一个形体之中。

表中有 7 例将 $[z\underset{.}{\eta}^{33}\text{ʂər}^{21}\text{ha}^{55}\text{i}^{33}]$ 一语拆成 $[z\underset{.}{\eta}^{33}\text{ʂər}^{21}]$ 和 $[\text{ha}^{55}\text{i}^{33}]$ 两个词，并分别加上不同的祝福对象使用，如：$\text{pər}^{55}\text{me}^{33}z\underset{.}{\eta}^{33}\text{ʂər}^{21}$，$\text{tʂʻu}^{33}\text{me}^{33}\text{ha}^{55}\text{i}^{33}$，汉译作"愿书

写者延年，念者获得长寿"。其余 38 次用例都是将[zŋ³³şər²¹]和[ha⁵⁵i³³]两词连用成[zŋ³³şər²¹ha⁵⁵i³³]，表示延年益寿。

2.用字分析

以下将从四方面对鲁甸经趴语中[zŋ³³şər²¹ha⁵⁵i³³]一语的用字情况作具体分析：

（1）字词关系

鲁甸经趴语中的字词关系较严密，基本倾向于完全记录语词。该祝福语的表现形式中只存在 3 例不完全记录语音的情况：　中 ha⁵⁵、i³³两个音节未记录；在　　中 şər²¹未记录；　中 ha⁵⁵未记录。其余 42 次用例均完全记录所有音节，所占比例是 93.3%。

（2）字序

鲁甸经趴语中[zŋ³³şər²¹ha⁵⁵i³³]一语的用字字序发展较成熟，几乎都按语序排列，呈从上到下、从左至右的东巴经中最常用的行款顺序，只有少量呈线性顺序。

（3）记录语言的方式

A.[zŋ³³şər²¹]的记录方式

下面将鲁甸经趴语中[zŋ³³şər²¹]一词的用字形式按记录语言的方式列表于下：

记录方式	具体类别	表现形式	记录的音节数	次数	小计	比例
指事	记录两个音节		2	10	10	22.2%
形声	声符记录两个音节		2	2	15	33.3%
	声符记录第一音节		2	1		
	声符记录第一音节		2	2		
	声符记录两个音节		2	5		
	声符记录第二音节		2	4		
	两个音节被记录两次		2	1		

假借	记录两个音节	（东巴符号）	2	13	14	31.1%
	记录第一音节	（东巴符号）		1	1	
哥巴文	记录两个音节	（东巴符号）	2	6	6	13.3%

从该表中[$z\eta^{33}s\eta r^{21}$]一词的记录方式看，形声优于假借，分别占33.3%、31.1%，数量上基本持平；其次是指事，占22.2%；最少的是哥巴文，占13.3%。

a.指事

该地跋语中只有1种字形：（东巴符号），表人字素已经类化，出现频率较高，共10次。

b.形声

鲁甸地区经文跋语中[$z\eta^{33}s\eta r^{21}$]一词的形声表达方式多样，有7种：（东巴符号）、（东巴符号）、（东巴符号）、（东巴符号）、（东巴符号）、（东巴符号）、（东巴符号），其中（东巴符号）这一形式只有1例，记录了两次[$z\eta^{33}s\eta r^{21}$]。另6种形式可分作三类：

a）声符记录第一音节

表现形式有：（东巴符号）、（东巴符号）、（东巴符号），出现3次。形符是指事字（东巴符号）（$z\eta^{33}s\eta r^{21}$长寿），未类化，声符是（东巴符号）（$z\eta^{33}$草），形符与声符结合的紧密程度不同。

b）声符记录第二音节

表现形式有：（东巴符号）、（东巴符号），出现4次。形符是指事字（东巴符号），已经类化，声符是（东巴符号）（$s\eta r^{33}$七）。

c）声符记录两个音节

表现形式有：（东巴符号）、（东巴符号）、（东巴符号），出现7次。这种形式的声符完全记录[$z\eta^{33}s\eta r^{21}$]一词的两个音节，形符尚存在类化与否的情况，声符用字十分固定：（东巴符号）（$z\eta^{33}$草）标注第一音节，（东巴符号）（$s\eta r^{33}$七）标注第二音节。

该地形声表达方式使用频率最高，而声符记录一个音节与声符记录两个音节在使用数量上均衡，都是7次。

c.假借

该地假借式使用次数较多，有14次。可分作两类：

只记录第一音节：（字符），使用 1 次。

记录两个音节：（字符）、（字符）、（字符）、（字符）、（字符），使用 13 次，借用字符固定。由此，假借表达方式以记录两个音节的二字假借为主。

d.哥巴文

鲁甸经跋语中用哥巴文记录[z̩]³³ʂər²¹]一词数量最少，有 6 次。各家书写有异：（字符）、（字符）、（字符）、（字符），但以（字符）这个组合最为常见。

B.[ha⁵⁵i³³]的记录方式

下面将鲁甸经跋语中[ha⁵⁵i³³]一词的用字形式按记录语言的方式列表于下：

记录方式	具体类别	表现形式	记录的音节数	次数	小计	比例
形声	声符记录第二音节	（字符）、（字符）	2	21	22	48.9%
	声符记录第二音节	（字符）	2	1		
假借	记录两个音节	（字符）、（字符）、（字符）、（字符）	2	16	17	37.8%
	记录第二音节	（字符）	1	1		
哥巴文	记录两个音节	（字符）、（字符）、（字符）	2	6	6	13.3%

从上表中[ha⁵⁵i³³]一词的记录方式看，使用次数最多的是形声，占 48.9%；其次是假借，占 37.8%；哥巴文使用最少，占 13.3%，无会意、指事表达方式。

a.形声

鲁甸经跋语中[ha⁵⁵i³³]一词的形声表达方式使用最多，有 22 例，2 种表现形式：（字符）、（字符）。两种写法中声符都只记录了第二音节[i³³]，不同之处在于声符用字不同：一个用（字符）（i²¹漏），一个用（字符）（i³³，山骡）。鲁甸常用（字符）这种形式，有 21 次，只有 1 次使用（字符）这一形式。用（字符）（i³³，山骡）作声符的形声式写法常见于大东一带。

b.假借

根据假借字记录的音节数可分作两类：

只记录第二音节：（字符），使用 1 次。

记录两个音节：（字符）、（字符），使用 16 次，借用字符固定。由此，[ha⁵⁵i³³]的假借表达方式也以二字假借为主。

c.哥巴文

该地用哥巴文记录[$ha^{55}i^{33}$]一词的数量最少，仅有 6 例，用到的表现形式有：〔字符〕、〔字符〕、〔字符〕。其中记录[ha^{55}]这一音节的哥巴文字符〔字符〕最稳固，没有形体或笔画上的变化；记录[i^{33}]的哥巴文字符写法多样：〔字符〕、〔字符〕、〔字符〕。

综上，[$z\eta^{33}\text{şər}^{21}$]、[$ha^{55}i^{33}$]两词在鲁甸经跋语中都是形声、假借表达方式发展均衡，使用数量上基本持平，用哥巴文记录两词的数量最少，均无会意表达方式。其中[$z\eta^{33}\text{şər}^{21}$]一词的指事表达方式欠发达，而[$ha^{55}i^{33}$]一词根本无指事表达方式。

（4）字符体态

A.[$z\eta^{33}\text{şər}^{21}$]一词指事字写法中的表人字素已经类化，都写成人的字形：〔字符〕、〔字符〕，〔字符〕是已类化的表人字素，〔字符〕表示长远之意。[$ha^{55}i^{33}$]一词无指事表达方式。

B.[$z\eta^{33}\text{şər}^{21}$]的形声式写法中有的形符尚未类化，如：〔字符〕、〔字符〕、〔字符〕，这些形式都出现在和世俊东巴的经书中；形符和声符的组合方式不稳固，如：〔字符〕、〔字符〕、〔字符〕、〔字符〕、〔字符〕、〔字符〕。

[$ha^{55}i^{33}$]的形声表达方式有两种：〔字符〕、〔字符〕，声符都只记录第二音节，但用字不同，一个是〔字符〕（i^{21}漏），一个是〔字符〕（i^{33}，山骡）。用〔字符〕作声符的形式在鲁甸较少，一般只出现在大东地区；而丽江、鲁甸一带常用〔字符〕作声符。

C.[$z\eta^{33}\text{şər}^{21}$]的假借式写法用字稳固，都是〔字符〕（$z\eta^{33}$草）和〔字符〕（$\text{şər}^{33}$七）两个字符的结合形式，只是组合方式略有不同，或并列〔字符〕，或叠置〔字符〕。[$ha^{55}i^{33}$]的假借式写法用字也很固定，[ha^{55}]用〔字符〕（ha^{55}饭），[i^{33}]用〔字符〕（i^{21}漏），有的并列〔字符〕，有的叠置〔字符〕。

D.[$z\eta^{33}\text{şər}^{21}$]的哥巴文写法各家书写有异：〔字符〕、〔字符〕、〔字符〕、〔字符〕。[$ha^{55}i^{33}$]中[i^{33}]的哥巴文写法略有不同：〔字符〕、〔字符〕、〔字符〕，[ha^{55}]都写作〔字符〕。

3.用字特点

鲁甸经跋语中[$z\eta^{33}\text{şər}^{21}ha^{55}i^{33}$]一语的用字形式具有如下一些特点：

（1）字词关系上，基本倾向于完全记录语词，能完全记录四个音节的形式占93.3%之多。

（2）字序上，几乎都按语序排列，大部分呈从上到下、从左至右的行款顺序，只有少量呈线性顺序。

（3）字符体态上，虽[$ha^{55}i^{33}$]的各种表达方式用字基本稳固，但[$z\eta^{33}\text{şər}^{21}$]的形声式和哥巴文写法不固定，从而使得[$z\eta^{33}\text{şər}^{21}ha^{55}i^{33}$]一语的表现形式十分丰富。如和世俊东巴的用字形式就多达 12 种，和文质东巴用了 9 种。

（4）记录语言的方式上，[$z\eta^{33}\text{şər}^{21}$]、[$ha^{55}i^{33}$]两词都有用东巴文形声、假借和哥巴文记录的形式，[$z\eta^{33}\text{şər}^{21}$]一词还有用指事字记录的用例，而[$ha^{55}i^{33}$]一词的表词方式中无指事字写法。

①从[z_1^{33}ʂər^{21}]一词的表词方式看，形声、假借发展均衡，其次是指事，用哥巴文记录的最少。

②从[ha^{55}i^{33}]一词的表词方式看，数量上形声优于假借，其次是用哥巴文记录。[ha^{55}i^{33}]的指事表达方式由于表意、表音方面的欠缺，故在鲁甸没有使用，取而代之的是加注一声符的形声式写法使用得非常广泛。[ha^{55}i^{33}]的形声表达方式表意、表音明确，故在使用数量上取胜，优于假借。

（5）与宝山、鸣音、大东和丽江地区的用字情况相比：

①字词关系上，丽江、鲁甸倾向于完全记录语言，而宝山、鸣音、大东地区大都没有完全记录语言，字词关系不严密。

②字序上，鲁甸几乎均按语序呈从上到下、从左至右的行款顺序排列；丽江大都按语序呈线性排列；宝山、鸣音、大东地区虽大都按语序从上到下、从左至右排列，但还存在少量逆序从右至左排列的情况。

③字符体态上，鲁甸存在少量字符未类化的情况，主要见于和世俊东巴的经书中；丽江坝区使用的字符都已类化或简化；宝山、鸣音、大东地区使用的字符几乎都未类化或简化。

④记录语言的方式上，鲁甸地区以形声和假借为主，用指事字和纯哥巴文记录的情况较少，[ha^{55}i^{33}]一词尚无用指事字记录的用例；丽江坝区以用纯哥巴文记录的形式最多，其次才是形声和假借，[z_1^{33}ʂər^{21}]一词还尚无用形声式记录的用例，指事式使用得最少，存在少量东巴文夹杂哥巴文记录的情况；宝山、鸣音、大东地区只有指事、形声、假借三种记录方式，各种方式使用次数基本均衡，无哥巴文使用情况。

总之，三个地区的经文跋语中都无[z_1^{33}ʂər^{21}]、[ha^{55}i^{33}]的会意表达方式，只有指事这种记意表词方式，并且指事式的使用频率逐渐减少。由此看来，[z_1^{33}ʂər^{21}ha^{55}i^{33}]一语的记录方式在从宝山、鸣音、大东向丽江、鲁甸发展的过程中，记意表达方式逐渐减少，记意记音和记音表达方式不断增多。这种文字发展趋势符合普通文字学中意音文字系统记录语言的一般规律：记意→记意记音→记音。

（五）数词短语

1.用字形式

鲁甸经跋语中出现的数词短语主要有以下一些，现按地名、东巴排列如下：

地名	写经人	经文	标音对译	汉译	出处	次数
鲁甸新主中村	和世俊		ua^{33}ts'ər^{21}ɲi^{33}k'ɣ^{55} 五　十　二　岁	五十二岁	11.126	1
			tʂ'ua^{55}ts'ər^{21}sər^{33}k'ɣ^{55} 六　十　七　岁	六十七岁	68.335	1
			tʂ'ua^{55}ts'ər^{21}ho^{55}k'ɣ^{33} 六　十　八　岁	六十八岁	69.224	1
			he^{21}dzə^{33}ts'e^{33}do^{21}ts'e^{33}ɲi^{33} 二月　初　十　日	二月初十日	69.224	1
			sa^{55}ua^{33}he^{33}ts'e^{33}do^{21}gɣ^{33}ɲi^{33} 阴历三月份　月初　　九　　日	阴历三月初九	75.215	1
			ɲi^{33}ts'ər^{21}ɲi^{33}k'ɣ^{55} 二　十　二　岁	二十二岁	75.215	1
	和文质		ɲi^{33}ts'ər^{21}sər^{33}k'ɣ^{55} 二　十　七　岁	二十七岁	12.40	1
			sɿ^{33}ts'ər^{21}ɲi^{33}k'ɣ^{55} 三　十　二　岁	三十二岁	16.203	1
			he^{21}dzə^{33}ts'e^{33}do^{21}sər^{33}ɲi^{33} 农历二月　月初　七　日	农历二月初七日	33.167	1
			ɲi^{33}ts'ər^{21}lu^{55}k'ɣ^{33} 二　十　四　岁	二十四岁	33.168	1
			ɲi^{33}ts'ər^{21}tʂ'ua^{55}k'ɣ^{33} 二　十　　六　岁	二十六岁	40.36	1
			ɲi^{33}ts'ər^{21}k'ɣ^{55} 二　十　岁	二十岁	70.70、70.247	2
	杨向芝		lu^{33}ts'ər^{21}lu^{33}k'ɣ^{55} 四　十　四　岁	四十四岁	17.317	1
	东才		iə^{21}pe^{21}ts'e^{21}tʂ'ua^{55}ɲi^{33} 正月　十　六　日	正月十六日	76.93	1

地点	人名	东巴文	释读	日期	编号	数
鲁甸新主上村	和开文		sŋ³³tsʻər²¹n̠i³³kʻɣ⁵⁵ 三 十 二 岁	三十二岁	81.260	1
	和开祥		du³³tv³³gv³³çi³³gv³³tsʻər²¹lu⁵⁵kʻɣ⁵⁵ 一 千 九 百 九 十 四 年	一九九四年	1.297	1
			iə²¹be²¹he³³、n̠i³³tsʻər²¹n̠i³³ 正月 二 十 日	正月二十日	1.297	1
			du³³tv³³gv³³çi³³gv³³tsʻər²¹lu⁵⁵kʻɣ⁵⁵ 一 千 九 百 九 十 四 年	一千九百九十四年	69.259	1
			iə²¹be²¹he³³	正月	69.259	1
鲁甸乡甸头村	和乌尤		sŋ³³tsʻər²¹sŋ⁵⁵kʻɣ⁵⁵ 三 十 三 岁	三十三岁	1.257	1
			mi²¹kue²¹tsʻe²¹ʂər³³kʻɣ⁵⁵ 民国 十 七 年	民国十七年	24.260	1
			n̠i³³tsʻər²¹gv³³kʻɣ⁵⁵ 二 十 九 岁	二十九岁	24.260	1
			sŋ³³tsʻər²¹kʻɣ⁵⁵ 三 十 岁	三十岁	38.293	1
			sŋ³³tsʻər²¹ua³³kʻɣ⁵⁵ 三 十 五 岁	三十五岁	54.44、 54.243	2
			mi³³kuə³³n̠i³³tsʻər²¹n̠i³³kʻɣ⁵⁵nɯ³³ 民国 二 十 二 年 到 n̠i³³tsʻər²¹sŋ⁵⁵ kʻɣ³³ 二 十 三 年	民国二十二年到二十三年	54.44	1
			n̠i³³tsʻər²¹ʂər³³kʻɣ⁵⁵ 二 十 七 岁	二十七岁	60.236	1
			mi³³kuə³³tsʻe²¹ua⁵⁵kʻɣ⁵⁵ 民国 十 五 年	民国十五年	60.236	1
			mi³³kuə³³tsʻe²¹tʂ⁵⁵ua⁵⁵kʻɣ⁵⁵ 民国 十 六 年	民国十六年	60.254	1
			n̠i³³tsʻər²¹ho⁵⁵kʻɣ³³ 二 十 八 岁	二十八岁	60.25、 67.319	2

	音标／汉译	年代		
	mi²¹kuə²⁴ts'e²¹lu³³k'ɣ⁵⁵ 民国　十四　年	民国十四年	62.33	1
	ȵi³³ts'ər²¹ho⁵⁵k'ɣ³³ 二　十　八　岁	二十八岁	68.166	1
	ȵi³³ts'ər²¹k'ɣ⁵⁵ 二　十　岁	二十岁	69.62	1
	lu³³ts'ər²¹ʂər³³k'ɣ⁵⁵ 四　十　七　岁	四十七岁	21.145	1
东其	mi²¹kuə²⁴sʅ³³ts'ər²¹k'ɣ⁵⁵ 民国　三　十　年	民国三十年	2.47	1
	ua⁵⁵me³³he³³ts'e²¹ho⁵⁵ȵi³³ 五　份月　十　八　天	五月十八日	2.47	1
	tʂ'ua⁵⁵me³³ȵi³³ts'ər²¹ua⁵⁵ȵi³³ 六　月　二　十　五　日	六月二十五日	2.379	1

从上表可以看出，鲁甸地区的数词短语只有 3 例用哥巴文记录：⟨字符⟩（二十岁）、⟨字符⟩（三十岁）、⟨字符⟩（民国十四年），并且只出现在了和乌尤东巴的经书中，其余都用东巴文记录。

2.使用字符字释

上表数词短语的文字表达中，使用到了以下一些字符：

（1）数目字

⟨字符⟩、⟨字符⟩、⟨字符⟩、⟨字符⟩、⟨字符⟩：ȵi²¹二。

⟨字符⟩、⟨字符⟩：sʅ²¹三。

⟨字符⟩、⟨字符⟩、⟨字符⟩、⟨字符⟩：lu³³四。⟨字符⟩是哥巴字。

⟨字符⟩、⟨字符⟩：ua³³五。

⟨字符⟩、⟨字符⟩：tʂ'ua⁵⁵六。

⟨字符⟩、⟨字符⟩、⟨字符⟩、⟨字符⟩、⟨字符⟩：ʂər³³七。

⟨字符⟩、⟨字符⟩、⟨字符⟩、⟨字符⟩：ho⁵⁵八。

⟨字符⟩、⟨字符⟩：gɣ³³九。

⟨字符⟩、⟨字符⟩、⟨字符⟩：ts'e²¹十。⟨字符⟩是哥巴字。

⟨字符⟩、⟨字符⟩、⟨字符⟩、⟨字符⟩、⟨字符⟩：ȵi³³tsər²¹二十。⟨字符⟩、⟨字符⟩是哥巴字。

⟨字符⟩、⟨字符⟩、⟨字符⟩、⟨字符⟩、⟨字符⟩、⟨字符⟩：sʅ³³ts'ər²¹三十。⟨字符⟩、⟨字符⟩是哥巴字。⟨字符⟩本义是 ts'ər⁵⁵切，从刀切断线，此处借作 sʅ³³ts'ər²¹三十之第二音节。

　■、■ ■：lu^{33}tsər^{21}四十。■ 是一个假借字，本义不详。

　■：ua^{33}ts'ər^{21}五十。

　■、■：ts'ua^{55}ts'ər^{21}六十。

　■ ■：gɣ^{33}çi^{33}gɣ^{33}ts'ər^{21}九百九十。■gɣ^{33}九。■此处表示çi^{33}百，■此处表示ts'e^{21}十。"十"一般写作■，"百"一般写作■。在具体用字过程中，■（十）、■（百）两个字符经常混用。

　■：duɯ^{33}tɣ^{33}一千。

（2）月令

　■、■、■：iə^{21}pe^{21}或iə^{21}be^{21}he^{33}，正月。

　■、■：he^{21}dʑə^{33}，二月。从■月，■he^{21}恒神、■dʑə^{21}跑声。

　■：sa^{55}ua^{33}he^{33}，三月。

　■：ua^{55}me^{33}he^{33}，五月。

　■：tʂ'ua^{55}me^{33}六月。

（3）■、■、■：ts'e^{33}do^{21}初。

（4）■、■、■：mi^{21}kue^{21}民国。■mi^{33}火、■kuə^{55}刮子，两字连读假借作mi^{21}kue^{21}民国。

（5）■ ■：mi^{21}kuə^{24}民国。■、■两字符是哥巴字。

（6）■、■、■、■、■、■、■、■：k'ɣ^{33}收获，假借作岁或年。

（7）■、■、■、■、■、■、■：k'ɣ^{55}弯曲，假借作岁或年。

（8）■：fɣ^{55}鼠。鼠为十二生肖之首，故用为k'ɣ^{55}年。

（9）■、■：k'ɣ^{55}，哥巴字，表示岁或年。

（10）■、■、■、■：ni^{33}日。

（11）■：nɯ^{33}心，假借作到。

　　从上述使用字符的情况看，有用哥巴文和假借字记录数目字的情况，但数量

较少。哥巴文 3 例：[ts'e²¹lu³³]十四，[ni³³tsər²¹]二十，

[sɿ³³ts'ər²¹]三十。数目字中用了假借字的情况 2 例：（四十四岁）中

[lu³³ts'ər²¹lu³³]（四十四）之第一音节[lu³³]借用 表示，（民国三十年）

中 [sɿ³³ts'ər²¹]（三十）之第二音节[ts'ər²¹]借用 （ts'ər⁵⁵切）表示。

3.用字特点

（1）语言与文字的对应关系上，所有数词短语中字词关系均一一对应，不存在有词无字或有字无词的情况。

（2）字序上，几乎都按语序从上到下、从左至右排列，少量呈或从上到下、或从左至右的线性顺序排列。

（3）使用字符方面，记录月份时，表示意义的 月字可写出，也可省略不写。如：、（正月），、（二月）。若写出，读音时不读出[he³³]这一音节，就是一个形声结构，如：[he²¹dzə³³]二月，从 月，[he²¹]恒神、[dzə²¹]跑声；如读出[he³³]这一音节，就是字组，如：[ia²¹be²¹he³³]正月，字组。

表示农历初几的"初"读作[ts'e³³do²¹]，用 （ts'e³³盐）和 （do²¹见）这两个字符结合起来表示。丽江坝区一般将两个字符分写成 ，而鲁甸常将两个字符写在一起构成合文 。

用以假借作[k'ɣ⁵⁵]（年、岁）的字符有两个：（k'ɣ³³收获）、（k'ɣ⁵⁵弯曲）。在宝山、鸣音、大东和丽江、鲁甸三地都有使用，而 这一字符只在鲁甸地区使用。

（4）字符体态方面，存在构字元素、组合方式、字符方位的差异。

①构字元素

、、、：一个采用的是点字素，一个采用的是直钩形字素。宝山、鸣音、大东一带还有的采用弯钩形字素构成字符，如：（七）。

、、、：一个采用斜交叉字素 ，一个采用正交叉字素 构成字符。

②组合方式

、：点的位置不同，一个平列，一个两两重叠。

、：线的交叉方式不同，前者是正交叉，后者是斜交叉。

﹡﹡、﹡﹡：字素一个呈正三角形排列，一个呈倒三角形排列。

此外，﹡﹡、﹡﹡﹡两字符中将 ﹡ 字素串写在一起，这种用字形式只出现在鲁甸。大东、丽江一般写作﹡﹡、﹡﹡。

③字符方位

﹡、﹡：左右朝向不同。

最后，表示[k'ɣ⁵⁵]弯曲的字符各家书写时弯曲程度不同：﹡、﹡、﹡、﹡。

（5）记录语言的方式上，大都使用东巴文记录，少量用哥巴文。数目字中有用哥巴文和东巴文假借字记录的情况，但用例较少。

东其东巴的经书中出现 1 例数目字音补：﹡（n̩i³³tsər²¹二十），﹡完全可以表示二十的意思，但又在其上加注 ﹡（n̩i²¹二），使[n̩i³³tsər²¹]之第一音节记录了两次。

和乌尤、和开祥东巴的经书中还出现了"十"以上整数的"分化式"写法。尤其是和开祥东巴的数词用字一律使用"分化式"，一字一音节，如：

﹡，读作 [iə²¹be²¹he³³n̩i³³ts'ər²¹n̩i³³]，表示正月二十日。其中 ﹡（n̩i³³tsər²¹二十）已分化成一字一音节。

﹡，读作[duɯ³³tɣ³³gɣ³³ɕi³³gɣ³³ts'ər²¹lu⁵⁵k'ɣ⁵⁵]，表示公元一千九百九十四年。其中﹡（duɯ³³tɣ³³gɣ³³ɕi³³gɣ³³ts'ər²¹lu⁵⁵一千九百九十四）也已分化成一字一音节。

和乌尤东巴的数词用字是"分化式"与"累增式"并存，如：﹡（三十三）、﹡（三十五）。

（6）与宝山、鸣音、大东和丽江地区的用字相比：

首先，字词关系上，丽江、鲁甸都能完全记录语言；而宝山、鸣音、大东地区还存在有字无词、有词无字的情况。

其次，字序上，三地都按语序排列，但丽江坝区多呈线性顺序；而宝山、鸣音、大东和鲁甸地区多按从上到下、从左至右的顺序。

再次，字符体态上，三区都存在笔画增减、构字元素、组合方式、方位等方面的差别。

最后，记录语言的方式上，宝山、鸣音、大东地区一律用东巴文书写，而丽江半数以上用哥巴文书写，鲁甸大部分用东巴文书写；丽江、鲁甸两地都出现了用假借字记录数目字的情况；大东、鲁甸还出现了个别数目字音补现象；"十"以上整数分化成一字一音节的形式在丽江经跋语中开始出现，鲁甸也存在这种形式，尤其是和开祥东巴的经书中都用这种形式书写。

三、用字小结

1. 书写行款方面，鲁甸经跋语大部分是按语序从上到下、从左至右书写，个别表意性较强的字符不按语序，而是按事理关系书写在相应的位置；该地少量经文跋语按语序或从上到下、或从左至右呈线性排列。

2. 用字类别方面，该地经文跋语大都用东巴文书写；其次是用纯哥巴文书写，此种用字类别多见于和乌尤东巴后期经书中；再次是东巴文中夹杂个别或成句哥巴字，这种用字类别较少；最后是东巴文、哥巴文对照书写，这种用字类别目前只见于和乌尤东巴的经书中，数量极少。

3. 字词关系方面，几乎记录了全部语词，有的虽未完全记录，但记录的音节数高达 98% 及以上。

4. 常用语词在用字方面，主要具有以下特点：

（1）以东巴文记录为主，存在少量用纯哥巴文记录的情况，且只出现在个别东巴的经书中。东巴文记录方式有象形、指事、会意、假借、形声，其中假借、形声表达方式突出，各组常用语词中形声式的使用数量都比宝山、鸣音、大东和丽江两地多；而象形、指事、会意使用较少，只是针对特定的词语使用，不是每组常用语词中都会用到这三种表词方式。

（2）鲁甸是东巴文发展到最晚的时期，按理说该地东巴文字形已基本简化，但据整理的材料看，还大量存在用字繁复的情况，尤其是和世俊、和文质东巴的用字。

第四节 三地经书跋语用字比较研究

上文已对《全集》收录的宝山鸣音大东经、丽江经、鲁甸经三地经书跋语中的用字情况进行了分析研究，各地经书跋语在用字方面各具特色。下面也从用字类别、书写行款、字词关系、常用语词的用字特点四方面对三地经书跋语用字进行比较研究。

一、用字类别

宝山鸣音大东经最显著的特征是经文中绝无音字夹杂。经文跋语虽属应用性文献，临时属文，用字灵活，不像经文那样保守，但在该地也一律用东巴文书写，无夹杂哥巴文用例的情况。

哥巴文在丽江一带才开始出现，故丽江地区多形音混合经典和音字经典。该地经文跋语多是东巴文和哥巴文夹杂书写而成，其次是用纯哥巴文书写，用纯东巴文书写的极少。

鲁甸地区的经文跋语以用纯东巴文书写为主，其次是用纯哥巴文书写，但多见于和乌尤东巴后期经书中；再次是用东巴文夹杂个别或成句哥巴文书写，数量较少；还有一种是用东巴文、哥巴文对照书写，目前只见于和乌尤东巴的经书中，数量极少。

二、书写行款

宝山鸣音大东经跋语一般按从上到下、从左至右的行款顺序书写，个别表意性较强的文字不按语序排列，而是按事理关系写在相应的位置；少量跋语按语序竖行逐字排列书写，这种行款顺序在一定程度上与写完经文后纸张的剩余量、跋语内容的多少有关，若剩余纸张空白处多而跋语内容较少，一般是竖行书写。

丽江地区的经文跋语主要按语序横行逐字排列书写，呈线性顺序；其次是按语序从上到下、从左至右排列书写；按语序竖行逐字排列书写的较少。

鲁甸地区经文跋语的书写行款以按从上到下、从左至右的顺序为主，字符一般按语序排列，个别表意性较强的字符按事理关系排列；小部分跋语按语序逐字排列书写，或从上到下、或从左至右呈线性顺序。

由此我们得出：

1.宝山鸣音大东和鲁甸两地的跋语都以按从上到下、从左至右的行款顺序书写为主，这与两地主要使用东巴文记录跋语的用字类别有关。

纳西东巴文又被称作"图画象形文字"，其形体类似一幅幅的图画，字体大小不一，不像汉字那样方正规整，所以从上到下、从左至右穿插书写是最节约纸张的。而竖行或横行逐字排列书写会占用较多的纸张，故用东巴文书写的经文和跋语主要是从上到下、从左至右的行款顺序。

2.丽江地区的经文跋语一般呈线性顺序，按语序从左至右逐字排列，这与该地大量使用哥巴文记录跋语内容有关。

哥巴文又被称作"标音文字"，以符号代表语音，一个字符表示一个音节，现与东巴文同时使用，但又分属于两种不同性质的文字系统。哥巴文形体方正，各个字符独立地表示一个音节，单个字符占用纸张较少，所以用哥巴文书写的经文和跋语都逐字排列，呈线性顺序。但这种用哥巴文写成的跋语多出现在丽江及其周边地区，鲁甸较少，宝山鸣音大东一带无哥巴文用例。

3.经文跋语属于应用性文献，多是即兴之作，记录口语，书写顺序与语言顺序基本一致。然而，一些表意性较强的字符一般不按语序书写在相应的位置之上，而是按事理关系排列，但这种情况极少。

4.结合三地经文跋语书写行款的情况看：跋语的书写顺序与使用的文字种类、纸张的剩余量、跋语内容的多少、东巴个人的书写习惯等因素密切相关。

三、字词关系

宝山鸣音大东经跋语在记录语言方面，大部分记录了70%至90%左右的音节，存在少量有词无字或有字无词的现象，一些内容较少的跋语基本记录了全部音节。

丽江地区用东巴文、哥巴文夹杂书写和用纯哥巴文书写记录的跋语几乎记录了全部语词，已达到逐词标音的程度。一些用东巴文书写的跋语虽未记录全部语词，但记录的音节数已高达95%及以上。

鲁甸经跋语中的字词关系十分严密，基本记录了全部音节，有的虽未完全记录，但记录的音节数高达98%及以上。

综上，各地用哥巴文书写的跋语都逐词记录了全部语词，而用东巴文书写的跋语中字词关系疏密程度与三地经书正文中的一致，由疏到密依次是：宝山鸣音大东→丽江→鲁甸。当然，宝山鸣音大东经跋语中有完全记录语言的情况，鲁甸经跋语中也存在不完全记录语言的例证，但字词关系疏密程度的整体趋势不变。

四、常用语词的用字特点

东巴、写、经书、延年益寿、数词短语在各地经文跋语中频频出现，各地都采取了不同的方式记录这些常用语词，同一记录方式中还会采用不同的用字形式，从而使得这五组常用语词在各地的表现形式十分丰富，但又各具特点。

（一）"东巴"

1. 东巴称谓不同，用字形式可能相同；东巴称谓相同，用字形式各异。

东巴的常用称谓有四种：$[py^{21}]$、$[py^{33}b\gamma^{21}]$、$[lɯ^{33}bu^{21}]$、$[to^{33}ba^{21}]$，其中$[to^{33}ba^{21}]$乃群众之俗称，$[lɯ^{33}bu^{21}]$乃巫师之自称，$[py^{33}b\gamma^{21}]$乃巫师之古称。据我们整理的情况看，这三种称谓都可用于东巴自称，还可用以称呼其他东巴；而$[py^{21}]$常用于祝福语中泛指所有东巴，偶尔用于他称。丽江除有上述四种称谓外，还有$[py^{21}be^{33}]$、$[py^{33}b\gamma^{21}]$，这两种称谓可能是$[py^{33}b\gamma^{21}]$的异读形式。鲁甸没有$[to^{33}ba^{21}]$这种称谓，但多了$[la^{33}iə^{21}lɯ^{55}bu^{21}]$、$[lɯ^{33}bu^{21}py^{33}b\gamma^{21}]$两种称谓，$[la^{33}iə^{21}lɯ^{55}bu^{21}]$指"贤能东巴"，只见于鲁甸和世俊、和文质东巴的经书中；$[lɯ^{33}bu^{21}py^{33}b\gamma^{21}]$是东巴自称和古称的连读形式，丽江、鲁甸两地都有，宝山、鸣音、大东地区无此种称谓。

东巴的四种常用称谓都没有固定的一种用字形式，各种称谓至少都有 5 种及其以上表现形式：

称谓	用字形式				
	象形	假借	形声	东巴文+哥巴文	哥巴文
$[py^{21}]$					
$[py^{33}b\gamma^{21}]$					
$[lɯ^{33}bu^{21}]$					
$[to^{33}ba^{21}]$					

上表中$[py^{21}]$有 5 种表现形式，$[py^{33}b\gamma^{21}]$有 11 种，$[lɯ^{33}bu^{21}]$10 种，$[to^{33}ba^{21}]$6

种。四种东巴称谓有一种共同的用字形式，即"东巴"的象形式写法，只是在字符体态上各地、各东巴书写有异。

2.记录语言的方式上，宝山、鸣音、大东地区形声表达方式欠发达，假借方式突出，象形式使用较多；丽江地区主要用哥巴文记录，用东巴文记录时，形声式使用较多，其次是假借，象形式极少；鲁甸地区假借、形声发展均衡，象形式较少，部分用哥巴文记录。

宝山、鸣音、大东地区由于假借方式突出，又还保留着相对较多的象形表达方式，故形声式用例极少；而丽江、鲁甸的象形式逐渐减少，形声式不断增多。丽江以哥巴文这种表音方式为主，鲁甸假借、形声、哥巴文三者发展均衡，说明"东巴"一词的表词方式已从记意转向了记意记音和记音两种模式。

3.同一称谓、同一记录方式会有用字形式上的不同，用字形式相同的字符又存在符号体态上的差别。

同一称谓中，"东巴"一词的假借表达方式个别音节借用字符不固定，相同字符在符号体态上存在繁简、比例、书写方位的不同；形声表达方式中声符用字不稳固，如$[py^{33}by^{21}]$的形声式写法中声符用字多达 8 种，声符用字相同的字符又存在组合方式上的差异。

4.各地的表达方式中，虽没有固定的一种形式，但总会有一种使用数量相对较多的形式表明其在当地用字中居于主导地位。其他使用数量较少的用字形式或是在竞争中已处于劣势，或正在缓慢萌芽寻求更高级的表达方式。

5.一些用字具有明显的地域特征和东巴个人书写特色，可作为我们考察经书书写地域和写经人的一个依据。

如 、、 这种字符见于宝山、鸣音、大东一带，、 见于丽江、

鲁甸； 此种假借组合方式只见于鲁甸， 只见于和士成东巴的经书中；

、 这些形声式写法只见于丽江，、、、、 这些

见于鲁甸，、 见于大东。

（二）"写"

1.宝山、鸣音、大东地区记录"写"一词时，其表达方式尚未完全脱离图画文字的特点，还存在一些图画性较强的会意字形式；而丽江、鲁甸两地的会意字形已完全脱离了图画文字的特征。

2.同一记录方式、同一用字形式在符号体态上存在繁简、方位、字素有无、

笔画增减等方面的差别。

3. 记录语言的方式上，总体情况是以假借这种记音表词方式为主，会意、形声两种记意和记意记音表词方式在竞争中处于劣势。

宝山、鸣音、大东地区只有会意、假借两种表词方式，使用数量上会意略多于假借；丽江、鲁甸都有会意、假借、形声三种东巴文表词方式，还有用哥巴文记录的情况。丽江以哥巴文记录为主，其次是假借，会意式不多，形声式极少；鲁甸假借方式突出，哥巴文和会意式使用次数均衡，形声式用例虽最少，但较丽江地区发达。宝山、鸣音、大东地区的东巴文发展较早，"写"一词在用字形式上还以会意这种表意方式为主，但假借这种记音表词方式已取得突破性的进展，数量上与会意基本均衡。到了丽江、鲁甸，以东巴文假借、哥巴文两种记音方式为主，而形声这种意音表词方式由于表意、表音的明确性，在两地已开始萌芽，并取得了缓慢发展。

由此，会意、假借、形声三种表词方式在竞争中谋求发展，会意式由于书写繁复，又只记录一个音节，故在竞争中已处于劣势；形声式表意、表音完善，但由于承载的语义信息过多、书写繁复等原因，发展十分缓慢；假借式借用的字符固定、书写简易，读音与"写"相同，故在竞争中处于优胜地位。

结合上述分析，我们选取了一些字符构拟"写"的用字发展过程：

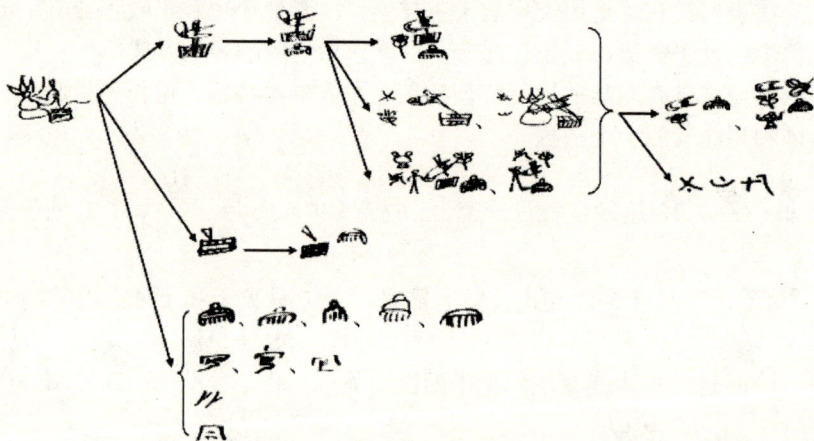

"写"的形声式写法 在经书中既读作[pər⁵⁵]，又可读作[la²¹nɯ³³pər⁵⁵]，汉译作"用手写"，承载语义大于"写"一词。语言对文字的影响使得原记录[la²¹nɯ³³pər⁵⁵]的字符旁加了一个助词 (nɯ³³心，借作助词)，从而形成字组 。有的用东巴文夹杂哥巴文记录，写作 。有的还在[la²¹nɯ³³pər⁵⁵]这一用语前加上主语，写作 ，读作[zo³³ɯ³³la²¹nɯ³³pər⁵⁵]，汉译作"好男之手书写"。语言对文字的离析作用和文字系统内部发展的需求使得[la²¹nɯ³³pər⁵⁵]朝着一字一音节的趋势发展，并出现了 这种文字与音节完全对应的书写形式，还出现了哥巴文写法 。

（三）"经书"

1. "经书"一词一般读作[tꞌe³³ɯ³³]，但在经文中还有读作[by³³lɯ³³]、[lɯ⁵⁵ɯ³³]的情况。有的东巴在书写经文时，将"经书"的三种读法两两连读在一起，读作：[tꞌe³³ɯ³³bɯ²¹lɯ³³]或[bɯ³³lɯ³³tꞌe³³ɯ³³]、[tꞌe³³ɯ³³lɯ⁵⁵ɯ³³]、[lɯ⁵⁵ɯ³³bɯ²¹lɯ³³]，相当于"同义复词"。连读导致连写，故用以记录"经书"连读形式的用字不断出现。每种读法都有与之相应的书写形式，从而使得"经书"一词的用字形式丰富多样。

2. 记录语言的方式上，"经书"一词以东巴文假借和哥巴文两种记音表词方式为主，形声表达方式在宝山、鸣音、大东地区萌芽，在鲁甸地区得到了快速的发展。

"经书"一词的表达方式中，宝山、鸣音、大东地区只有假借和形声两种表词方式，以假借为主，形声式使用数量较少，说明该地"经书"一词在表达上已趋于成熟。丽江无形声式写法，只有东巴文假借和哥巴文两种表词方式，可能该地已越过了意音表词方式，直接过渡到了记音表词方式。

鲁甸有象形、假借、形声、哥巴文四种表词方式，假借式最多，形声次之，哥巴文的使用比例与丽江持平，象形式最少。与宝山鸣音大东和丽江两地相比，鲁甸地区的形声表词方式显得十分丰富且数量可观，该种表达方式在鲁甸得到了长足的发展，这与鲁甸大量使用东巴文和文字内部发展的规律密不可分。

3. [tꞌe³³ɯ³³]的假借表达方式借用字符较固定，但又具有明显的地域特征。宝山、鸣音、大东地区用 这两个字符的结合形式表达，丽江、鲁甸一般用 这两个字符的结合形式，只是在字符体态上和两个字符的组合方式上有所不同。

4. 鲁甸地区"经书"一词的形声表达方式十分丰富，单[tꞌe³³ɯ³³]这种读音的形声式写法就有 3 种，但形符和声符的组合方式多变，不稳固。这种写法只见于鸣音和即贵东巴的经书中，具有鲜明的个人用字特色。

（四）延年益寿

李晓亮《试析 zɿ³³ʂər²¹ha⁵⁵i³³在东巴文献中的表现方式》[①]一文和李佳硕士论文《〈纳西东巴古籍译注全集〉祝福语用字研究》[②]中都对"延年益寿"这一祝福用语在东巴文献中的用字形式进行了分析研究。下面试在这些研究成果基础上对《全集》跋语中"延年益寿"的用字形式进行梳理，将各地用字形式进行比较，还将其与经书正文中的用字形式进行比较，以管窥这一祝福用语用字演变的过程

① 李晓亮：《试析 zɿ³³ʂər²¹ha⁵⁵i³³在东巴文献中的表现方式》，载《华西语文学刊》（比较文字学专辑），四川文艺出版社 2011 年版。
② 李佳：《〈纳西东巴古籍译注全集〉祝福语用字研究》，西南大学硕士学位论文 2011 年。

及特点。

1. "zֿ̩³³ʂər²¹ha⁵⁵i³³（延年益寿）"这一同义复语在东巴文献中常作为一个整体出现，可在宝山、鸣音、大东地区的经文跋语中常将这一短语拆成[zֿ̩³³ʂər²¹]、[ha⁵⁵i³³]两个词分开使用，而丽江、鲁甸两地仅有个别拆开使用的例子，大都以整体连续出现。

宝山、鸣音、大东地区将"zֿ̩³³ʂər²¹ha⁵⁵i³³"一语拆成[zֿ̩³³ʂər²¹]、[ha⁵⁵i³³]两个词后，并分别插入不同的祝福对象，如"东巴"、"卜师"，读作"py²¹zֿ̩³³ʂər²¹，p'a²¹ha⁵⁵i³³iə⁵⁵ho⁵⁵"，汉译作"愿东巴长寿，卜师日久"。有的只使用[zֿ̩³³ʂər²¹]一词表示"延年益寿"，如"py²¹zֿ̩³³ʂər²¹ho⁵⁵me⁵⁵"。有的还在[zֿ̩³³ʂər²¹]之间和[ha⁵⁵i³³]之间插入一个助词[le³³]，纳西语读作"py²¹zֿ̩³³le³³ʂər²¹ho⁵⁵，p'a²¹ha⁵⁵le³³i³³ho⁵⁵"，也汉译作"愿东巴长寿，卜师日久"。在宝山一带，祝福对象"东巴"常与[zֿ̩³³ʂər²¹]合写在一个形体之中，构成一个指事字或形声字。而丽江、鲁甸两地的经文跋语中"zֿ̩³³ʂər²¹ha⁵⁵i³³"一语常以整体形式出现。

2. 字词关系方面，"zֿ̩³³ʂər²¹ha⁵⁵i³³"一语在三地经文跋语中都有未被完全记录的情况，但宝山、大东最多，丽江、鲁甸仅有个别用例未完全记录四个音节。

3. 字序上，"zֿ̩³³ʂər²¹ha⁵⁵i³³"一语发展得比较成熟，除宝山有1例逆序从右至左书写外，其余几乎均按语序排列，有的呈线性顺序，有的呈从上到下、从左至右的顺序。

4. 记录语言的方式上，"zֿ̩³³ʂər²¹ha⁵⁵i³³"一语在经文跋语中的用字形式已脱离了语段文字的原始阶段。

我们在经文跋语中没有发现会意字，既没有形如 等将[zֿ̩³³ʂər²¹ha⁵⁵i³³]包含在一个形体之中表达的情况，更没有在会意字上添加声符和形符的用例，如：

在会意字上添加声符：

在会意字上添加形符：

在会意字上添加形符和声符：

也没有在指事字 上添加声符的用例，如：

添加两个音符：

一个音符添加两次：

添加一个音符：

上述这些用字形式可能只出现在经书正文中。据李佳对《全集》中这一用语用字形式的分析，"$z\underset{.}{l}^{33}ser^{21}ha^{55}i^{33}$一语的用字，鲁甸文脱离了语段文字的原始阶段，而丽江地区还存在"。①她所指的"丽江地区"既包括宝山、鸣音、大东地区，又包括丽江坝及其周边地区。据我们分析：只有宝山、鸣音、大东地区的经书正文中还存在用语段文字记录$[z\underset{.}{l}^{33}ser^{21}ha^{55}i^{33}]$一语的情况，丽江坝及其周边地区和鲁甸的经书正文中都没有用语段文字记录的用例。经书跋语这种应用性文献中的文字较正文成熟，就更没有用语段文字记录的情况，而是已经将$[z\underset{.}{l}^{33}ser^{21}]$、$[ha^{55}i^{33}]$两词从$[z\underset{.}{l}^{33}ser^{21}ha^{55}i^{33}]$的整体表达中剥离出来，使这一用语的表达方式朝着表词文字的方向发展。

5.$[z\underset{.}{l}^{33}ser^{21}]$、$[ha^{55}i^{33}]$两词的用字形式具有鲜明的地域特征，其各种表词方式在各地发展程度不一。

（1）$[z\underset{.}{l}^{33}ser^{21}]$在各地用字情况及其特点

①$[z\underset{.}{l}^{33}ser^{21}]$一词指事式写法中的表人字素在宝山、鸣音、大东地区尚未类化，而在丽江、鲁甸两地已经类化；其形声表达式中的形符在宝山、鸣音、大东地区也没有类化，鲁甸只有和世俊东巴的经书中还存在个别未类化的用例，丽江无形声表达方式。

②使用字符方面，$[z\underset{.}{l}^{33}ser^{21}]$一词的假借表达方式用字固定，各地经文跋语中$[z\underset{.}{l}^{33}]$都借用 ∤（$z\underset{.}{l}^{33}$草）表示，$[ser^{21}]$都借用 （$ser^{33}$七）表示。只是存在一字假借和二字假借之别，二字假借中两个字符的组合方式有并列∤ 和叠置 之分。

③丽江、鲁甸两地都有用哥巴文记录$[z\underset{.}{l}^{33}ser^{21}]$一词的情况，但用东巴文和哥巴文夹杂记录的形式只存于于丽江地区，宝山、鸣音、大东一带尚无哥巴文用例。

④$[z\underset{.}{l}^{33}ser^{21}]$的表词方式中，宝山、鸣音、大东地区指事、假借均衡，形声表达方式较少；丽江地区假借表达方式和哥巴文记录均衡，指事式仅有1例；鲁甸地区形声、假借均衡，指事式次之，哥巴文记录最少。

在$[z\underset{.}{l}^{33}ser^{21}]$一词的表达上，丽江无形声表达方式，指事式也仅有1例，该词在该地的记录方式已基本发展到用东巴文假借和哥巴文记录的表音形式。宝山、鸣音、大东地区虽有形声表达方式，但用例较少，且形符都未类化，声符都只记录第一音节，形符与声符结合紧密，说明其形声表达方式在这一带正处于萌芽阶段；该地假借式与指事式均衡，在一定程度上抑制了形声式的发展。鲁甸地区的形声表达方式和假借式均衡，指事式较少，已基本过渡到记意记音和记音模式；$[z\underset{.}{l}^{33}ser^{21}]$一词的形声表达方式在鲁甸迅猛发展，类型多样，声符用字不固定，形

① 李佳：《〈纳西东巴古籍译注全集〉祝福语用字研究》，西南大学硕士学位论文2011年，第26页。

符和声符的组合方式也不稳固，故未取得使用上的优胜。

我们根据东巴文流播方向，在对各地各种用字形式进行分析的基础上选取了一些代表字符，试构拟出[zɿ³³ʂər²¹]表词方式发展的可能过程：

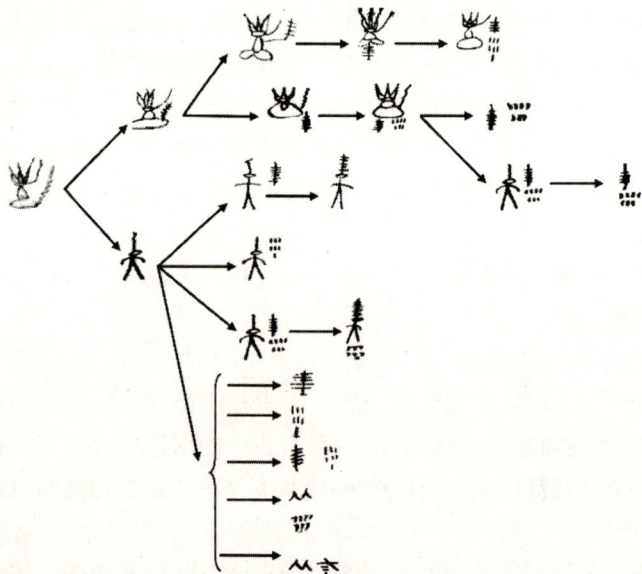

上图只是我们构拟出的一个关于[zɿ³³ʂər²¹]一词记录方式发展的理想模式，有些发展阶段可能并存。

将祝福对象[py²¹]东巴与[zɿ³³ʂər²¹]合写在一起的指事字有两种演变趋势：一是在原字符上加注声符（zɿ³³草）构成形声字，然后祝福对象[py²¹]逐渐从这一形体中脱离出来，用独立的字符表示，演变成一字一音节；或者声符从形符中脱离出来，为表音明确，再添加一个声符，由于形声组合不稳固、书写繁杂，形符可能脱落或者类化，类化后的祝福对象便不再读出。

二是表示具体祝福对象的字素类化成表人字素，仍是一个指事字。由于该指事字表音功能不完善，于是添加声符，有些形符与声符结合紧密的形声组合便固定下来，构成形声字；再就是直接用假借字或哥巴文记录[zɿ³³ʂər²¹]一词。

（2）[ha⁵⁵i³³]在各地用字情况及其特点

①记录语言的方式上，宝山、鸣音、大东地区指事、形声、假借基本均衡；丽江地区以哥巴文记录为主，其次是东巴文形声，再次是假借，指事式仅有1例；鲁甸地区在使用数量上形声优于假借，哥巴文用例较少，无指事表达方式。

用东巴文记录[ha⁵⁵i³³]一词时，各地表词方式中形声都略优于假借，而指事这种记意表词方式由于表音功能不完善，随着东巴文流播的方向逐渐减少，到鲁甸地区已无指事表达方式，只有形声这种记意记音表词方式和用假借、哥巴文记录的表音形式。

总体上看，[ha⁵⁵i³³]一词的表词方式在鲁甸地区发展成熟：形声式、假借式、哥巴文三种表词方式都能完备地记录该词，且使用字符固定，字符体态稳定。但该地[ha⁵⁵i³³]的假借表词方式不如[zɿ³³ʂər²¹]的表达那样取得数量上的优势，这是由于[ha⁵⁵i³³]一词的形声表达方式突出，能够暂时满足记音的需求。然而形声式书写复杂，随着东巴文字系统的发展，其最终可能被假借式取代。

②[ha⁵⁵i³³]一词的用字形式具有明显的地域特征和东巴个人用字特色。

这种用 (i³³，山骡)作声符的形声式写法多见于大东一带；用 (i²¹，漏)作声符的形式 见于丽江、鲁甸两地； 这种用哥巴文 作声符的形式只见于丽江地区。 、 两种表现形式见于和长命东巴的经书中。

（五）数词短语

1.字词关系上，宝山、鸣音、大东地区存在有字无词、有词无字、字词对应三种情况；丽江、鲁甸两地都能完全记录所有音节，字词一一对应，且三地所有的数词短语字序和语序基本一致。

2.字符体态上，数目字存在构字元素和字素组合方式方面的差异。

3.记录语言的方式上，丽江、鲁甸两地有用哥巴文和东巴文假借字记录数目字的情况，大东、鲁甸还出现了个别数目字音补现象。"十"以上整数分化成一字一音节的用字形式在丽江地区开始出现，鲁甸也存在这种用字形式，尤其是和开祥东巴书写的数目字，一律采用一字一音节的形式，这种用字现象可能并不是一种偶然现象，而是东巴文发展到一定阶段的必然结果。

五、影响各地用字差异的因素

上文分域整理出《全集》跋语中五组常用语词的各种表现形式，并对三地用字进行了分析比较，可以发现：同一用语的各种记录方式在各地发展程度不一，同一记录方式的用字形式在各地又有所不同，同一用字形式的符号体态在各地也有所差别。我们认为影响这些用字差异的因素主要有以下几方面：

（一）文字系统内部的发展规律

纳西东巴文是一种比较原始的文字，正处于意音文字发展的初级阶段，意音文字系统由表意向意音和表音方向发展的规律使得各种记录方式相互竞争，此消彼长，朝着更加高级的方式发展。

各地区随东巴文流播方向而记录语言的方式发展程度不一。据李霖灿先生的考察，东巴经由疏到密的演变情况与纳西族的迁徙路线一致：若喀（即汝卡）→北地（即白地）→丽江→鲁甸，鲁甸是东巴文发展到最晚的时期。

从五组常用语词使用记录方式的总体情况看，宝山、鸣音、大东地区用象形、指事、会意三种记意表词方式的比例较丽江、鲁甸两地高，而形声这种意音模式和东巴文假借、哥巴文两种表音形式使用比例较两地低；丽江地区大量使用哥巴文记录各组语词，假借表达方式也较突出，但形声表达方式欠发达；到了鲁甸一带，哥巴文的使用数量急剧下降，于是形声方式迅猛发展，与假借抗衡，故在鲁甸的东巴文中，意音和表音模式并存。鲁甸地区的意音表词方式类型多样，声符用字不固定，形符和声符的组合方式也不稳固，并且书写繁复，在进一步的演变过程中，形符可能脱落，也可能简化后与声符结合得更加紧密，从而稳固下来。

由此，东巴文字在由汝卡向鲁甸地区流播的过程中，各种记录方式的发展程度与东巴文字系统内部的发展趋势基本一致，即记意→记意记音→记音。这种演变趋势符合普通文字学中意音文字系统发展的一般规律。

（二）语言对文字的影响

1.异说导致异写

同一用语，各地说法不一，从而使得其文字表现形式在各地有所差别。如"经书"一般读作[t'e³³ɯ³³]，宝山、鸣音、大东地区均这样读，但丽江地区还可读作[lɯ⁵⁵ɯ³³]，鲁甸地区还可读作[bʏ²¹lɯ³³]，相同的词，读法不同，使用字符也就不同。

同一用字形式，不同东巴有不同的读法，使得写经人在记录该用语时会采取与原用字不同的表现形式。如 〔字〕，有的东巴读作[pər⁵⁵]，有的读作[la²¹nɯ³³pər⁵⁵]，由此就出现了记录三个音节的用字形式 〔字〕、〔字〕、〔字〕、〔字〕。

2.连读导致连写

有些常用词具有异读形式，东巴写经时，常将其两种读法连说在一起，从而也就连写在一起，语义不变。

如丽江、鲁甸两地常将"东巴"的两种称谓[lɯ³³bu²¹]和[py³³bʏ²¹]连在一起说成[lɯ³³bu²¹py³³bʏ²¹]。又如"经书"一词有三种说法[t'e³³ɯ³³]、[lɯ⁵⁵ɯ³³]、[bʏ³³lɯ³³]，丽江地区连说成[t'e³³ɯ³³lɯ⁵⁵ɯ³³]，鲁甸连说成[t'e³³ɯ³³bɯ²¹lɯ³³]或[bɯ³³lɯ³³t'e³³ɯ³³]以及[lɯ⁵⁵ɯ³³bɯ²¹lɯ³³]。这些连读现象造成了用字上的连写，从而使得各地用字形式十分丰富，但又有所差异。

（三）各地区、各东巴的特殊用字

某一地区、某个东巴可能有一些特定的用字习惯，可作为我们判定经书产生地域和写经人的间接依据。

1.记录"东巴"一词时，〔字〕、〔字〕这两种用字形式见于大东，〔字〕见于大东和士成东巴的经书中；〔字〕、〔字〕这两种形式见于丽江；〔字〕、〔字〕、〔字〕、〔字〕、〔字〕、〔字〕这些用字形式见于鲁甸。

2.记录"写"时，此种会意式写法只见于宝山、大东一带，丽江、鲁甸两地没有；这种形声式写法只见于鲁甸，其他地区没有用例。

3.记录"经书"一词时，这两个字符的组合形式一般见于宝山、鸣音、大东地区，这种形式见于鸣音和即贵东巴的经书中；这两个字符的组合形式一般见于丽江、鲁甸两地；、这两种形式多见于鲁甸地区。

4.记录[zŋ³³sər²¹]一词时，这种指事字写法仅见于宝山地区的经书中。记录[ha⁵⁵i³³]一词时，这种用（i³³，山骡）作声符的形式多见于大东一带，、这两种表现形式仅见于鸣音和长命东巴的经书中；这种用哥巴文字符作声符的形式见于丽江地区；用（i²¹，漏）作声符的形式见于丽江、鲁甸两地。

5.用东巴文和哥巴文夹杂书写记录的形式只存在于丽江地区，其他地方没有用例。

（四）经书传抄过程中借用母本的影响

东巴经都是以手抄本的形式流传于世，大部分经书是照抄别人的，有些东巴为再现原经书的本来面貌，故会保持原经典中所用字形、字体大小、字间距等基本不变，如和开祥东巴抄写的部分经书，与他一贯的书写风格不同，而是尽量保持借用母本的本来面目。有些东巴则一味追求自己的书写风格，即便是照抄别人的经书，也要体现出自己的风格特色，如和文质东巴所写部分经书是抄的休松休端的经书，若跋语部分不作交代，我们必会认为是他自己动手写的。但从总体上来说，照抄的经书在用字方面一定程度上会受到借用母本的影响。

第五章 东巴经跋语所反映的文化现象

和继全曾说："东巴古籍中跋语记载着与抄录经文有关的大量详实可靠的史实，对东巴文化的发展、尤其是近代东巴祭司的社会地位和活动情况、各地文化交往等一系列问题的研究，它的史料价值是经文本身所无法比拟的。跋语不仅涉及具体时间，还涉及到了地名、人名、东巴的师承关系、格言、谚语、习俗等内容，研究经书的跋语对研究纳西族东巴教的发展、传承等状况，以致研究纳西族的社会历史等方面都是珍贵的资料。"[①]

第一节 从跋语看东巴教经典的传承

东巴经典籍对于东巴而言非常重要。如东巴在学成出师时举行加威灵仪式，师傅要送给学成的徒弟东巴经，预示其以后能独立举行仪式。又如有的地方东巴去世时，还要烧掉一部分他用过的经书作为祭奠。[②]又如一些特殊原因导致东巴经的毁坏，如云南宁蒗维西县永春乡拉哈村东巴仲文魁家，祖传东巴，家中曾有东巴经藏书约 500 多册，经书种类齐全，其中有《堆卟》即祭地经书，李霖灿曾到维西地调查东巴教，并向其父仲应昌学习东巴经两个月左右，文革时受冲击，文魁的兄长仲文华一气之下，将所有藏经带至祖坟前烧毁，表示向祖宗发誓，从此不操东巴之业。[③]

最重要的是如果没有相应经书就没办法做相应的祭祀仪式，如《全集》第 3 卷《祭村寨神仪式·献牲》跋语："这本书是在纳西甲子的铁年写的，在这年的五月初五日完成。写书人是窝母知此村的欧宙大伯，是他在七十六岁时写的，写好

① 和继全：《美国哈佛大学燕京图书馆馆藏东巴经跋语初考》，载《中央民族大学学报》2009 年第 5 期。
② 和品正：《丽江县鸣音乡冷水沟村东巴仪式记》，载《云南民族学院学报》1996 年第 2 期。
③ 李国文：《人神之媒——东巴祭司面面观》，云南人民出版社 1993 年版，第 235—236 页。

后给了本大村里的阿恒。阿恒给了他纯净的五升稻谷，作为写的手工费。欧嘎宙大伯写了以后，这大村里的两个宗族都将举行祭祀寨神的仪式。"这个村里的东巴自从有了《祭村寨神仪式·献牲》经书，就能举行祭祀寨神的仪式。

东巴经跋语的内容一般是说明抄经的时间、地点、东巴的村名、姓名或法名、写经时的年龄以及相关情况，表达良好的祝愿等。跋语中的记述性文字能反映出东巴经传承的部分情况。

东巴经的传承主要有两方面内容：一是经书的传递，即某本经书自抄写后从一个东巴传递到另一个东巴；二是经书传抄，是东巴通过抄写新的经书使东巴经传承下去。前者不仅存在内容传递，还存在经书的物质传递，不会增加复本；后者只存在经书的内容传递，会增加复本。

一、东巴经的传递

东巴经的传递，指经书抄写后由一个东巴传递到另一个东巴，可以分为家传、买卖、赠予等情况。实际上，东巴经的传递，包含着经书可能由东巴传递到不是东巴的其他人手中，如东巴的后代并没有学习东巴，这些经书仍然遗传到了后辈手中，但后辈已经不懂这些经书了。还有如某些收藏机构或个人以或买或赠的方式从东巴手里收集经书。因为这些情况是东巴经被转移到了非东巴的手中，不存在东巴经内容的传承，所以我们将其排除在外。只探讨在东巴内部经书传递的几种情况。

（一）家传经书

东巴世家非常强调经书世代相传，虽然有些地方在东巴去世时，会将他使用过的部分经书烧掉陪葬，但更多的会将经书传承下去。

这种传承也是由东巴教的传承特点决定的，东巴往往以直系亲属相传为主：有祖父传给孙子的，父亲传给儿子的，舅舅传给外甥的，哥哥传给弟弟的。《民国中甸县志稿》记载："凡为东跋教（引者注：东巴教）者，均系子孙世袭其职"[①]和志武《纳西东巴文化》："东巴教的继承和传授，一般是家传，即父传子、子传孙、讲究'本灿'（东巴代传），代传越长久越好，一般东巴都有四五代的传承，也有十多代到二十多代的传承。当然个别投师学东巴的也不少，还出现过类似私塾的东巴学校。"[②]东巴教以直系亲属相传为主的特点也决定了东巴教经典在家族内部代代相传，东巴经跋语也反映出这种情况。

---

① 李国文：《人神之媒——东巴祭司面面观》，云南人民出版社 1993 年版，第 37 页。
② 和志武：《纳西东巴文化》，吉林教育出版社 1989 年版，第 59—60 页。

1.爷传孙或父传子

《全集》11 卷《延寿仪式·献牲·献圣灵药·求福泽》跋语（第 110 页）：

> 由富饶之地阿什仲托鲁村、阿什白雪山务汝盘那儿的东巴梭补余登东仔写的。是五十二岁那年写。写后留给了子孙，慢慢地学习吧。

梭补余登东仔即丽江鲁甸大东巴和世俊，和世俊无子嗣，过继其堂弟之子阿布拉，阿布拉的儿子和文质向其爷爷和世俊学习，后来也成了大东巴。这本经书上面除了钤有梭补余登和世俊的印章，还钤有其孙和文质的印章，表明确实是传给了孙子。

《全集》69 卷《超度胜利者·末卷》跋语（第 142 页）

> 恒柯督的东罗东巴，把这本经书写后留给儿子了，要专心地认真学习呀。

《全集》45 卷《压呆鬼·请朗久敬久神》跋语：

> 这本东巴经是富饶之地初夸毒的东巴东杨写的，写了留给儿子，这本书不要让别人看到，一本藏在一个地方了，愿东巴长命百岁。

《全集》55 卷《超度死者·头目和祭司来燃灯》跋语（第 175 页）：

> 是猪年十月十三日写的，是（大东乡）温泉村有冷杉的崖子旁东恩驷写的，留给儿子，以后不要念错了让人作为笑柄，这是你父亲的手迹呀！

这几本经书跋语均明确说明经书写好后留给儿子，并希望儿子认真学习东巴经。

2.舅传外甥

纳西族社会有以舅为大的习俗，舅父不仅有负责外甥婚姻大事的义务，同时也有抚养、教育的义务。因此，如果其父亲不会东巴，而舅父或外公有会东巴者，一般就由母亲把儿子寄放在舅父家，向舅父或外公学习东巴。

《全集》68 卷《开神路·合集》跋语（第 3—4 页）

> 我们家，是祖父和父亲也是做东巴的一个东巴世家。这是构都恒家族的哈巴吉家超度女能人时用的一本经书。祝东巴的嘴里出现福分，东巴的手里出现俸禄。给侄儿拿梦恒的这本经书，很下功夫地认真地写了，写时，比乌次吉家族的人勒补补家的经书，想写得更好一些，舅父乌构皋，已经是七十六岁的人了，以前没有做过什么不对的事情，如果这本经书书写的水平不能超过乌次吉家族的勒补补家经书时，侄儿会埋怨我这个乌构皋舅父了呀！

这本经书跋语说明该东巴经是东家世家乌构皋（人名）写给外甥拿梦恒（人名）的，写的时候很下功夫，希望超过另一东巴家族的经书。但由于舅父年老，如果没有超过，请外甥不要埋怨他。

3.兄传弟

《全集》69 卷《开丧和超度死者·半夜讲粮食的来源，鸡鸣时给狗喂早食，

并献给死者供品》跋语（第 258 页）

　　　　这是普支登梭祭司写的经书，祝祭司延年益寿。这本书是留给大弟弟用的书，虽然写的字不怎么好，但给人家做祭仪时不要念错了，祝祭司延年益寿。

　　普支登梭是丽江鲁甸乡著名大东巴和文质，是和世俊大东巴的孙子。其家族为著名东巴世家，这里的跋语是说他抄写了经书给其大弟弟使用。

　　《全集》第 4 卷《祭胜利神仪式·索求福分》跋语（第 151 页）：

　　　　这书是兄长吾嘎寇八十一岁时写下的，写好后送给也做东巴的兄弟构沙。

　　这本经书是哥哥吾嘎寇写后留给同样做东巴的弟弟构沙的。

　　除了以上说到的某东巴专门写经书留给家里的东巴亲戚，还有整体的继承经书的情况，如丽江县文化馆木丽春曾说到文革时到和文质家里去收集经书，见到非常多的东巴经书，和文质的弟弟和正才说"是从我曾祖父手里传延到和文质这一代手里，少说也有五代人的辛苦经营的藏书，我看少说也有八、九驮经书。"[①]如果一个东巴世家东巴传承的代数较多，则历代累积起来的经书数量便非常大。

（二）赠送经书

　　赠送经书与上边家传经书有相同的一方面，都是将经书写好后留给另外的东巴，不同之处在于受赠对象一者是有直接亲属关系的东巴，一者是不具有直接亲属关系的东巴，在跋语中一般说明是不同地方的东巴。

　　东巴写了经书，赠送给其他东巴，甚至有些还在跋语中明确说不兴还赠财物，与后边给别人抄写经书后感叹应该给写经的钱的情况迥然不同。

　　《全集》97 卷《看日子占卜》跋语（第 127 页）：

　　　　是在兔年四月初二写的。是由白鹤岩脚的占日东恒写的，送给俄忍的东桑了。愿我们两个东巴长寿、吉祥。不兴还赠财物。

　　《全集》50 卷《驱抠古鬼·上卷》跋语（第 77 页）：

　　　　狗年皇朝道光三十年朵贵来写的，四月十八日属龙的一天写的。人类生活在广大的天穹下，不会的兴去学，不知要教给，不要害羞。这本书是阿什朵贵写的，写完后送给了美史批的朵补。愿东巴们长命百岁。

　　有的还不止送一本，而是送一个系列很多本经书，如：

　　《全集》91 卷《大祭风·木牌画画稿》跋语（第 207 页）：

　　　　这一本经书写于水补托的牛年，阴历七月十七日的属猴日蛇时写就。是太安乡汝拿化的东巴东余我四十七岁时写的。我写了一大堆大祭风仪式的经书，送给了镇督的东巴东纽。

　　有一种情况是师兄弟赠送经书。

---

① 木丽春：《东巴文化揭秘》，云南民族出版社 2005 年版，第 419 页。

《全集》第 93 卷《用五个贝占卜》跋语（第 124 页）：

　　天干为鼠年的正月十六日写的书。书是由肥田沃土的谷本本满的师兄所写。送给恩轲的师兄。

（三）买卖经书

东巴经亦有通过买卖发生转移的，这里的买卖专指东巴向其他人购买用于使用的经书，不包括其他收藏机构或不是东巴的个人向经书所有人购买经书。

《全集》54 卷《驱妥罗能特鬼仪式·驱鬼送鬼》跋语（第 394 页）：

　　民国三十五年猪年三月二十五日写完，是有两个二月的那一年写的。写一本书，值折银三钱，规矩是这样的。愿祭司长寿，卜师日久。"

这则跋语中说到"写一本书，值折银三钱，规矩是这样的。"说明当时写经的价格亦有约定俗成。又如 78 卷《祭绝后鬼·绝后鬼的出处与来历》："祭绝后鬼的经书两册，值碎银一钱。"

有时候，不一定是给银或钱，而是给实物，如：

《全集》第 54 卷《驱妥罗能特鬼仪式·开坛经》跋语（第 307 页）：

　　写给别人一套经书，给了一头母猪作为报酬。母猪养在家里，下了十窝小猪。"

《全集》3 卷《祭村寨神仪式·献牲》跋语（第 170 页）：

　　这本书是在纳西甲子的铁年写的，在这年的五月初五日完成。写书人是窝母知此村的欧嘎宙大伯写的，是他在七十六岁时写的，写好后给了本大村里的阿恒小伙。阿恒给了他纯净的五升稻谷，作为写的手工费。欧嘎宙大伯写了以后，这大村里的两个宗族都将举行祭祀寨神的仪式。"

有时候，写书的东巴还感叹不要嫌经书卖得太贵或应该合理地付给他手工钱。

《全集》65 卷《超度女能者·末卷》跋语（第 114 页）：

　　在雄曲主山下长着杉树的山崖旁写的，温泉村东巴泗的儿子写的，人生有二十五岁那年写的。把这套经书交给买主时，得的钱作为买杉树用的经费了，是经书加上一两白银跟长兄把杉树换回来的。得的经书费并不算多，不要认为经书卖得太贵了。"

《全集》66 卷《超度长寿者·由马鹿寻找丢失了的董魂》跋语（第 278—279 页）：

　　干支轮到属木的那一年，生肖轮到鸡的十月十三日写的，是东朗东巴写的经书。写后把书拿给乌宝了，拿给他的经书一共有四十二本。头目呀贪图肉食，东巴呀贪图甜酒，虽然不想贪心，但应该合理地付手工钱呀，早给晚给都没有关系，祝东巴延年益寿。"

这则跋语显示东郎东巴一次就写了 42 本经书，说明买卖经书的数量不小。

二、东巴经的传抄

（一）东巴经传抄的一般情况

哈佛所藏东巴经 L23 跋语：

　　火龙年那年长水马鞍山下的东巴东知写的。这本经书的母本，是从白地甲告恒东巴那里请来。几句经文对于没有经书的人来说是非常困难的，别人即使有成驮的经书，不要说是借给你，就是看一眼都不允许，没有经书这样的事情，真是一言难尽。

哈佛所藏东巴经 L24 跋语：

　　这本经书是长水东知从白地甲告恒东巴那里转抄来的。人类之卵是老天生的，而孵化是大地所孵化的。无奈啊，一切都挽留不住啊。

《全集》68 卷《开神路·合集》跋语（第 3 页）：

　　这本经书是干支轮到属铁的那一年写的，从七月借起来，到八月十八日才开始写的，是属马的一天写完的。是乌构皋七十六岁那年写的，侄儿乌巴拿梦恒三十岁的那一年，把这本经书写完后给他了。

这则跋语说到了借经书传抄的一般情况，涉及到什么时间借的经书，什么时间抄写完成，抄写完后给了谁等内容。

（二）东巴经的辗转传抄

东　巴经传抄时，当初的写经人留下跋语，后来的抄写者不仅将经书正文抄写下来，而且将原来的跋语也抄下来，有时候再加上自己抄写时的跋语，从前后跋语可以看出抄写的传承关系。

《全集》第 1 卷《祭祖·迎接回归享祭的祖先》结尾部分（第 293、294 页）：

　　这本古籍，是格特冉地方的洋吉阿叔的书。望好好保管，否则眼灵的人会来偷走的。这一本书，是好地方托罗村的老爷爷桉补余登，乳名又叫东孜的孙子东智来写的。写于民国三十八年。当年属牛，是在闰月七月十六日写成的。也就是刚刚解放，改换新朝代的那一年写的。当时的那种新局面，是从来没见过的。愿人们长寿又延年。要认真学习本书，要学要问才能很好掌握。书写此书时，虽说手指不太灵活，字迹笔画写得不是很好，但所写的却没有半点的差错。一定要认真学习，不要不认真，不以为然的对待。凡纳西儿女，原本兴怎样做就要怎样做，不要丢失传统、丢失规矩，一定要认真去按规矩行事。"

这则跋语说明原来的经书是格特冉地方洋吉阿叔的经书，后来由著名大东巴和和世俊的孙子东智在 1949 年刚解放时抄写。抄写时还感叹解放时新局面是从来没有见过的。这本经书后边还有一段跋语，说的是再次抄写者抄写经书的情况（第

296—298 页）：

> "又再次抄写该书者是居住于阿什佐、崩世好地方，拉久恒茨大牧场前面的大东巴东恒。是东恒东巴临摹原书写成的。写于一九九四年，于九月二十日写完，虽说手指不太灵活，字写得不是很好，但写的不会有差错。请慢慢地看吧。有不会和不懂的，就去向懂的人问，向懂的人学习去吧。愿长寿延年。"

东恒是鲁甸东巴和开祥的东巴法名，在东恒东巴文字的旁边还钤有和开祥的汉文印章。从两则跋语可以看出，第一次是由东智东巴抄的洋吉阿叔的经书，抄写于 1949 年。第二次是由和开祥东巴于 1994 年抄写的东智的经书。和开祥东巴不仅将原经的跋语完整抄写了下来，而且又加上了自己写的跋语。

（三）经书传抄母本的借用
1.借抄经书的情况

借抄经书一般有两种情况：一种情况是新学的东巴，因为没有祖上的遗传，则只能借师傅或其他东巴的经书来抄写，另外一种情况是东巴缺某类经书，借其他东巴的经书来抄写补齐。

《全集》81 卷《大祭风·用山羊、绵羊、猪、鸡给楚鬼献牲》跋语（第 206 页）：

> 这本经书是崩什地方的东巴工布余登三十二岁时所写的，（抄写的是）托鲁村的东巴普支登梭的。

工布余登是和开文的东巴法名，和开文是和文质东巴的女婿。和开文向岳父和文质学习东巴，并且借他的经书来抄写。

《全集》49 卷《戈布鬼来作祟》跋语（第 209 页）：

> 这本东巴经不是这个地方的东巴经，这本东巴经是我从楞启班丹（白地）术久村那布恒东巴家学来的，我们这个地方不兴有这本东巴经书。

《全集》100 卷《超度什罗、送什罗、开神路上卷·油米村忍柯人的书》跋语（第 113 页）：

> 这本经书是恨空陶东巴写的，祝东巴和巫者长寿。阿时主地方的恒处各村东巴东恒，看宁蒗县油米村的阮可经书，重新抄写了这本经书。

以上两则跋语说明抄写经书的人因为自己所在地方或自己没有某种经书，而到很远的地方向其他东巴借经书来抄写。即使是出名的大东巴，也可能因为自己短缺某种经书而向别的东巴借经书来抄写，如：

《全集》40 卷《除秽·白蝙蝠取经记》跋语（第 36 页）：

> 妥罗村东巴休松休短的经书。东巴普知登梭书写。值我二十六岁时写下。愿延年益寿！"

《全集》42卷《除秽·为天神九兄弟、拉命七姐妹烧梭刷火把》跋语（第137页）：

　　是东巴普知登所来书写。是休所休短东巴的经书，祝愿延年益寿。"

普知登梭即大东巴和文质，两则跋语说明他曾经借东巴休松休短的经书来抄写。和文质还一次向白地的大东巴东翁借了13本经书来抄写。

《全集》33卷《禳垛鬼仪式·堵塞地缝·后卷》跋语：

　　本书于干支阳铁马年农历二月初七日属兔的那天所写，是东巴普支登梭24岁时写的，原本是向崩地的东翁家借来的。向东翁家借的书是：《祭绝鬼》的六本，《堵地穴》的二本，《超度麻疯病人》的一本，《梭纳固恭下卷》一本，《考补余登》一本，超度拉姆仪式的《丢弃卡吕》一本，《丢弃冷凑鬼》一本，总共借来13本，是用我自己的笔迹抄写的，头尾没有抄错。

2.借抄经书的不易

东巴如果没有祖上遗留下来的东巴经，或者缺乏某类经书时，得向其他东巴借经书来抄写，而借抄经书十分的不易，这种不易，有的是主观原因经书所有人太珍惜经书，不轻易借出，有的是客观原因如路途遥远等，两种情况在跋语中都有反映。

　　"这本经书的母本，是从白地甲告恒东巴那里请来。几句经文对于没有经书的人来说是非常困难的，别人即使有成驮的经书，不要说是借给你，就是看一眼都不允许，没有经书这样的事情，真是一言难尽。"①

《全集》50卷《送走火鬼·压替罗鬼》跋语（289页）：

　　这本东巴经书不是这个地方的，是从依支崩敦老吾老师家借来的，去依支崩敦要走六天七夜的路程，不要随随便便地对待这本经书，抄写后的这本经书是达坞嘎余丹和四杨涂斥的经书。

也有东巴在写完经书之后，叮嘱一定要好好保管经书，不要轻易示人，亦可见借别人经书的不易。

《全集》1卷《祭祖·迎接回归享祭的祖先》跋语（第293、294页）：

　　这本古籍，是格特冉地方的洋吉阿叔的书。望好好保管，否则眼灵的人会来偷走的。

《全集》28卷《禳垛鬼大仪式·向东巴什罗寻求镇鬼的本领》跋语（第326页）：

　　这是居住在高地方汝崩坞的祭司东卢的经书，抄写好就存放在家里了，不要随便交给他人拿到其他地方去。祭司死了以后，其威力还存在的啊，往

---

① 和继全：《美国哈佛大学燕京图书馆馆藏东巴经跋语初考》，载《中央民族大学学报》2009年第5期。

后日子里，孙子又会学着来啊。

三、一段佚事

李霖灿《么些经典译注九种》收录了一册《多巴神罗的身世》，该册经书有跋语，显示这是"多子的经书"，李先生在翻译刊布该部经书前的序中说："原经典的所有人名叫多子，这是他做多巴的名号，在书尾有他用标音字的记名。他是丽江县鲁甸乡打米杵村的人，所以这册经典的读音是以打米杵村的多巴为准的。据说这一部书都是他亲自一手抄成的，很舍不得卖给别人，所以我应该在这里特别的对这样现存的多巴道谢一声。"

打米杵就是鲁甸阿时主村，现在称新主行政村中村。洛克《中国西南古纳西王国》："在鲁甸以南，桥头里边界附近是打米杵，也称为打米处，因为所有这个区域的农民都来这里春米。纳西语称这村为打曼处"。[1]多子就是大东巴和世俊，又名梭补余登东子。李先生的序言说明当时和世俊将他极为珍贵的经典卖出，《全集》收多册和世俊东巴及其孙子和文质所写的经书，其中和文质所写一册《祭署·给署供品·给署献活鸡·放五彩鸡》有如下跋语：

> 这本书是好地方阿世筟妥鲁村东巴普支登梭写存，是自己的书，愿长寿日久。这本书原由祖父梭补余登写存，后由中央博物院带去，说是要一本收藏，他们带去后，我手中无书，没办法了，好地方罗胜有个名叫和才的人，在中央博物院，他把如何做，按规矩抄送来一本。这书是看着和才的写本写的，虽然字写得不好，但首尾不差错的写下来了，后来者兄弟子女大小们，用好眼慢慢看吧，准备好你的薄嘴舌，好好念诵吧，不知不要不管，要更深的懂得书，手迹不一样，不会与他人的相混。去学习学习吧，愿东巴的继承者不断增加！愿像野坝子籽，蔓菁籽似的多！

普支登梭即和文质，梭补余登即和世俊。这则跋语提到和世俊大东巴曾将经书送给中央博物院，后来其孙子和文质再根据中央博物院收藏的藏本重新抄写经书。

当时代表中央博物院收集经书的是时任博物院特约调查员的李霖灿先生，李霖灿先生替博物院收集了大量经书，他自己亦收藏了小部分，其中有一本还有和世俊孙子和文质的题辞。

---

[1] 洛克：《中国西南古纳西王国》，云南美术出版社 1999 年版，第 113 页。

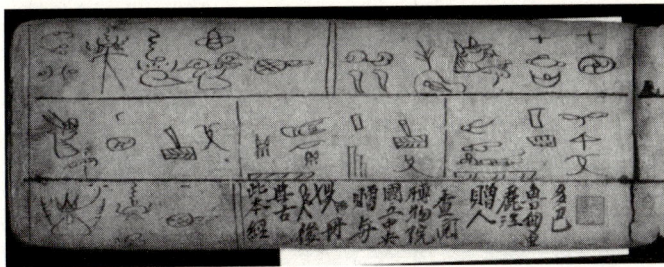

此段题辞说:"此本经'世古东术战争(东巴文)后册',赠与国立中央博物院查阅,赠人丽江鲁甸里多巴和文质(印)。"

四、结论

1. 理清东巴经的传承脉络意义重大,不仅有助于东巴经文献的时代和地域判定,进而促进东巴文字分域断代研究,亦有助于东巴师承谱系的复原。东巴经的传承可以分为东巴经的传递和东巴经的传抄,东巴经的传递导致了抄写者和使用者分离,东巴经的传抄则保持了抄写者和使用者的一致性。

2. 有的地方东巴死后,将部分死者生前使用的经书一同烧化。但更多的会将经书传承下去。经书的传承与东巴教的传承一致,即往往以直系亲属相传为主。东巴经写成以后,一般会世代传承下去,东巴世家很讲究以东巴世代长久为荣,希望家族东巴不要缺代。如《全集》第 91 卷《招集本丹战神·送神》跋语(第203 页):"这本经书是东优的,愿东优一家,东巴传承不断。"如果东巴家传历史悠久,则也有历史悠久的东巴经,如李霖灿先生收集到的一本经书《白蝙蝠取经记》。[①]

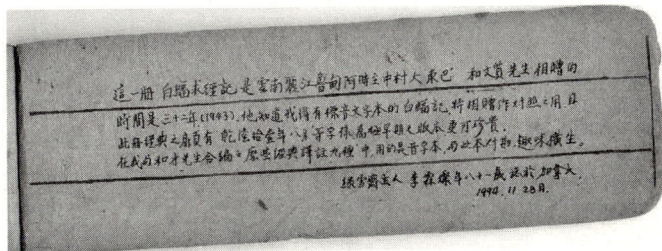

经书封底上面有李霖灿先生 1994 追记的题跋,"这一册白蝠求经记(引者注:即《白蝙蝠取经记》)是云南丽江鲁甸阿时主中村大'东巴'和文质先生相赠的,时间是三十二年(1943)。他知道我得有标音文字(引者注:哥巴文)的白蝠记,特相赠作对照之用。且此册经典之扉页有'乾隆拾壹年八月'等字样,为极早期

---

① 此册经书照片,承李霖灿哲嗣李在其先生提供,谨致谢忱。

之版本，更可珍贵。在我与和才先生合编之'么些经典译注九种'中，用的是音字本，与此本对勘，趣味横生。"李先生题跋所提到之扉页如下，为汉字"乾隆拾壹年八月十六日"。

说明这本经书在和文质1943年送给李霖灿以前就已经传承了多代。

2. 同一个东巴书写经书，或卖或赠，取决于与对方的关系。如玉龙县宝山乡吾木村东巴欧嘎宙，将其七十六岁时书写的经书《祭村寨神仪式·献牲》卖给了同村的阿恒，而将其八十一岁时书写的经书《祭胜利神仪式·索求福分》送给了他的兄弟构沙东巴。但赠送与出售之间并没有截然的界限，因为有时候出售后取得的是实物，而赠送经书后对方也可能给一定回赠礼品。分为赠送与出售，只是大致的分类。

3. 从东巴经跋语反映的情况来看，当时东巴经买卖在东巴内部已经有一定市场，已经存在大致约定俗成的价格，如54卷《驱妥罗能特鬼仪式·驱鬼送鬼》跋语（第394页）"下一本书，值白银三钱，规矩是这样的。"有时候碰到珍贵的经书，自己感叹价值很高，如第71卷《超度什罗仪式·烧天香》跋语："这是一本烧天香的书，这是用如银子般宝贵的黑竹笔写成的，它的价值如一头牛。"有部分跋语还反映出东巴一次出售经书的数量很多，说明可能已经存在一些以抄经书出售为业的东巴。

4. 新抄经书有两种情况：一是新学的东巴，因为没有祖上的遗传，只能借师傅或其他东巴的经书来抄写；另外一种情况是东巴没有某类经书，则会借抄其他东巴的经书来补齐自己的收藏。而借抄经书往往并不十分容易，因为东巴往往将自己的经书视若珍宝，不轻易出借。

第二节 从跋语看东巴的培养

东巴经跋语指的是东巴在抄写经文时在经书的末尾（少数插写在经文正文中）书写的记述性文字，用来说明书写该经书的经过，或是一些感叹性的文字。跋语的内容一般是抄经的时间、地点、东巴的村名、人名、写经时的年龄、祝愿词、谚语、格言等。跋语中的这些信息能反映出东巴培养的情况。

一、注重家传东巴不断代

过去家传学习东巴是最主要的途径，而东巴世家又特别强调后代子孙能有人继续学习东巴，不使后传无人。

《全集》1卷《祭祀绝户家的天·献牲献饭》跋语（第257页）：

鲁甸盘村的许特若山脚下贤能的东巴东阳。是我三十三岁时写的。愿东巴的后代门徒永不断绝。

《全集》8卷《祭署·给署供品·给署献活鸡·放五彩鸡》跋语（第235页）：

愿东巴的继承者不断增加！愿像野坝子籽，蔓菁籽似的多！

《全集》14卷《延寿仪式·招生儿育女的素神·清玖补神锁仓门》跋语（第207页）：

是肥田沃地岛普村的东巴诺布余登（糯毕余登）的经书。愿延年益寿！愿父亲的好手艺由儿子发扬光大！

《全集》15卷《延寿仪式·仪式规程·是卢神所说的》跋语（第306页）：

这是有肥沃田地的阿什仲的托罗村的东巴梭补余登、东仔的书。这一套延寿仪式的书，是自己写的。是与他人的书不一样。手迹也不一样。不要出差错。三代、四代、五代，代代相传，愿千代东巴、百代卜师代代不绝。愿东巴相传、东巴不绝、东巴之子不断。愿东巴延年益寿、生儿育女！

《全集》16卷《祈求福泽·祭风招魂·鬼的来历·卷末》跋语（第248页）：

这一本经书是阿史佐这个好地方，妥鲁村（丽江鲁甸乡新主村）的东巴普支本梭的，是自己写的经书，与别人的不一样，不要搞错了。愿家中会做祭祀东巴一代一代往下传，永远传下去。让家里善于卜算的卜师不断地出现。

《全集》21卷《祭云鬼和风鬼·结尾经》跋语（第144、145页）：

丽江鲁甸盘洼许腾补山脚下的东巴东鲁的经书，愿东巴的口能给做祭祀的这一户主人家降临福分。愿东巴的手能给做祭祀的这一户主人家带来神灵赐予的恩泽。

这本经书是东巴我四十七岁那年写的。我写的虽然不好，但是，在做祭祀、念诵经书、布置仪式时，不要发生差错，应该认真地去做。平时要认真学习经文，若不是自己想着书本，书本决不会想着你、来寻找你。愿七代的东巴口中都能给做祭祀的主人降临福分，七代卜师口中能给做祭祀的这一户主人家降下神赐予的恩泽。愿东巴所祭的鬼都能达到预期的目的，就像瞄准射出的箭，都能使靶板呈现裂纹。愿东巴健康长寿，愿东巴家里代代都有东巴出现，不至于出现断层。

《全集》64 卷《超度死者·烧里陶冥房及超度夫妻》跋语（第 306 页）：

　　"世世代代都要用心的学习呀，祝祭司延年益寿，祝万代亿代都有人做祭司。祭司传祭司，祝祭司的后代永不断绝，祝祭司延年益寿。"

二、强调学习东巴经书和技艺要认真

1.突出经书和仪式难学

《全集》33 卷《禳垛鬼仪式·用猪作替生·丢弃鳌鱼鬼》跋语（第 237 页）：

　　这本书是干支鸡年九月七日写的。是祭司东芳写的，是在似懂非懂的时候写的。不管写得对不对，先写下来以流传后世。经书不会老去，流传千代以后会变成典故，如果以后要及时学习经书，希望好好学习念诵。要学习经书，很困难。

《全集》70 卷《超度死者·放马和让马奔跑》跋语（第 160、161 页）：

　　这一本经书，是高明的村尾东巴许孙写的，写时没有什么差错的写了，念时不要差错了。即使会说的有一百个人，会做礼仪的人很少，说时容易，做起来很困难，要学容易，跟着做就困难，有不如意的地方就让它不如意吧。

2.遵照传统，认真学习

《全集》1 卷《祭祖·迎接回归享祭的祖先》跋语（第 298 页）：

　　一定要认真学习，不要不认真，不以为然的对待。凡纳西儿女，原本兴怎样做就要怎样做，不要丢失传统、丢失规矩，一定要认真去按规矩行事。

《全集》14 卷《延寿仪式·架银桥和金桥·开松石路和墨玉路》跋语（第 35 页）：

　　这是有肥沃的田地的阿什仲的妥鲁村，长着杉树柏树的阿什白雪山、白务汝山麓下，有世交的东巴梭补余登、东仔写的。写好后留给了儿孙。愿延年益寿！要认真地学习，不兴无精打采，懂这些知识应该是高兴的。

《全集》21 卷《祭云鬼和风鬼·结尾经》跋语（第 145 页）：

　　丽江鲁甸盘洼许腾补山脚下的东巴东鲁的经书，愿东巴的口能给做祭祀的这一户主人家降临福分。愿东巴的手能给做祭祀的这一户主人家带来神灵赐予的恩泽。这本经书是东巴我四十七岁那年写的。我写的虽然不好，但是，在做祭祀、念诵经书、布置仪式时，不要发生差错，应该认真地去做。平时要认真学习经文，若不是自己想着书本，书本决不会想着你、来寻找你。愿七代的东巴口中都能给做祭祀的主人降临福分，七代卜师口中能给做祭祀的这一户主人家降下神赐予的恩泽。愿东巴所祭的鬼都能达到预期的目的，就像瞄准射出的箭，都能使靶板呈现裂纹。愿东巴健康长寿，愿东巴家里代代都有东巴出现，不至于出现断层。

《全集》第8卷《祭署·白"梭刷"的来历·药的来历》跋语（第147页）：

这本书是干支鼠年写的。念这本书，有没有念得很流利的人？若有，就该称为老师。如果他只会念得不白不花（不流利）就不行。

《全集》69卷《开丧和超度死者·半夜讲粮食的来源，鸡鸣时给狗喂早食，并献给死者供品》（第258页）：

这是普支登梭祭司写的经书，祝祭司延年益寿。这本书是留给大弟弟用的书，虽然写的字不怎么好，但给人家做祭仪时不要念错了。

3.学无止境、态度谦虚

《全集》79卷《大祭风·十八支竹签的来历》跋语（第173页）：

这本经书是好地方恒柯督（丽江县太安乡恒柯督村）的。金子和银子，总有用完用尽的时候。书本和经书永远学不完。虽然自己认为学够了，等到要在嘴边念诵经文的时候，就又会觉得不够用了。利恩不会老，念诵了千年的经文，千年都在尝试，不要不承认这样的事实，不要不诚实。就象恒迪窝盘、古劳构补、劳周余梭这样的大神，他们知道的够多了吧，等到要在口头上念诵的时候，就又认识到自己的不足了。

《全集》100卷《仪式规程及杂言》跋语（第235页）：

这本经书是干支轮到马年那一年的十一月十三日写完的，是二十八宿轮到昴宿座的那一天写的，写的没有什么差错，念时不要念错了。这一本经书是写时可以参考的一本规程，经书写完了，是恨可督地方的东卢东巴写的。经书是永远不会学到头的，像直插云霄的高山很难翻越山顶，像浩浩荡荡的大江很难涉水而过，像天空中的星斗数也数不完，像大地上的青草算也算不尽，经书也是永远学不完的，有不如意的地方，也就让它不如意的过去吧！

哈佛所藏东巴经D28《延寿仪式·东巴弟子求赐大威灵·末本》跋语：

我活到六十一岁时写的，慢慢又学吧！皇帝住的地方，皇帝跟前，有金山和银山。金山和银山，也有用完时。书这玩艺呢，永远也读不完。我所教的两三句，丢弃到远处去吧！

前面这几则跋语反映了东巴认为经书的学习无止境，所以学习态度要谦虚，不要自矜其能。

《全集》第6卷《祭署·迎按佐玛祖先尾卷》跋语（第180页）：

> 天上有数不清的星星，地上长有算不完的青草，不能越过高高的雪山，不能涉过宽深的金江。我们这群人，自己虽觉得不错，但自己不兴说自己很好，会有比自己好的人，知识应由"本领"来赐予。

《全集》第43卷《除秽·用犏牛、牛、羊除秽（上）》跋语（第45页）：

> 多洋多止两人的经书。天上的星星数不清，地上的草也数不尽！高高的雪山翻不过，深邃的大江渡不过。自己会的就说。时常想到还有胜过自己一筹的。

《全集》47卷《祭端鬼·端鬼的出处来历·把十八个端鬼压下去》188：

> 这本东巴经书是富饶之地昌柯都（初柯都）的东巴多旦写的，东巴们都兴说一些你能干我能干，你聪明我聪明的话。

《全集》72卷《超度什罗仪式·还毒鬼之债》跋语（第207页）：

> 这本经书是狗年的正月初一所写，是东元白塔旁边局吉中村的东纳所写。在四十四岁的时候，写了十本有关什罗仪式的经书，写得没有差错，念的时候不能有差错，要用厚纸来做卦面。要在自己的内心深处多加思考，而不要夸夸其谈。崇忍利恩人生比别人迟了一代，成为千代的话柄。假若比别人迟了一代，那么即使什么都有了，这一代也不可能用上这些东西。

《全集》91卷《大祭风·木牌画画稿》跋语（第207页）：

> 这一本经书写于水补托的牛年，阴历七月十七日的属猴日蛇时写就。是太安乡汝拿化的东巴东余我四十七岁时写的。我写了一大堆大祭风仪式的经书，送给了镇督的东巴东纽。凡是能干的人，永远不会衰老，他们留下的财富，将一代又一代，千年、万年地传下去。能干的人，也不能小看别人，别看现在不怎么样，说不定以后又能成为最能干的人，说不定他们做的祭祀，诵的经文，能给人们带来更多的福泽，希望我还能看到这样的人。凡事都要想得更长远一些，就像雪山一样，把视线放得更高更远。

《九种·都萨峨突的故事》跋语（第188页）：

> 这一经书，民国三十四年的十一月二十八日那天写的。原本旧经书里是什么样子就照着那样的来写了，头尾都不错。经和才的手来抄写，来诵念又来翻译完了，不过也许会有不好和不对的地方，当诸位先生放在面前来看的时候，一看到有不好和不对的地方，请来指教我一下，使我今后错误的地方能得到改正。知道而不肯说那只在你，说了懂不起那就只在我了。

所以要不耻问学，特别是向老师学习。

《全集》86卷《大祭风·超度董族的吊死者·卷首》跋语（第309页）：

是花甲水年这年写的，是皇朝光绪三十三年这年写的，是中济刷嘎坞旁边的师兄和芳写的，是人生二十岁这年写的。这一经书所写的是，美利董主家碰到事情怎么处理的故事，是写美利董主家的规矩。所有的人，若不会或不知道，就得不耻于学习。会的和知道的，也不必骄傲。不会的应该学习，自己学不会的地方应该请教别人。

《全集》9卷《祭署·给仄许愿·给娲许愿》跋语（第215页）：

活路忙碌，所以利用早晚时间写了。写得已没有差错，诵读时不要差错，好好的学习，看看，要好好的诵读。向老师学习不要生怯，对自己不利，这一点现在不能发觉，则今后就来不及了，好好做吧。这书是好地方鲁甸排村许腾男子里补东阳的，愿延年益寿。

《全集》50卷《驱抠古鬼·上卷》跋语（第77页）：

狗年皇朝道光三十年朵贵来写的，四月十八日属龙的一天写的。人类生活在广大的天穹下，不会的兴去学，不知要教给，不要害羞。这本书是阿什朵贵写的，写完后送给了美史批的朵补。愿东巴们长命百岁。

二、强调抄写经书没有错漏

东巴在跋语中，无不例外的强调抄写时无错漏，或者比其他经书写得好。

《全集》12卷《延寿仪式·大祭署·建署的白塔》跋语（第40页）：

是有肥田沃地的阿什仲托鲁村的东巴普知登梭的书，是我这东巴活到二十七岁这年写的。虽然是笨手拙字，但前后都没有差错地写下来了。以后则不能把它看成不值价而不予尊重，即便有不高兴和不喜欢，那也让它去吧！

《全集》28卷《攘垛鬼大仪式·若罗山北面属水的革洛人哈布赤补的故事》（第209页）：

这本经书是居住在高地增盘罗村的恩露埔写的，写得一个字也没有错，一句话也没有漏的了。这本经书是写给夫罗村的东麻吐的。此书写得没有什么非议了，平时不常听说的话，我都出自内心地写上去了啊。

《全集》第70卷《超度死者·放马和让马奔跑》跋语（第160—161页）：

这一本经书，是高明的村尾东巴许孙写的，写时没有什么差错的写了，念时不要差错了。即使会说的有一百个人，会做礼仪的人很少，说时容易，做起来很困难，要学容易，跟着做就困难，有不如意的地方就让它不如意吧。

《全集》第1卷《祭祖·迎接回归享祭的祖先》跋语（第296页）：

要认真学习本书，要学要问才能很好掌握。书写此书时，虽说手指不太灵活，字迹笔画写得不是很好，但所写的却没有半点的差错。

《全集》第 81 卷《大祭风·超度凶死者·为死者招魂·迎请朗久神》跋语（第149 页）：

　　这一本经书写于鼠年。是拉汝瓦庚山脚下欧猛敬初村的乌宙恒写的，写于六月二十日。是超度死者和招魂两卷，没有漏掉一丝一毫，只能比别人所写的多。四十三岁这年写的，这以后，我的名声将永存。

和继全《美国哈佛大学燕京图书馆藏东巴经跋语初考》所记载四川省凉山州木里县俄亚乡东巴甲若所写经书的跋语：①

　　这本经书是由甲区村的东巴夏纳杜吉写的，是属虎年的正月初十那天写的。这本经书写的时候头尾顺序没有颠倒，没有错误地写后送给了底依肯若，祝愿经师长寿，占卜师富足，写的人长寿，读的人富贵。

这涉及到传抄经书中的变异。即传抄经书是否有东巴自己的增删修改。跋语中有时候写经的东巴还强调比其他人写得更多，说明他在抄写中有所改动。我们也可以比较一下跋语的用字，看是否不同的抄经人存在改动的情况。

（《全集》第 44 卷《除秽·结束经·退送秽鬼》，第 136 页）

汉文大意：肖松肖端的经书。

"肖松肖端"用的是 四字假借，这本经书是肖松肖端的经书。

（《全集》第 73 卷《超度什罗仪式·寻找什罗灵魂·弟子协力攻破毒鬼黑海》，第 116）

汉文大意：新主妥罗村的东巴，是肖松肖端的经书，由东巴东常所抄写，祝愿东巴千代传承，口吐吉祥，祝愿卜师百代世袭，嘴出吉祥。

这本经书是东常东巴抄写的肖松肖端东巴的经书。其中"肖松肖端"则用 四字表示，与上边"肖松肖端"有两字相同，两字不同。

《全集》47 卷《祭端鬼仪式规程（中）》跋语（第 270 页）

　　这本经书是东贵二十九岁这年的农历七月间写成的，是看着十二代祖先

---

① 和继全：《美国哈佛大学燕京图书馆馆藏东巴经跋语初考》，载《中央民族大学学报》2009年第 5 期。

写下的经书抄写的，经书里有很多的格巴文字，我把格巴文字全部都改了，一节里如有一个格巴字，不能说放进了格巴字。

很明显的指明对经书中的文字进行了改变。

三、东巴写读经书的能力与方法

1.强调诵读正确

哈佛所藏东巴经 K73 跋语：

> 水鸡年写的，长水马鞍山下东知写的，东支我六十岁那年写的。写的没有错，读时不要错了。学无止境，不懂的要努力学习，祝愿东巴长寿。

《全集》68 卷《开神路·合集》跋语（第 84 页）：

> 念这本《开神路》经书时，东巴看见的字，不一定全部熟悉，用手书写学了以后，就会学好了。

2.经书诵读的顺序

《全集》72 卷《超度什罗仪式·出处来历·遗福泽·赐威力》跋语（第 171 页）：

> 这本书是由白雪山旁边的东巴朵才（东常）写的。念这本经书时，要从上往下念，要把每个句子说完。也有的要从下往上念的，但不要有差错的地方。我东巴，后一辈子将转生在加热地方，生在金、银、松石、墨玉花作成的法轮座上。祝愿主人家天长日久，万寿无疆。

四、对主人家的态度

1.平等对待贫富

哈佛所藏东巴经 K73 跋语：

> 属蛇年猪板星当值的那天写的，东巴经书是一条路，经文一句是一个饭碗。见到富人不要巴结，见到穷人不要冷落。无论穷富都不要客气，只是一句名声罢了，事实就是这样的。江水有九条，经文没有那么多，但经文没有学完的时候，就如江水不会断流一样，认真考虑吧。东知我在三十二岁的那年写了这本书，祝愿吉祥如意，长寿富贵。

告诫东巴除了要不断学习经文外，还要"见到富人不要巴结，见到穷人不要冷落"。

2.认真举行祭祀

《全集》75 卷《超度什罗仪式·规程》跋语（第 217 页）：

> 不懂不知就不能去为别人举行仪式。这样会有大罪恶。要精心制作祭木，

如果祭木做不好，就会伤害自己的子女，祭祀仪式没有主持好，以后会危及自己。若是不懂不会而为别人举行仪式，就会危及自己。

3.不要贪取报酬

《全集》41 卷《除秽·为天女那生普麻除秽》跋语（第 246 页）：

写于火虎年的三月二十九日。会这字很容易说，但是要念好就难了。经书牢记心中了，不兴说不会，不兴说不懂。九头大象驮着的经书记在心中。赠与的东西应该高高兴兴的接受，不给也不该生气。慢慢地说吧。会了懂了也不兴显耀。要在心中三思。会的就容易些，不会的就难了，就像步入漆黑的夜里。会的能说得像十五的月亮那么圆满。

书写跋语的人告诫"赠与的人东西高高兴兴的接受"，但"不给也不该生气"。

《全集》75 卷《超度什罗仪式·规程》跋语（第 218 页）：

主人拿出财物举行祭祀，就会有好处。东巴接受了主人家的礼物，那么就会遭到不测，在世时伤及自己的手脚，死亡以后，会有一千八百个冷凄鬼纠缠，要送往居那若罗山的时候，会有三百六十个鬼卒向灵魂索债。

《全集》18 卷《祭风·给鬼开门·木牌的产生》跋语（第 28 页）：

这本经书是中村署柯地方的英蚩所写，愿我们一家祖祖辈辈都能干，代代都无遗漏。愿我们一家所做的祭祀真的做得好。把做祭祀的这一主人家赐的鸡，一群一群地赶到身后去。

第三节　跋语所反映的重大历史事件

一、东巴教盛会

《全集》30卷《禳垛鬼大仪式·招魂经》跋语：

　　坞吕肯村的祭司我，没有经历过的都没有，全都经历过的啊。鼠年那年办甲子会时，一共有二百多位祭司聚集在一起，大研镇丽江城里的县官、绅士、有名望的长老以及大小官员，都曾赞扬过一下的啊。虽然如此，但也不是轻易办成的。虽然很早就准备好了的，但做起来也不算是早的了呀。因为做得好，才完成了这一桩大事的啊。现在需要修改的仪规，还是必须修改的啊，不能固执地说我是这样学来的了。

《全集》88卷《大祭风·招回本丹神兵》跋语：

　　由于我办事能力强，也曾做过汉官。鼠年那一年，曾召集过一百五十九个东巴做仪式，全部算上不满二百人。

鼠年即1948年，在什罗灵洞旁举行由当时东巴会会长和凤书组织、"东巴王"康巴才主持的大型法会，是近代东巴文化史上的一次盛会，可是没有文献记载。

据杨杰宏对汝南化村大东巴和学芳的访谈。1948年的那次规模空前的东巴祭祀活动，是由汝南化村组织、主持的。他（指和学芳）当时才20来岁，学了十年的东巴，也参加了那场东巴法事，一直记忆犹新。从东巴人数而言就有100多人，有丽江各地的，有些是从中甸三坝白水台来的，有些是从维西拖支来的，也有是从宁蒗拉伯来的，整个山上住满了人，连丽江城里的商贩都来摆摊。整个法事举办了六天七夜，猪都杀了8头，从15家买来的柴火也全部烧完了。记忆中以后再也没有搞过这么大的东巴活动了。[①]

和志武："在丽江文笔山后的南山汝南化村山上也有一个什罗灵洞，洞朝西，洞后（东面）有岩洞（小瀑布）飞流，传说，白地阿明什罗的后裔阿明永勒来丽江传教，后死于丽江，他也曾在此岩洞修行传教，故称为'什罗灵洞'。东巴念请什日经时，也要点这个灵洞之名，即：'满子书白岩山、汝那化什罗灵洞之什日'。1947年2月，丽江上百名东巴，聚集到此，举办大型什罗会，迎神，请什罗，向神献牲、燃灯、烧天香、求威灵、跳东巴舞等活动，非常热闹，费用由东巴和群

---

① 杨杰宏：《溪村社会——一个纳西村落的记忆、文化与生活》，远方出版社2005年版，第210—211页。

众捐献，剩下的钱，会后在灵洞门口建了一座木质门牌楼，今已毁。"[1]和志武、郭大烈："1947 年在太安汝南化村北后什罗灵洞前举办的什罗会跳神大典，有上百东巴和上千群众参加。"[2]根据和凤书跋语的记载，应为 1948 年。

二、抗战胜利

《九种·占卜起源的故事》跋语（第 122 页）：

六十花甲子，癸未年写的。二月二十日的那一天才迟迟的写完了。不要责备我呀。和国樑他的书里是怎样我就怎样的写了。不知道对不对，写不好了，老了啦。和尚文印

我生了三十岁的那一年，抗战胜利的民国三十四年，四川省南溪县李庄镇张家祠里，和才亲手抄写并附带着翻译成汉语。有不对的地方请指教。

《九种·哥来秋招魂的故事》跋语（第 215 页）：

这册经书是抗战胜利那年，即民国三十五年三月写的，我写了念了顺带着翻译，四川南溪李庄，和才手来写的。

这两则跋语均是和才抄写的，当时他在四川李庄中央博物院协助李霖灿先生编撰字典、翻译经书。

四、解放

《全集》1 卷《祭祖·迎接回归享祭的祖先》跋语（第 293—298 页）：

这本古籍，是格特冉地方的洋吉阿叔的书。望好好保管，否则眼灵的人会来偷走的。

这一本书，是好地方托罗村的老爷爷梭补余登，乳名又叫东孜孙子东智来写的。写于民国三十八年。当年属牛，是在闰月七月十六日写成的。也就是刚刚解放，改换新朝代的那一年写的。当时的那种新局面，是从来没见过的。愿人们长寿又延年。

要认真学习本书，要学要问才能很好掌握。书写此书时，虽说手指不太灵活，字迹笔画写得不是很好，但所写的却没有半点的差错。

一定要认真学习，不要不认真，不以为然的对待。凡纳西儿女，原本兴怎样做就要怎样做，不要丢失传统、丢失规矩，一定要认真去按规矩行事。又再次抄写该书者是居住于阿什佐、崩世好地方，拉久恒茨大牧场前面的大

---

[1] 和志武：《原始宗教资料资料丛编·纳西族羌族独龙族傈僳族怒族卷》，上海人民出版社 1993 年版，第 207 页。
[2] 和志武、郭大烈：《东巴教的派系和现状》，载《东巴文化论集》，云南人民出版社 1985 年版，第 46 页。

东巴东恒。是东恒（和开祥）东巴临摹原书写成的。写于一九九四年，于九月二十日写完，虽说手指不太灵活，字写得不是很好，但写的不会有差错。请慢慢地看吧。有不会和不懂的，就去向懂的人问，向懂的人学习去吧。愿长寿延年。

这本经书有三重跋语，其中第二重跋语说到"写于民国三十八年。当年属牛，是在闰月七月十六日写成的。也就是刚刚解放，改换新朝代的那一年写的。当时的那种新局面，是从来没见过的。"

附录：已刊布的东巴经跋语资料

说明：1.本资料包含现在已经刊布的《全集》《白蝙蝠取经记》①《九种》《哈佛》以及和继全《美国哈佛大学燕京图书馆馆藏东巴经跋语初考》②《李霖灿"当今最早的么些经典版本"商榷》、③钟耀萍《纳西族汝卡东巴文研究》、④邓章应《李霖灿收藏刘家驹所获东巴经略考》、⑤戈阿干《东巴文化真籍》、⑥杨正文《杨正文纳西学论集》、⑦和力民、杨亦花《重庆中国三峡博物馆东巴经藏书书目简编》。⑧

本资料共收有跋语 430 种（其中一本经书有多则跋语者只计成 1 种），其中《全集》377 种；《白蝙蝠取经记》1 种；《九种》5 种；《哈佛燕京学社藏纳西东巴经书》（1—4 卷）13 种；《美国哈佛大学燕京图书馆馆藏东巴经跋语初考》刊布跋语 16 种（不包括已经在《哈佛燕京学社藏纳西东巴经书》（1—4 卷）刊出者）；《李霖灿"当今最早的么些经典版本"商榷》刊出美国国会图书馆跋语 1 种；钟耀萍《纳西族汝卡东巴文研究》刊出俄亚经书跋语 1 种；邓章应《李霖灿收藏刘家驹所获东巴经略考》刊出维西经书跋语 1 种；戈阿干《东巴文化真籍》刊出可识读跋语 2 种；杨正文《杨正文纳西学论集》收录了 2 则跋语；和力民、杨亦花《重庆中国三峡博物馆东巴经藏书书目简编》刊出 11 种。

2.和继全《美国哈佛大学燕京图书馆馆藏东巴经跋语初考》翻译了多则跋语，（卷.页）出处我们称之为和文 1。和继全《李霖灿"当今最早的么些经典版本"商榷》翻译了美国国会图书馆所藏东巴经中的 1 则跋语，（卷.页）出处我们称为

---

① 傅懋勣：《纳西族图画文字〈白蝙蝠取经记〉研究》（上、下），日本东京外国语大学亚非语言文化研究所 1981、1984 年版。
② 和继全：《美国哈佛大学燕京图书馆馆藏东巴经跋语初考》，载《中央民族大学学报》2009年第 5 期。
③ 和继全：《李霖灿"当今最早的么些经典版本"商榷——美国国会图书馆"康熙七年"东巴经成书时间考》，载《民间文化论坛》2010 年第 2 期。
④ 钟耀萍：《纳西族汝卡东巴文研究》，西南大学博士学位论文 2010 年。
⑤ 邓章应：《李霖灿收藏刘家驹所获东巴经略考》，载《国家博物馆馆刊》2012 年第 10 期。
⑥ 戈阿干：《东巴文化真籍》，云南美术出版社 2001 年版。
⑦ 杨正文：《杨正文纳西学论集》，民族出版社 2008 年版。
⑧ 和力民、杨亦花：《重庆中国三峡博物馆东巴经藏书书目简编》，载《长江文明》（第三辑），光明日报出版社 2009 年版。

和文 2。

3.钟耀萍《纳西族汝卡东巴文研究》一文翻译了 1 则田野调查收集到的俄亚经书跋语，（卷.页）出处我们称之为钟文。

4.邓章应《李霖灿收藏刘家驹所获东巴经略考》翻译了李霖灿所藏一册经书跋语，（卷.页）出处我们称为邓文。

5.戈阿干《东巴文化真籍》收录了几则跋语，（卷.页）出处我们称为戈书。

6.杨正文《杨正文纳西学论集》收录了 2 则跋语，（卷.页）出处我们称为杨书。

7.和力民、杨亦花《重庆中国三峡博物馆东巴经藏书书目简编》收录了几则跋语，（卷.页）出处我们称为和杨文。

8.《纳西东巴古籍译注》（一）（二）（三）收录 10 本经书译注，均有跋语。但这些经书后来都收录在《全集》中，故这些我们未重复统计。

9.《全集》中有 11 则跋语只有汉语译文，没有图片，我们也在备注中指出。

序号	卷.页	经书名称	跋语汉译	备注
1	1.117	祭天·献饭·点洒灵药	此书是民国二十八年正月初七日写的。写的这天属蛇，轮到套构星当值。是东巴构土罗涛五十七岁的那一年写的。祝愿长命百岁。	1939 年
2	1.257	祭祀绝户家的天·献牲献饭	鲁甸盘村的许特若山脚下贤能的东巴东阳。是我三十三岁时写的。愿东巴的后代门徒永不断绝。	1932 年
3	1.293/294/296/297/298	祭祖·迎接回归享祭的祖先	这本古籍，是格特冉地方的洋吉阿叔的书。望好好保管，否则眼灵的人会来偷走的。这一本书，是好地方托罗村的老爷爷梭补余登，乳名又叫东孜孙子东智来写的。写于民国三十八年。当年属牛，是在闰月七月十六日写成的。也就是刚刚解放，改换新朝代的那一年写的。当时的那种新局面，是从来没见过的。愿人们长寿又延年。要认真学习本书，要学要问才能很好掌握。书写此书时，虽说手指不太灵活，字迹笔画写得不是很好，但所写的却没有半点的差错。一定要认真学习，不要不认真，不以为然的对待。凡纳西儿女，原本兴怎样做就要怎样做，不要丢失传统、丢失规矩，一定要认真去按规矩行事。又再次抄写该书者是居住于阿什佐、崩世好地方，拉久恒茨大牧场前面的大东巴东恒。是东恒（和开祥）东巴临摹原书写成的。写于一九九四年，于九月二十日写完，虽说手指不太灵活，字写得不是很好，但写的不会有差错。请慢慢地看吧。有不会和不懂的，就去向懂的人问，向懂的人学习去吧。愿长寿延年。	1994 年

4	2.47	迎素神·竖神石·倒祭粮·点神灯	在鲁甸好地方的中央，最高的山是特剑山，比这山稍矮的是坞毕山，在坞毕山脚前，就住着这书的主人——垛鲁东巴。愿东巴的嘴里出来福音，愿东巴的手能招来吉祥，愿长寿又延年。此书是垛琪抄写的，愿书写者延年，念者获得长寿。是民国三十年的上半年写的书。在五月十八号这一天写成的。	1941年
5	2.182/183	大祭素神·献牲	此书是由美扭补里山脚下的东高写成的。好人不会老，愿活一千岁。把此书给了鲁甸地方的东阳。愿祭司长命百岁，愿卜师长寿又延年。此书是我（东高）满三十岁的这一年里写成的。	
6	2.302	迎素神·立素神桩·往素神篓内放物·拴流缨	此书是恒垮独（恒柯督）的，愿东巴长命，愿主人一家健康长寿。	
7	2.379	迎素神·素米故	这经书是鲁甸地方的书。是多京（东其）写的，是在六月二十五这天写的。愿写的人长寿，读的人命长。	
8	3.170/171	祭村寨神仪式·献牲	这本书是在纳西甲子的铁年写的，在这年的五月初五日完成。写书人是窝母知此村的欧嘎宙大伯写的，是他在七十六岁时写的，写好后给了本大村里的阿恒小伙。阿恒给了他纯净的五升稻谷，作为写的手工费。欧嘎宙大伯写了以后，这大村里的两个宗族都将举行祭祀寨神的仪式。 愿村里养儿能发展千家，养女发展成为百家，愿祭司们长寿延年。	
9	3.379	祭猎神仪式·祭猎神	这本经书，是男儿我活到八十三岁那一年写的。我即大东巴多由才（和士成）。	1992年
10	4.72	祭胜利神仪式·迎请胜利神·追述先祖回归的故事	这书是恒垮独（恒柯督）的书。	
11	4.151	祭胜利神仪式·索求福分	这书是兄长吾嘎寇八十一岁时写下的，写好后送给也做东巴的兄弟构沙。	
12	4.178	祭胜利神仪式·在屋顶上祭胜利神	子年属鼠，为岁首。丑年属牛，岁序为第二。此书是东京的书。寅年属虎，岁序为第三。卯年属兔，岁序为第四。辰年属龙，岁序为第五。巳年属蛇，岁序为第六。午年属马，岁序为第七。未年属羊，岁序为第八。申年属猴，岁序为第九。酉年属鸡，岁序为第十年。戌年属狗，岁序为第十一。亥年属猪，岁序为第十二。	
13	4.304	祭畜神仪式·献牲	这书是能干的东巴多由（东阳）书写的。	

14	4.353	祭畜神仪式·献饭	这是东勤（东其）的经书。	
15	4.387	求仁仪式·献牲·仁的出处来历	这是东鲁的经书。	
16	4.419	求仁仪式·献饭·施药及祭祀规矩	这书是鲁甸甸头托坞努地方的东巴朵伍的。愿东巴长寿，愿主人一家长寿安康，事事美好。	
17	5.90/91	祭署·仪式概说	这是章单那地方的多依才（和士成）东巴写的，是在他七十九岁的这年正月二十七日写的。愿东巴长寿，卜师日永！这是祭署的概说。	1988 年
18	5.136	祭署·请署歇息·唤醒署	这是沃美课这个好地方的书。愿东巴一代接一代，愿东巴长寿，卜师日久！	
19	5.154	祭署·迎请尼补劳端神	这是多启（东其）的书。工补都之。	
20	5.207	祭署·请署	这本书是吾美课的书。	
21	5.292	祭署·送刹道面偶	这书是由男子莫若注写的，写时没有错，读时也不要错了。	
22	6.48	祭署·开坛经	此书是由郎科地中央的东巴东支的孙子写的，鸡年这一年写的，五十七岁这一年写的，愿祭司长寿，愿卜师长寿。	
23	6.84/85	祭署·卢神的起源	这册书是大年猴年写的，花甲水来掌的一年写的，张单依乌山脚下的多依才（和士成）八十三岁这年写的，怀着人死后手迹也要留于世的意愿写下了这本书。	1992 年
24	6.118	祭署·送署酋守门者	这本书是多启（东其）的书。	
25	6.150	祭署·迎接佐玛祖先上卷、中卷	这是东里的书。	
26	6.220/221	祭署·求雨上卷	此书是好地方坞吕肯的里卜多尤青（东余）写的，写得不错乱，读的人不要错读了吧，要用心慢慢思索吧。慢慢又思吧。此书虽是好书，不懂的人读来就难，懂的人读来就易，不要说很能干的读了，愿长寿日永，身体洁净，心地善良，会求雨，顶冰雹之灾，打雷又会止息。	
27	6.273	祭署·都沙敖吐的故事	这是恒可都（恒柯督）的书。	
28	6.299	祭署·普蛊乌路的故事	这本书是由有好田地的楚夸都（初柯督）东法写的。	
29	6.355	祭署·把署猛鬼分开	这本书是东注写的	

30	7.45	祭署·蚩堆三子的故事	这是多启（东其）的书。	
31	8.24	祭署·崇忍利恩·红眼仄若的故事	这是多启（东其）的书。	
32	8.65	祭署·杀猛鬼、恩鬼的故事	这是东巴熊梭熊呆（肖松肖端）的书，愿诵经的声音带来子嗣，长寿日永！	
33	8.115	祭署·东巴什罗开署寨之门·让署给主人家赐予福泽·保福保佑	这是花甲羊年写的，愿东巴长寿日永。	
34	8.147	祭署·白"梭刷"的来历·药的来历	这本书是干支鼠年写的。念这本书，有没有念得很流利的人？若有，就该称为老师。如果他只会念得不白不花就不行。好锄头不去砍树挖树，快镰刀也不杀羊。即使会制作犁耙也难安好耙齿的。	
35	8.190	祭署·拉朗拉镇的故事	这是梭补余登（和世俊）多启（多子）的书。	
36	8.234/235	祭署·给署供品·给署献活鸡·放五彩鸡	这本书是好地方阿世竿妥鲁村东巴普支登梭写存，是自己的书，愿长寿日久。这本书原由祖父梭补余登写存，后由中央博物院带去，说是要一本收藏，他们带去后，我手中无书，没办法了，好地方罗胜有个名叫和才的人，在中央博物院，他把如何做，按规矩抄送来一本。这书是看着和才的写本写的，虽然字写得不好，但首尾不差错的写下来了，后来者兄弟子女大小们，用好眼慢慢看吧，准备好你的薄嘴舌，好好念诵吧，不知不要不管，要更深的懂得书，手迹不一样，不会与他人的相混。去学习学习吧，愿东巴的继承者不断增加！愿像野坝子籽，蔓菁籽似的多！	
37	8.245	祭署·迎接四尊久补神·开署门	这是东巴熊梭熊端（肖松肖端）的书。愿长寿日永，愿东巴口诵得福泽，愿东巴的手带来子嗣。	
38	9.43	祭署·给署许愿·给署施药·偿署债	这是好地方鲁甸盘温旭特若旁的东巴多扬的书。	
39	9.69	祭署·招魂经	这是燕满东其的书。	
40	9.146	祭署·给署献活鸡·开署门	这是东巴熊梭熊多（肖松肖端）的书	
41	9.177	祭署·木牌的出处与崇忍潘迪找药的故事	这是多启（东其）的经书。	

42	9.215	祭署·给仄许愿·给娆许愿	活路忙碌，所以利用早晚时间写了。写得已没有差错，诵读时不要差错，好好的学习，看看，要好好的诵读。向老师学习不要生怯，对自己不利，这一点现在不能发觉，则今后就来不及了，好好做吧。这书是好地方鲁甸排村许腾男子里补东阳的，愿延年益寿。	
43	9.263	祭署·立标志树·诵开坛经	龙年这年在大东朗可这个地方写的，是在六十四岁的那年写的。	
44	9.279	祭署·送神	这是好地方中村多使的书。	
45	10.17	延寿仪式·迎请许冉五方大神、东巴、刹道神和哈姆女神	这本书是梭补余登、东仔的书。	
46	10.47	延寿仪式·迎净水	这是梭补余登、东仔的书。	
47	10.233	延寿仪式·搭白帐篷·设神坛·请神并供养神	这是富饶肥沃的阿时主托鲁村、阿什午鲁务汝盘那儿的东巴梭补余登、东仔的经书。愿长寿安康！	
48	11.18	延寿仪式·请神降临·首卷中卷	这是梭补余登东仔的经书。	
49	11.93	延寿仪式·杀绵羊牺牲·诵白水黑水经咒	是托鲁村东巴梭补余登、东仔的经书，祝东巴延年益寿。	
50	11.46	延寿仪式·神为穷家招富强	这是桑勒的书。	
51	11.126	延寿仪式·献牲·献圣灵药·求福泽	由富饶之地阿什仲托鲁村、阿什白雪山务汝盘那儿的东巴梭补余登东仔写的。是五十二岁那年写。写后留给了子孙，慢慢地学习吧。愿延年益寿。愿后一世在吉祥的方位里诞生，如像五宝花朵一样。	1911 年
52	11.177	延寿仪式·绵羊牺牲的来历·解绵羊之梦	是托鲁村梭补余登东仔的书。是阿什仲这地方的。	
53	11.212/213	延寿仪式·有绵羊作拉朗纳昌占卜	我是生笔的东纯，这本书是在四十八岁这年写的。虽不是大山，但却连着雪山；虽不是大川，但却是金沙江的支流。我虽有五个儿子，但没向父亲学习。是生笔的东仔纯写的，但给我第四个儿子了。饮酒举酒杯，会思起老父。吃饭拾饭碗，会思念起母亲。	
54	11.238	延寿仪式·用威风的白绵羊占卜·愿一切吉祥·迎请优	这是富饶的地方阿什仲妥鲁村东巴梭补余登东仔的书。愿东巴长寿安康！	

		麻战神		
55	12.40	延寿仪式·大祭署·建署的白塔	是有肥田沃地的阿什仲托鲁村的东巴普知登梭的书，是我这东巴活到二十七岁这年写的。虽然是笨手拙字，但前后都没有差错地写下来了。以后则不能把它看成不值价而不予尊重，即便有不高兴和不喜欢，那也让它去吧!	1933年
56	12.115	延寿仪式·寻找散失的战神·迎请优麻神摧毁九个仇寨	富饶之地阿什仲托鲁村东巴梭补余登、东仔的书，是按汝南化村老师的规程写的，没有什么差错。愿东巴长寿安康!	
57	12.170	延寿仪式·供养优麻战神	阿什仲、托鲁村东巴梭补余登、东仔的书。	
58	12.289	延寿仪式·崇忍利恩的故事·向华神献牲	是高迪垛的天宝写的书。	
59	13.54	延寿仪式·向祖先战神献饭·供养祖先战神	这是梭补余登、东仔的书。	
60	13.86	延寿仪式·迎请依端拉姆女神（中卷）	这是好地方阿什仲的东巴梭补余登我写的书。愿东巴之口能降福泽，东巴之手能降子嗣。这是好地方妥鲁村，是长杉树柏树的阿什仲地方的扭坞高山务汝盘那儿的东仔的书。	
61	13.107	烧白色梭刷火把除秽·请十三位依端拉姆女神·女神念咒洗秽	这是梭补余登、东仔的书。	
62	13.143	延寿仪式·居那若罗神山与含依巴达神树的出处来历	这是梭补余登、东仔的书。	
63	13.165	延寿仪式·砍翠柏天梯的梯级	这是梭补余登、东仔的书。	
64	13.198	延寿仪式·请景补大神开天门·迎请神	这是阿什仲的妥罗村的东巴梭补余登、东仔的书。	
65	13.228	延寿仪式·东巴弟子求威灵（上卷）	这是东巴梭补余登、东仔写的。我自己写的。	
66	13.272	延寿仪式·东巴弟子寻求本领（中卷）	良田阿什仲托鲁村东巴梭补余登、东仔写的。	

67	13.292	延寿仪式·东巴弟子寻求本领（末卷）	这是梭补余登、东仔的书。	
68	14.35	延寿仪式·架银桥和金桥·开松石路和墨玉路	这是有肥沃的田地的阿什仲的妥鲁村，长着杉树柏树的阿什白雪山、阿务汝山麓下，有世交的东巴梭补余登、东仔写的。写好后留给了儿孙。愿延年益寿!要认真学习，不兴无精打采，懂这知识应该是高兴的。	
69	14.67	延寿仪式·迎请华神及诸神·挂龙幡·竖"督"树	是好地方阿什仲托鲁村东巴梭补余登、东仔的经书，祝东巴延年益寿。	
70	14.111	延寿仪式·迎请华神·迎请巩劳构补神	是东巴普芝登松（普支登梭）的书。	无图片
71	14.207	延寿仪式·招生儿育女的素神·清玖补神锁仓门	是肥田沃地岛普村的东巴诺布余登（糯毕余登）的经书。愿延年益寿!愿父亲的好手艺由儿子发扬光大!	
72	14.274	延寿仪式·求富强之威灵·招富强	是梭补余登、东仔的书。	
73	14.306	延寿仪式·建翠柏纳召及白塔	是好地方阿什仲妥罗村东巴梭补余登、东仔书写的。这本书是好男之手书写的。愿亿双好眼看此书，善出好点子和好主意者诵此书，成为经典之作!纳西东巴凡是祭祀都为祈福泽，愿生儿育女得福泽!愿会者和知者、祭司和卜师的种子得传扬，愿像天上的繁星、地上的青草一样繁盛!	
74	14.355	延寿仪式·供养神·用翠柏天梯接寿岁（下卷）	是梭补余登、东仔的书。	
75	15.46	延寿仪式·甘露圣灵药的来历·迎圣灵药	这是东巴梭补余登、东仔的书。	
76	15.93	延寿仪式·送龙	是肥田好地方阿什仲的托鲁村东巴梭补余登、东仔的书。	
77	15.112	延寿仪式·请本丹战神·送神	是干支中属母土兔年的正月里尤罗瓜由村寨建神房而上衍条的那一天所书写的书，是由东巴东余之手所写的。	
78	15.132	延寿仪式·把美汝柯兴柯罗降下的臭鬼和支鬼抵上去	是妥鲁村东巴梭补余登、东仔的书。	

79	15.199/212	延寿仪式·接寿岁·供养神并送神	这是有肥沃的田地的阿什仲托鲁村的东巴梭补余登、东仔写的书，愿延年益寿！是梭补余登、东仔的书。	
80	15.292	延寿仪式·求大神威	此书于天干为母水、属鸡的一年，布冒星当值的一天写的，是七月初四写的。愿延年益寿！不会读与不知道，就向知道的人请教吧！	1922年
81	15.306	延寿仪式·仪式规程·是卢神所说的	这是有肥沃田地的阿什仲的托罗村的东巴梭补余登、东仔的书。这一套延寿仪式的书，是自己写的。是与他人的书不一样。手迹也不一样。不要出差错。三代、四代、五代，代代相传，愿千代东巴、百代卜师代代不绝。愿东巴相传、东巴不绝、东巴之子不断。愿东巴延年益寿、生儿育女！	
82	16.80	祭风·毒鬼仄鬼的出处和来历·偿还鬼债	这一本经书是下束河的东巴东阿写的，这本经书无论写得好还是写得不好，都要拿到东巴老师面前，请别嫌弃。	
83	16.133	祭风·为祭木取名	这一本经书是和旭的。	
84	16.203	祈求福泽·祭风招魂·鬼的来历·首卷	这一本经书是好地方阿史佐妥鲁村的东巴普支登梭的，是普支登梭自己写的，我自己的手迹和其他的任何人都不一样，不会差错。这一本经书是东巴我三十二岁时写的，愿东巴健康长寿，愿使用这一本经书的东巴，吟诵经书的嘴巴能给人带来福分。做祭祀的手能给人带来神灵赐予的恩泽。	1938年
85	16.248	祈求福泽·祭风招魂·鬼的来历·卷末	这一本经书是阿史佐这个好地方，妥鲁村的东巴普支本梭的，是自己写的经书，与别人的不一样，不要搞错了。愿家中会做祭祀东巴一代一代往下传，永远传下去。让家里善于卜算的卜师不断地出现。	
86	17.39	祭风·白色娆鬼、毒鬼、仄鬼出世	这本经书写于皇历光绪十三年，这一年属猪，于本年二月二十七日完成。写在我二十七岁之时。愿东巴健康长寿，到处呈现出一派吉祥的景象。	1887年
87	17.318	小祭风·施食	阿史主村，雪山旁边的东巴杨向芝四十四岁时所写的，我写得不很好。愿使用这本经书的东巴健康长寿。	
88	18.28/30	祭风·给鬼开门·木牌的产生	这本经书是中村署柯地方的英蚩所写，愿我们一家祖祖辈辈都能干，代代都无遗漏。愿我们一家所做的祭祀真的做得好。把做祭祀的这一主人家赐的鸡，一群一群地赶到身后去。	
89	18.195	祭毒鬼、仄鬼、云鬼、风鬼·交鬼食	这本经书是温泉中村的东巴，属鼠这一年写的，写这本经书时东巴已有六十九岁。	
90	18.240	祈求福泽·祭呆鬼和仄鬼	这一本经书是东巴普支登梭的。	

91	19.188	祭风·除鬼	这一本经书写于补托属铁的七月份，这一年属羊，是乌孜嘎写的。愿使用这一本经书的东巴长寿，卜师日久。	
92	19.267	顶灾经·祭端鬼和痒鬼	这一本是丽江太安乡恒柯督的经书，写的还像个样，是东巴纽督写的经文。	
93	19.287	高勒趣招魂·除丹鬼	这本经书，是好地方朗柯中村的东巴东补鲁写的，写在属牛的这一年里。	
94	20.127/128	小祭风·施吃食份额	这一本经书是东巴我四十五岁时所写的，写于大年的狗年，愿我们一家东巴代代相传，卜卦能长久。	
95	20.164	祭云鬼和风鬼·给星鬼娆鬼毒鬼仄鬼施食	这一本经书是东喜我自己写的，是我自己做祭祀时用的经书。	
96	21.17/18	抛卡吕面偶	这一本书写在水补托的鸡年，是恒柯督地方的利补东卢写的。东卢是几代东巴导师的传承人，是一张硬弓射出的箭。高高的雪山不可攀折，这事在你们分成三瓣的心中慢慢思量口巴。写又……（字已涂去）	
97	21.37	祭风·招回凶死者的魂魄	中村的经书。	
98	21.61	祭风·将署和龙送回住地	这本经书是补托属铁的那一年写的。	
99	21.116	顶灾经	这本经书是鲁甸坝子中央的东巴东鲁的，愿我们一家世世代代有东巴出现。	
100	21.144/145	祭云鬼和风鬼·结尾经	丽江鲁甸盘洼许腾补山脚下的东巴东鲁的经书，愿东巴的口能给做祭祀的这一户主人家降临福分。愿东巴的手能给做祭祀的这一户主人家带来神灵赐予的恩泽。这本经书是东巴我四十七岁那年写的。我写的虽然不好，但是，在做祭祀、念诵经书、布置仪式时，不要发生差错，应该认真地去做。平时要认真学习经文，若不是自己想着书本，书本决不会想着你、来寻找你。愿七代的东巴口中都能给做祭祀的主人降临福分，七代卜师口中能给做祭祀的这一户主人家降下神赐予的恩泽。愿东巴所祭的鬼都能达到预期的目的，就像瞄准射出的箭，都能使靶板呈现裂纹。愿东巴健康长寿，愿东巴家里代代都有东巴出现，不至于出现断层。	
101	21.224	小祭风·木牌画稿·祭祀规程	妥坞奴旁边的东巴伍恩的经书。	
102	22.189	禳垛鬼大仪式·禳	书写这本经书的人，是丽江县大东乡展丹村的东玉才	1988 年

	/190	垛鬼祭仪概述经	（和士成）写的。会释读的人来释读，不知会是多少容易；不会释读的人来释读，不知会有多么困难。这是今年有七十九岁的老人书写的啊，若是写得不好，也请不要见笑啊。祝愿大家长寿，祝愿大家延年啊。	
103	22.314	禳垛鬼大仪式·请求神灵帮助经	这本经书是高地处的汝崩坞村的东巴东卢写的呀，高地处的韩锥俚村的东巴东构要这本经书，我一字不错地写好了啊。写经书是比较麻烦辛苦的事啊，就是缺少这根松明了呀，请不要见怪。	
104	23.42	禳垛鬼大仪式·垛鬼铎鬼来历经	这本经典是丽江县城南面的好地方初柯督的祭司东发我写的，是我活到七十岁这年写的啊，祝愿祭司们都延年益寿吧。	
105	23.183 /205/2 06	禳垛鬼大仪式·点油灯作供养经	这本经书是朗考的吾美课这个地方的东巴祭司东茨的经书啊。这本经书是朗考村的祭司我在小年猴年这年写的，是我六十八岁这年写的。这是一本字迹得不好的经书。虽然我的字写得不好，但我还是认真的写了的。虽然我的家庭和祖先是有名的东巴世家，但我的字却写得不好，实在是没有办法子呀。	
106	23.230	禳垛鬼大仪式·迎请九个妥格大神	这本经书是恨柯督的啊。	
107	24.51	禳垛鬼大仪式·驱鬼经上册	这是好地方初柯督的经书。	无图片
108	24.105	禳垛鬼大仪式·驱鬼经中册、下册	这本经书是天干属土的龙年这一年书写的。经书是否写得对，请评论吧。不满意呀不满意，也许会有不满意的。	
109	24.194	禳垛鬼仪式·人类起源和迁徙的来历	现在这个时候呢，虽然我延年益寿了，但当作一句古话，把这本经典留存后世了啊。这本经典是展丹村的男子我有八十三岁这年写的。祝愿从这以后有所上进。	1992 年
110	24.259	禳垛鬼仪式·白蝙蝠求取祭祀占卜经	这本经典是东尤（东阳）我自己的。是戊辰年龙岁写的，即民国 17 年写的。希望后世代代相传、留存百代千代。希望得到祭祀和占卜和本领，这是我有 29 岁时写的。这是居住在鲁甸的盘瓦训腾若山麓祭司东尤、（东阳）的经书。	1928 年
111	25.49	禳垛鬼仪式·给优麻神烧天香作供养经	中村的书。	
112	25.114 下	禳垛鬼大仪式·用十二种牲畜祭祀的	这是有高崖的冷美局山上绪孜昂山崖下的欧什格纽坞旁边的有白头黑鹰的威力的祭司东腾灿书写的经	

		来历	书。	
113	25.127	禳垛鬼仪式·寻找洗手除秽水经	这本经典是展丹村的男子我写的啊。祝愿延年益寿啊！	
114	25.155/156	禳垛鬼仪式·给鬼施放和递交牺牲经	这本经典，是生长杉树柏树的高山地带的阿石这个地方，构盘局山麓处的祭司我写的。这是祭司我二十二岁这年写的。这是祭司东吐我的经典。九代祖父为祭司，希望祭司我口中祭诵能出现吉祥；七代祖母为卜师，希望卜师我口中占卜能出现福泽啊。祝祭司长寿，愿主人延年。	
115	25.234	禳垛鬼仪式·董术战争	这本书是在绵羊年的八月里书写的。是丽江县宝山乡寿南坞村的东巴书写的。这都是古代的传说故事。总共写了四册。祝愿祭司长寿，卜师延年！	
116	26.57	禳垛鬼大仪式·哈桑战争	这本经书是在干支为土的龙年这年的八月初四这天，休曲局山麓的祭司东嘎我写的。这是一本哈神与桑鬼争斗的经书。这本经书呢，我们还是好坏如实说，是值一些碎银的。愿祭司延年益寿。	
117	26.79	禳垛鬼仪式·施放余劳丁端的替身	这本经书是从初考督的经书上传抄下来的。这是男子我活到四十岁这年写的。	
118	26.135	禳垛鬼仪式·端和铀争斗、施放董若依古庚空的替身	这本经书是丽江城南面的祭司东发我抄写的，这可是我活到七十岁这年写的。愿延年益寿。	
119	26.272	镶垛鬼仪式·高勒趣、哈若尼恩、哈拉古补施放替身经	这本经书是从好地方初柯督的经书中抄录下来的。说说容易做就难了，借出去容易需求就难了啊。祝愿祭司长寿、主人延年。	
120	27.85	禳垛鬼仪式·镇压属相相克的灾祸鬼	构若的经书是。	
121	27.130	攘垛鬼仪式·施放作为替身的九个普梭木偶和绵羊、猪、鸡	这本经书是贤能祭司梭补余登即东孜我自己手抄的，愿千代祭祀、祭司口出吉祥，愿百代占卜、卜师口出福泽。愿祭司和卜师代代相续，愿祭司长寿、卜师延年。	
122	27.188	禳垛鬼仪式·用小松树作为替身的来历经	这本经典是展丹村的男子我写的啊。祝愿延年益寿啊。	
123	28.32上	禳垛鬼仪式·用牛作替身，偿还若罗山东面的鬼债	这本经书是天干为铁，属相为猪的这一年书写的。这是有两个四月的一年。这本经典是五月二十五日写的，是属相为马的那天写的啊。	1911年
124	28.209	攘垛鬼大仪式·若	这本经书是居住在高地增盘罗村的恩露埔写的，写得	

		罗山北面属水的革洛人哈布赤补的故事	一个字也没有错，一句话也没有漏的了。这本经书是写给夫罗村的东麻吐的。此书写得没有什么非议了，平时不常听说的话，我都出自内心地写上去了啊。	
125	28.325	襄垛鬼大仪式·向东巴什罗寻求镇鬼的本领	这是居住在高地方汝崩坞的祭司东卢的经书，抄写好就存放在家里了，不要随便交给他人拿到其他地方去。祭司死了以后，其威力还存在的啊，往后日子里，孙子又会学着来啊。	
126	28.378	襄垛鬼仪式·铠甲的出处来历	这本经典是东巴和玉才书写的，是在大研镇玉泉水旁书写的啊。	
127	29.21	襄垛鬼仪式·施放展巴四兄弟的替身	这本经书是从丽江县初考督村的经书上传抄下来的。愿东巴祭司延年益寿吧。	
128	29.50	襄垛鬼仪式·崩俄崇忍的故事	这本经书是展丹村的东巴和玉才书写的啊，这是我八十三岁这年写的，是神灵赐给我延年益寿、健康长寿的福分了。	
129	29.207	襄垛鬼仪式·捕仇敌魂埋仇敌魂	这本经书是丽江大东乡展丹村的东巴和玉才书写的。	
130	29.238	襄垛鬼仪式·用柳枝男偶像作替身关死门经	这本经书是辽阔大地上，绿松石色高山下高地蒙绍坞的祭司东康亲笔写的啊。这是干支为地支属牛的这年的八月二十九日写的，是属虎的一天写的。愿祭司长寿。	1889 年
131	29.310	襄垛鬼大仪式·打开史支金补鬼的柜子招魂经	这本经书是在休曲局山麓书写的，是构涛的书啊。不学是不会懂的。不甘心就好好地学吧，不能念错啊，会被别人笑话的啊。这是一本打开史支金补鬼的柜子招魂的经书。	
132	30.170/184, 202/203	襄垛鬼大仪式·招魂经	坞吕肯村的祭司我，没有经历过的都没有，全都经历过的啊。鼠年那年办甲子会时，一共有二百多位祭司聚集在一起，大研镇丽江城里的县官、绅士、有名望的长老以及大小官员，都曾赞扬过一下的啊。虽然如此，但也不是轻易办成的。虽然很早就准备好了的，但做起来也不算是早的了呀。因为做得好，才完成了这一桩大事的啊。现在需要修改的仪规，还是必须修改的啊，不能固执地说我是这样学来的了。此后这一段，是施放驮垛鬼凶灾物的母马的经书。祭仪不能都一样地做了，过去的和现在，时代也不一样了。必须认真地做了。此后的经典内容，是襄垛鬼仪式中的董神与术鬼的故事及施放作为替身的黑牛黑绵羊。这本经书，是坞吕肯村的东巴祭司东玉康我写的啊。这本经书的内容有两段啊，认真地看吧。这是襄垛鬼大仪	

			式的经书，其中三节都要认真地诵啊，不要有什么错漏。说说容易做则难，需求容易学则难。真正的祭诵是不能完的，真正的评说是不能完的。	
133	31.87	禳垛鬼仪式·送大神经	这本经书是朗柯敦虑股的男子我在牛年这年写的，这是我年经到六十八岁的这年写的啊。	
134	31.115	禳垛鬼仪式·小祭素神经	本经书是居住在展丹音坞局山麓的孟道崩町村的祭司东才我于八十四岁这年写的，我算是健康长寿的了啊。	1993年
135	31.234	河谷地区祭鬼仪式·开天辟地的经书	岩柯村的治盘坞这个地方的东涛写了这一本开天辟地的经书。这本书已经给治石坞村的东嘎了啊。希望祭司长寿吧。	
136	32.126	禳垛鬼仪式·解结绳·丢弃里朵	写于鼠年三月初四。	
137	32.168/176	禳垛鬼仪式·给垛鬼还债·让驮灾母马丢弃灾难	这是祭司梭补余登朵子的经书。留给孙子普支普支登梭。祝愿东巴代代相传，天长日久。这是东巴朵才贵的经书。	
138	32.194	禳垛鬼仪式·给木偶衣服·上卷下卷·关死门	这是南山恒柯督的经书。	
139	32.210	禳垛鬼仪式·请猴子·接狐狸	大概是五台的经书。	无图片
140	33.148	禳垛鬼仪式·地面开裂、关地缝古籍·上卷	这是东巴普支登松所写的经书。	
141	33.167/168	禳垛鬼仪式·堵塞地缝·后卷	本书于干支阳铁马年农历二月初七日属兔的那天所写，是东巴普支登梭 24 岁时所写的，原本是向崩地（白地）的东翁家借来的。向东翁家借的书是：《祭绝鬼》的六本，《堵地穴》的二本，《超度麻疯病人》的一本，《梭纳固恭下卷》一本，《考补余登》一本，超度拉姆仪式的《丢弃卡吕》一本，《丢弃冷凑鬼》一本，总共借来 13 本，是用我自己的笔迹抄写的，头尾没有抄错。是用好男的手来写的，要用你的好眼来看书。所有会诵的男子，别说是见过，就连听也不会听到过。	1930年
142	33.238	禳垛鬼仪式·用猪作替生·丢弃鳖鱼鬼	这本书是干支鸡年九月七日写的。是祭司东芳写的，是在似懂非懂的时候写的。不管写得对不对，先写下来以流传后世。经书不会老去，流传千代以后会变成典故，如果以后要及时学习经书，希望好好学习念诵。	

			要学习经书,很困难。祝愿东巴长寿无疆。	
143	34.45	禳垛鬼仪式·请格空神	这是向五台村的老师跟前学来的。	
144	34.89	攘垛鬼仪式·请本丹神·送走灾难	皇帝光绪三年三月十一日写的,写得没差错。	1877年
145	34.181	丽江县大东乡禳垛鬼大仪式规程	这本书,是住在展丹村的音乌山麓处的东巴祭司东玉才七十八岁这年书写的啊。这是在丽江古城玉泉边书写的。这是千代的东西,永寿的墨迹。愿能叙说下去啊。	1987年
146	35.183	退送是非灾祸·祭送口舌是非鬼	这本书是贤能东巴东鲁的呀。	
147	36.95	退送是非灾祸·董争术斗	这本书是祭司东尤、东阳的。	
148	36.184	退送是非灾祸·揉巴四兄弟事略	这是恒可督地方的经书啊。	无图片
149	36.330	退送是非灾祸·抛放雄罗面偶	这是祭送雄罗面偶仪式的规程经文呀。	
150	37.32	退送是非灾祸·捉拿仇鬼·煮杀瓦鬼	此书乃丽江南坝子,东园村的贤能祭司东法写的。祝愿祭司们健康长寿。	
151	37.71	退送是非灾祸·把毒水抛向仇人·请优麻战神镇压瓦鬼	这是东其的经书。	
152	37.121/136	退送是非灾祸·启神的出处来历·抛送考吕面偶	这是东尤祭司的经书,有两位祭司的手迹呀。这是祭司东由的书。	
153	37.298	退送是非灾祸·祭祀仇鬼·镇压仇魂	这是恒可毒的经书。	
154	38.43	退送是非灾祸·麻登大神赶鬼	此经文,乃拉郎瓦山脚下,牡少坞的祭司东开写的,所写的一切无差错,祝祭司们长寿富足。	
155	38.61	退送是非灾祸·为优麻战神烧天香·消灭千千万万的鬼怪	此书写于属牛之年,本人刚好四十九岁。本人乃温泉地方地祭司东知的孙子,写得不算很出色,但没有差错,写得不算很美,我懂得不多,书写也不太好,可此书却写完了。	
156	38.293	退送是非灾祸·驱鬼经卷首	此书乃鲁甸盘坞地方,许腾若山脚下的祭司东杨写的,愿人们长寿富足,此书是我三十岁那年写的。	1929年
157	38.335/336	退送是非灾祸·赶鬼(上卷)	此书是马年十月中写成的,写的并没有差错,可在诵读时常会有差错,初学诵读的格巴弟子们,要在内心	

			深处好生思索。此书给了古般地方的祭司东补，云彩都往雪峰汇集，将会越来越高。细流都向金沙江汇聚，所以金沙江水深不可测。可千万别把细流忘却。但愿我这个祭司能长寿富足，愿你们兄弟心想事成。应该和睦舒畅地生活，有福共同来享有。如果互相矛盾，大家都不愉快，这样，衰老就会追随而来，有物不往来，死神也将寻你而来。请千万要和睦相处，共享财物，礼尚往来呀。	
158	39.37	除秽·烧天香	是好地方初可笃的经书。	
159	39.85	除秽·迎请卢神	即使丢掉了经书，也不能失去东巴和卜师。五台和玉清的经书。	无图片
160	39.110	除秽·请神降威灵经	是东巴肖松肖端的经书，愿延年益寿。	
161	39.136	除秽·秽的来历	是休松休端的经书。	
162	40.36	除秽·白蝙蝠取经记	妥罗村东巴休松休短的经书。东巴普知登梭书写。值我二十六岁时写下。愿延年益寿！	1932 年
163	41.140	除秽·恩恒尼汝、高勒高趣的故事	这是恨可毒的经书。愿东巴一代代传诵它！	
164	41.246	除秽·为天女那生普麻除秽	写于火虎年的三月二十九日。会这字很容易说，但是要念好就难了。经书牢记心中了，不兴说不会，不兴说不懂。九头大象驮着的经书记在心中。赠与的东西应该高高兴兴的接受，不给也不该生气。慢慢地说吧。会了懂了也不兴显耀。要在心中三思。会的就容易些，不会的就难了，就像步入漆黑的夜里。会的能说得像十五的月亮那么圆满。	1926 年
165	42.36	除秽·尤拉丁端、套拉金姆的故事·美利董主、茨爪金姆的故事	是次可都的经书。是多发写的。	
166	42.86	除秽·斯巴金补的故事	寨头东巴多扬的经书。	
167	42.104	除秽·都沙敖突的故事	是东其的经书。	
168	42.120	除秽·姐沙套姆的故事	是多其的经书。	
169	42.137	除秽·为天神九兄弟、拉命七姐妹烧	是东巴普知登所来书写。是休所休短东巴的经书，	

		梭刷火把		
170	42.254	除秽·九个故事	狗年阴历十一月十八日写的。值我六十六寿辰之时，祝愿东巴延年益寿。这是五台村的经书。	
171	43.45	除秽·用犏牛、牛、羊除秽（上）	多洋多止两人的经书。天上的星星数不清，地上的草也数不尽！高高的雪山翻不过，深邃的大江渡不过。自己会的就说。时常想到还有胜过自己一筹的。	
172	43.72	除秽·用犏牛、牛、山羊除秽（中）	多洋多止两人的经书。	
173	43.90	除秽·用犏牛、牛、山羊除秽（下）	甸头多洋多止二东巴之经书。愿九代东巴诵出福禄，愿七代卜师讲出吉祥。	
174	43.112	除秽·退送灾祸·解结·下接送秽鬼	东巴休松休端的经书。	
175	43.204	除秽·白梭刷火把的来历	东其的经书。	
176	43.264	除秽·迎请佐体优麻神	是东启的经书。	
177	44.60	除秽·优麻神砍倒黑秽树	这是古补毒支东其的经书。	
178	44.114	除秽·清除秽鬼中卷·下卷·把当鬼分开	是东其的经书。	
179	44.136	除秽·结束经·退送秽鬼	是东巴肖松肖端的经书。	
180	44.153	除秽·为人类退送秽鬼	赠恨跨都的经书。	
181	44.256	除秽·仪式概说	章端地的多育才所写。收藏于古本地古卢水边。	
182	44.326	除秽之规程	大东乡章端地依乌山脚下，东巴多才写的，大除秽仪式的规程。	
183	45.117	压呆鬼·请朗久敬久神	这本东巴经是富饶之地初夸毒的东巴东杨写的，写了留给儿子，这本书不要让别人看到，一本藏在一个地方了，愿东巴长命百岁。	
184	45.176	压呆鬼·启的产生	这本书是东杨的。这本书是东巴和即贵写的。	
185	45.199	压呆鬼·请神	这本书是生笔四尤的。	
186	45.245	请呆鬼·偿还呆鬼债·接呆鬼气	这本经书是许腾山脚下的东巴东杨的。	
187	45.275	祭呆鬼·法杖产生（下）	这是许腾山下东巴东杨的经书。我这个能干的东巴写的书不会老，书中有能使唤千代受益的话语了。	

188	47.65	请神压端鬼·端鬼的来历	这本经书是天干里属铁的鼠年六月十五日属狗的这天写的，写的内容没有差错，读这本经书的人也不要读错，愿兄弟和东巴延年益寿。	1900年
189	47.162	祭端鬼·驱端鬼·献牲	这是富饶之地昌柯都的经书。	
190	47.188	祭端鬼·端鬼的出处来历·把十八个端鬼压下去	这本东巴经书是富饶之地昌柯都的东巴多旦写的，东巴们都兴说一些你能干我能干，你聪明我聪明的话。	
191	47.270	祭端鬼仪式规程（中）	这本经书是东贵二十九岁这年的农历七月间写成的，是看着十二代祖先写下的经书抄写的，经书里有很多的格巴文字，我把格巴文字全部都改了，一节里如有一个格巴字，不能说放进了格巴字。这四句经文，请慢慢地想吧。①	1849年
192	48.146	祭端鬼·请莫毕精如·后卷	这本经书是于羊年这一年写的，请慢慢翻看，这本书是坞肯满的东巴朵拉写的，愿东巴长命百岁，读完这本经后不要很快地把它忘记。	
193	48.204	送端鬼·后半部分是仪式规程	这本书是梭补余登，补支登梭的。	
194	49.70	分开妥罗鬼·用鸡还鬼债·招魂	这本经书是温泉沃美柯的。	
195	49.152	抛面偶·祭抠古鬼	这本东巴经是在白石山下的吉祥地里写的，是蛇年这年写的，是东巴在二月二十八日写的，，没有一处错误，愿智慧的东巴长寿、卜师富足。	
196	49.209	戈布鬼来作祟	这本东巴经不是这个地方的东巴经，这本东巴经是我从楞启班丹术久村那布恒东巴家学来的，我们这个地方不兴有这本东巴经书。	
197	50.77	驱抠古鬼·上卷	狗年皇朝道光三十年朵贵来写的，四月十八日属龙的一天写的。人类生活在广大的天穹下，不会的兴去学，不知要教给，不要害羞。这本书是阿什朵贵写的，写完后送给了美史批的朵补。愿东巴们长命百岁。"②	1850年
198	50.108	请端格神·杀抠古鬼	这本书是中村的。	
199	50.140	请端格神·请本丹神·本丹水的出处	这本是盘栋威中村多李的经书。	

① 喻师认为"道光"《全集》误作人名"东贵"，东贵二十九岁应为道光二十九年七月里写的。
② 喻师认为，"道光"《全集》误作人名"朵贵"。道光三十年（1850）年为庚戌铁狗年，4月18日庚辰，龙日。

		和来历		
200	50.289	送走火鬼·压替罗鬼	这本东巴经书不是这个地方的,是从依支崩敦东吾老师家借来的,去依支崩敦要走六天七夜的路程,不要随随便便地对待这本经书,抄写后的这本经书是达坞嘎余丹和四杨涂斥的经书。如是要送火鬼,要在上面挂起神轴画,设起神坛,倒上神粮,请神下来,点上神灯,给卢神和沈神除秽,烧上天香,念诵《开坛经》、《火鬼的出处来历及驱赶火鬼》。	
201	51.124	祭猛鬼和恩鬼·献牲·杀鸡	这是住在肥沃的温泉村的一个东巴写的,是属牛那年的农历三月份写的经书。	
202	51.173	祭猛鬼和恩鬼·驱鬼·中、下卷·遣送丹鬼	这是东巴郑兴的经书呀。	
203	51.229	祭猛鬼和恩鬼·找猛鬼和赶猛鬼	这本经书是一个年有八十二岁的东巴(大东乡和士成)写的。	1991年
204	51.249	祭猛鬼和恩鬼·结尾经	这是居住在好地方的大东乡温泉村东巴写的经书,是属牛那年写的。	
205	52.56	蛇鬼的出处来历	此册经书是由东塔写的,安窝的构纳山和补美山写的,在安窝写的,在古本休曲山旁,把这本经书送给了东翁这个人。	
206	52.154	送豹鬼虎鬼·祭猛鬼恩鬼·祭端鬼·送蛇鬼·送铎鬼	这本经书是拉秋吾的东巴东迪写的,把经书送给了正都的阿东麻。诵经时不要出差错。祝东巴长寿延年!	
207	53.201	关死门仪式·九位天神和七位地神的传说	此书是属兔年的正月二十五日,大雪纷纷降落大地的那一天写成的。	无图片
208	54.44	关死门仪式·把死灵从娆鬼手中赎回	我是好地方阿双洛能干的东巴多尤,民国二十二年至二十三年里,完成了《关天地死门》、《祭呆鬼》、《祭风》经一部,这年我有三十五岁。	1934年
209	54.89	关死门仪式·给美利董主、崇忍利恩解生死冤结	这书是能干的东巴一东阳的经书。	
210	54.127	关死门仪式·解生死冤结·超度沙劳老翁	谷本村和凤书的书。	无图片
211	54.243	关死门仪式·结尾经	好地方鲁甸阿双箐的利补东巴东杨(东阳),三十五岁时写成,时间是在干支属木、属狗的那一年写的。	1934年

212	54.268	驱妥罗能特鬼仪式·搭神坛·竖神石	吉祥大地中央，斯补地方的东巴恩埰华写的，是坞独东巴埰构的经书。	
213	54.307	驱妥罗能特鬼仪式·开坛经	沃什山脚下，吉祥大地的中间，在那世代祖先长年生活的有高高杉树的地方，有祖父俄展和孙子，这孙子就是我高明的东巴恩埰华。在有高高杉树的坞独地方，在拉扎山脚下，在有高高杉树的含聚阁，写好经书后送给了东巴埰构。因为我跟他是甥舅关系，所以写给他。有很多白银，哪怕是几千两，也会有用完的时候，但书本不断地读是永远读不完的。父亲和孙子一代，好男儿总有好的声誉，好马总有劲蹄。 写给别人一套经书，给了一头母猪作为报酬。母猪养在家里，下了十窝小猪。	
214	54.394	驱妥罗能特鬼仪式·驱鬼送鬼	这书是俄什俄展山脚下，吉祥地方的当中，高高的斯补拉朗地方，辈份大、世代相传的祭司来写下的经书。这书是兄长坞波的孙子，最好的祭司东华来写后，给了坞督含聚吉地方的埰构祭司了。不讲写得好不好，始终是好男儿的好说法，正如行走留下了很好的脚印。这书是民国三十五年猪年三月二十五日写完，是有两个二月的那一年写的。写一本书，值白银三钱，规矩是这样的。愿祭司长寿，卜师日久。	
215	55.31	超度死者·卢神起程，向神求威力	六十干支属水那年的阴水属羊那年写的经书。	
216	55.72	超度死者·杀猛鬼和恩鬼，高勒趣招父魂	这是大东东巴的经书。	无图片
217	55.175	超度死者·头目和祭司来燃灯	这是猪年十月二十三日写的经书，是（大东乡）温泉村有冷杉的崖子旁东恩驹写的，留给儿子，以后不要念错了让人作为笑柄，这是你父亲的手迹呀！	
218	55.206	超度死者·这是年轻死者之挽歌	好地方阿时主崩市上村，东恒写的书。	
219	56.204	超度死者·人类迁徙的来历·下卷	这是称柯督的经书呀！	
220	56.392	开丧和超度死者·送死者的挽歌	这是东布的经书呀！	
221	57.101	超度死者·献供品	这是东洋祭司的经书，祝祭司们长命永存。	
222	58.27	超度死者·在居那若罗山的四周招死	恒柯督的经书。	

		者之魂		
223	58.49	超度死者·驱除死祸	皇朝光绪十八年属兔的这年，是男儿贡牛瓜色的二十九岁，是三月里写的，属兔的一天写的。三月里写的，晚饭时书写，是兔子坐位的一天，是二十一日写的。	
224	58.80	开丧·挎獐皮口袋	东阳的经书。	
225	58.315	开丧·用面偶吸附灾祸，驱赶灾祸	民国二十年这年写的，是东巴东称十六岁属狗的这年写的。	
226	59.72	超度死者·服装及白羊毛穗子的来历。在那刹坞门前，讲述三样醇酒的来历	恒柯督的东巴东鲁，五十九岁时写的经书。	
227	59.315	开丧·祭跟死者作祟的季鬼	东布东巴的经书，解脱其中的过错呀！	
228	60.75	超度死者·在孜劳大门口迎接亡灵木身和死者	东尤东巴的经书。	
229	60.236/254	超度死者·用九种树枝除秽，报恩	这本经书是东阳东巴年二十八岁时写的，是民国十五年那年写的，活着的男人虽然会老死，但经书是不会老死的。这本经书是民国十六年写的，是我二十八岁时写的，人们会衰老死亡，但经书是不会衰老死亡的，会代代很有价值的保留下来。祝所祭的死者，都达到预期的效果。	
230	60.366	超度死者·由舅父毁坏死者冥房，献冥食，关死门	经尾用汉字写着七月二十四日，但译经者读为二十八日，不知何故。	
231	61.3	超度夫和妻·亡灵木身睡在坛里，驱赶冷凑鬼	这一本书，是干支属铁的猴年那一年写的，那年的三月是闰月，是闰月的第一个月写的。是干支属铁的属猴的一天写的，白恒星轮到属水的那一天写的。是我三十岁那年写的，是东丹祭司写的。在辽阔的人世间，没有男人学不会的事情呀！	
232	61.178	超度死者·寻找和复原死者的身体	这是鲁甸乡东扬东巴的经书。	
233	61.244	超度死者·超度锐眼死者	这是斯勒地方的经书。超度锐眼死者的规程为：要有装银气的银杯，要有装金气的金杯，要有猫头鹰、乌鸦和绶带鸟锐眼的翅膀，找来这些东西要给死者放药水。	

234	61.280	超度死者·绸衣的来历，洒药	这是（鲁甸）东扬写的经书。多买一些经书呀！	
235	61.312	超度死者·崇忍潘迪找药	这是东扬的书，这是鲁甸乡堆古村东扬东巴的经书呀！	
236	62.33	超度死者·死者跟着先祖们去登上面·抛白骨和黑炭	这是祭司东洋于民国十四年写的经书。	1925年
237	62.224 下	超度死者·竖天灯树·让青龙条幅飘荡	这是住在盘坞徐忒山旁边的祭司，名叫东布的经书呀	
238	62.260	超度死者·讲述死者的业绩	这是生长着冷杉树的山崖旁边的温泉村人，大祭司东那的儿子东贡写的经书，是我五十六岁那一年写的书，写时没有什么差错的写了，看时认真的去看呀。这本书是属猴那一年的十月二十七日那天写完的呀。	
239	62.287	超度死者·放陪伴的对偶·唤死者起程	这本经书是（大东乡）温泉村的祭司写的，是属猴的那一年写的。	
240	62.312	超度嘎瓦劳端工匠·超度能者	这本经书是按照居住在刷冷兴拉山山脚下的攀天阁东恒东巴的经书抄写的，祝东巴们长命永寿。抄写回来了，抄者的家是在尤迪坝溪水河的对岸！	
241	62.346	超度嘎瓦劳端工匠用的经书	同治皇帝在位第四年，干支属火的虎年春节初四，属木的鼠日写的经书！是众人称赞的经书呀！	
242	63.85	超度死者·献冥食	今晚呀写完了呀，我祭司寿长给祝呀。祭司东阳的是呀。	
243	64.102	超度能者·马的来历	刹达山脚下东巴诺贝余登我二工小写了呀，许特山脚下东巴东布的是呀！"	
244	64.145	超度女能者·给女能者招魂·九座督支黑坡上的木牌画规程	家住盘坞徐特山和许本毕山的山脚下，有智慧的东阳东巴的经书呀！祝东巴长寿，祝女巫延年！祝代代不绝地出现东巴！	
245	64.306	超度死者·烧里陶冥房及超度夫妻	（丽江坝）恒柯督的经书。世世代代都要用心的学习呀，祝祭司延年益寿，祝万代亿代都有人做祭司。祭司传祭司，祝祭司的后代永不断绝，祝祭司延年益寿。	
246	65.114	超度女能者·末卷	在雄曲主山下长着杉树的山崖旁写的，温泉村东巴泗的儿子写的，人生有二十五岁那年写的。把这套经书交给买主时，得的钱作为买杉树用的经费了，是经书加上一两白银跟长兄把杉树换回来的。得的经书费并	

			不算多，不要认为经书卖得太贵了。	
247	65.228	超度长寿者·超度茨爪金姆	（鲁甸乡）盘坞叙若山脚下，是东巴东布的经书。	
248	65.306	超度金姆·为能者招魂，给能者献冥马	这本经书是我六十七岁那年写的。	
249	66.123	超度长寿者·给茨爪金母燃长寿灯	这本经书是东布和东阳东巴的书，东阳在拉美余地方刀耕火种期间抽空写完的。祝将来活到满头白发，牙齿变黄。	
250	66.148	超度长寿者·燃灯	这是鲁甸乡敦古村东巴东洋（东阳）的书。	无图片
251	66.278/279	超度长寿者·由马鹿寻找丢失了的董魂	干支轮到属木的那一年，生肖轮到鸡的十月十三日写的，是东朗东巴写的经书。写后把书拿给乌宝了，拿给他的经书一共有四十二本。 头目呀贪图肉食，东巴呀贪图甜酒，虽然不想贪心，但应该合理地付手工钱呀，早给晚给都没有关系，祝东巴延年益寿。	1945 年
252	67.88	超度死者·超度放牧牦牛、马和绵羊的人，招魂	这是居住在阿什主白雪山旁边的祭司，普支登梭的经书呀，祝延年益寿!	
253	67.227	超度放牧牦牛、马和绵羊的人·美利董主、崇忍利恩和高勒高趣之传略	这是余登、普知登梭的经书。	
254	67.279	超度放牧牦牛马和绵羊的人·驱赶冷凑鬼，摧毁九座督支黑坡	这是阿时主地方的拓鲁村、智者余登、普知登索的经书，祝祭司延年益寿!	
255	67.302	超度死者·开神路，驱赶冷凑鬼	我活到二十八岁时写的。祝阿麻东巴长寿，我也长寿念《破九座黑坡》呀。	1927 年
256	67.319	超度死者·开神路·破九座黑坡	这本经书是我年二十八岁时写的。	1927 年
257	68.3/4/84	开神路·合集	这本经书是干支轮到属铁的那一年写的，从七月借起来，到八月十八日才开始写的，是属马的一天写完的。是乌构皋七十六岁那年写的，侄儿乌巴拿梦恒三十岁的那一年，把这本经书写完后给他了。我们家，是祖父和父亲也是做东巴的一个东巴世家。这是构都恒家族的哈巴吉家超度女能人时用的一本经书。祝东巴的嘴里出现福分，东巴的手里出现俸禄。	

			给侄儿拿梦恒的这本经书，很下功夫地认真地写了，写时，比乌次吉家族的人勒补补家的经书，想写得更好一些，舅父乌构皋，已经是七十六岁的人了，以前没有做过什么不对的事情，如果这本经书书写的水平不能超过乌次吉家族的勒补补家经书时，侄儿会埋怨我这个乌构皋舅父了呀！法杖生千节，祝东巴活到千岁。法杖生百节，祝东巴活到百岁。祭祀的人家，祝有福有禄，生活富裕，人丁兴旺。遗留福泽时，把酒敬给下面的人呀！念这本《开神路》经书时，东巴看见的字，不一定全部熟悉，用手书写学了以后，就会学好了。	
258	68.146	开神路·中卷	这是初柯督东巴的经书，祝东巴们延年益寿！	
259	68.166	开神路·拆里塔冥房	这本经书是我二十八岁时写的，祝今后吉祥如意。	1927年
260	68.183	开神路·开塔古黑柜的门	这是文笔村高明东巴吉次牡写的经书。是下束河阿开的经书。	
261	68.335	超度胜利者·竖胜利者天灯树、武官树、美德者树，插胜利旗，挂武官和美德者衣服	阿里主妥鲁村东巴余登、普支登梭的经书，我六十七岁那年写的。祝东巴延年益寿！	1926年
262	69.62	超度死者·生离死别	（鲁甸乡）东阳，我二十岁时写的经书呀！	1919年
263	69.103	超度胜利者·上卷	好地方阿什仲托鲁村，长着杉树柏树的阿什务汝盘白雪山脚下的东巴普支登梭的经书。经书不会老，愿流传千代后仍有它的好名声。愿东巴的事业代代相传，永不断根！愿东巴和巫师的嘴巴能给人带来福分！祝延年益寿！	
264	69.122	超度胜利者·中卷	写完了，这本经书是鲁甸乡达铺上村东树洋和东督支东巴写的。	
265	69.142	超度胜利者·末卷	恒柯督的东罗东巴，把这本经书写后留给儿子了，要专心地认真学习呀。	
266	69.182/198	超度胜利者·锐眼督直守卫胜利者的村寨、大门和山坡，集中后送有威望的胜利者	地好方阿时主妥鲁村冷杉生柏生高原雪山白脚下东巴普支登梭的经书。祝一代接一代地出现有智慧的东巴。余登、普支登梭东巴的经书。	
267	69.224	超度胜利者·董的	这是居住在土地肥沃的阿时主地方拓鲁村人的经书，	1927年

287

		伊世补佐东巴，点着火把寻找失踪了的胜利者	拓鲁村在高原上生长着柏杉树的阿时务蕊盘雪山的山脚下。是梭补余登和普支登梭东巴的经书。东孜东巴写这本经书时有六十八岁，是干支轮到天干为雌火，地支为兔的那年二月初十写的，那天的天干为雄火，地支为马。很好看的顺利地写完了，祝后来的人也写得又好又好看。祝胜利者和东巴延年益寿，祝后代们有福又有禄。	
268	69.258/259	开丧和超度死者·半夜讲粮食的来源，鸡鸣时给狗喂早食，并献给死者供品	这是普支登梭祭司写的经书，祝祭司延年益寿。这本书是留给大弟弟用的书，虽然写的字不怎么好，但给人家做祭仪时不要念错了，祝祭司延年益寿。拉久恒处高原上面，肥沃的阿什主地方的崩世敦村人，在大研镇龙王庙（黑龙潭）东巴研究室工作的祭司东恒，公元一千九百九十四年正月回家时，照原经书抄写回来了这一本经书，祝祭司处年益寿。	
269	70.70	超度胜利者·中卷，末尾为仪式规程	是东巴我有二十岁的那年写的，手迹虽然不好，但是自己写的经书。九代祖父都是东巴，七代祖母都是巫师，祝东巴巫师延年益寿！愿出现这样的现象！	
270	70.111	超度胜利者·末卷献饭，遗留福泽	这是阿时主地方格纽坞山脚下的人，知识渊博的普支登梭东巴写的经书，经书也是我的。祝东巴长寿!祝巫师延年!	
271	70.160/161	超度死者·放马和让马奔跑	这一本经书，是高明的村尾东巴许孙写的，写时没有什么差错的写了，念时不要差错了。即使会说的有一百个人，会做礼仪的人很少，说时容易，做起来很困难，要学容易，跟着做就困难，有不如意的地方就让它不如意吧。	
272	70.247	超度胜利者·迎接优麻神·擒敌仇	好地方妥罗村阿时主格扭瓦山脚见识广阔的祭司我二十岁写的那年，写的是头尾不差写了呀，这是普支登梭祭司的经书，祝祭司延年益寿!	
273	71.137	超度什罗仪式·烧天香	这是一本烧天香的书，是用如银子般宝贵的黑竹笔写成的，它的价值如一头牛。	
274	71.158	超度什罗仪式·迎请盘神禅神	这本书是好地方五台的东卢所写。	
275	71.173	超度什罗仪式·点灯火	恒柯督的经书是的。	
276	72.109	超度什罗仪式·祈求神力·招死者的灵魂	这是白沙束河茨柯地方的经书。	无图片
277	72.171	超度什罗仪式·出	这本书是由白雪山旁边的东巴朵才写的。念这本经书	

	/172	处来历·遗福泽·赐威力	时，要从上往下念，要把每个句子说完。也有的要从下往上念的，但不要有差错的地方。我东巴，后一辈子将转生在加熬地方，生在金、银、松石、墨玉花作成的法轮座上。祝愿主人家天长日久，万寿无疆。	
278	72.207	超度什罗仪式·还毒鬼之债	这本经书是狗年的正月初一所写，是东元白塔旁边局吉中村的东纳所写。在四十四岁的时候，写了十本有关什罗仪式的经书，写得没有差错，念的时候不能有差错，要用厚纸来做卦面。要在自己的内心深处多加思考，而不要夸夸其谈。崇忍利恩人生比别人迟了一代，成为千代的话柄。假若比别人迟了一代，那么即使什么都有了，这一代也不可能用上这些东西。	
279	72.244	超度什罗仪式·送固松玛	这本书是由阿冷初的东巴东恭写的，是由长水恩科山的东亨（东恒）使用的。祝愿东巴长寿，千年万代使用这些书。	
280	73.67/68	超度什罗仪式·解脱过失·施水施食给冷凑鬼	这本经书是祭司东雄写的，东雄住在好地方新主的涅瓦山脚下。祝愿东巴口吐幸福，卜师嘴出吉祥，愿长寿无疆。祝愿东巴世代相传，永不间断。祭问内容，永不贫乏。这本书要念两次，念第一次时，还冷凑鬼的债，叙述鸡的来历出处。念第二次时施水施饭给冷凑鬼，饿者给饭，渴者给水。）	
281	73.116	超度什罗仪式·寻找什罗灵魂·弟子协力攻破毒鬼黑海	新主妥罗村的东巴，是雄松雄端的经书，由东巴东常所抄写，祝愿东巴千代传承，口吐吉祥，祝愿卜师百代世袭，嘴出吉祥。	
282	73.215	超度什罗仪式·在生牛皮上点灯火	经书为东雄所写，东雄住在好地方新主登实岩山脚下的妥罗村。	
283	73.257	超度什罗仪式·解除过失	羊年七月狗日所写。由承袭了九代祭祀能力的祭司主持仪式，愿祭祀以后出幸福；由相传了七代占卜知识的卜师进行占卜，愿占卜结果现吉祥。祝愿东巴长寿无疆，经历过的事情至死不会忘记。	
284	73.298	超度什罗仪式·开辟神路·洒沥血水	这本书是东雄所写，东雄住在新主中村崩实高山旁。祝愿祭司口里出幸福，卜师口里出吉祥。祝愿主人长寿得千年百岁。愿祭司的业绩永不间断。	
285	74.42	超度什罗仪式·用岩羊角解结	这本书是南山恒可独村的。	
286	75.16	超度什罗仪式·指引死者灵魂之路·后卷	是灿昌山脚下的和贵才所写。写得不好。	
287	75.85	超度什罗仪式·烧	恒柯督的经书，是一本祭什罗烧"灵塔"的经书。	

		灵塔		
288	75.215/216/217/218	超度什罗仪式·规程	光绪七年，干支属铁蛇属相，阴历三月初九，羊日所写。住在长满冷杉林和铁杉树的革尼瓦山脚下写成。这时我已年满二十二岁。写的没有差错，祝愿我自己后世转身为什罗大神。愿后世出生于加焘地方的神庙里，祝愿出现五种宝物。在人类居住的世上，难以出现先知先觉的聪明人，需要得到神灵的启示，透彻理解神喻。人不能去当小偷。虽然没有先知先觉的人，但是会有超人的聪明能干的人。十人当中，虽有九个愚者，但总会有一个智者。东巴所拥有的书，是有关东巴什罗的经书，区别仅在于多少。不懂不知就不能去为别人举行仪式。这样会有大罪恶。要精心制作祭木，如果祭木做不好，就会伤害自己的子女，祭祀仪式没有主持好，以后会危及自己。若是不懂不会而为别人举行仪式，就会危及自己。主人拿出财物举行祭祀，就会有好处。东巴接受了主人家的礼物，那么就会遭到不测，在世时伤及自己的手脚，死亡以后，会有一千八百个冷凌鬼纠缠，要送往居那若罗山的时候，会有三百六十个鬼卒向灵魂索债。要认真负责地去做，是我的嘱咐。祝愿东巴长寿。	
289	76.18	超度拉姆仪式·拉姆的来历·迎接神灵	恒柯督经书。	无图片，封面有"恒柯督"三字。
290	76.40	超度拉姆仪式·为圣洁的神女拉姆除秽	梭补余登东子的经书是。	
291	76.93	超度拉姆仪式·东巴什罗配偶茨拉金姆·中卷	这本书写于花甲寅虎年正月十六日，东才所写，属于东巴东雄的经书。祝愿祭司口里出幸福。东巴手上带吉祥，祝长寿无疆。	
292	76.117	超度拉姆仪式·追忆生前·寻找灵魂	住在南方的好地方五台的东法所写，是东法六十六岁好年时所写，祝愿东巴长命百岁。	
293	76.141	超度拉姆仪式·接送圣洁尊贵的神女	这本书是新主妥罗村的东巴所补余登东子写的，是靠自己的手写的，留有手迹，不会与别人的书混在一起。祝愿人们长命百岁，经书留芳千代。	
294	76.189	超度拉姆仪式·丢弃冷凌面偶	这是阴坡刹道旁边的利补糯毕余登所写的书。	

295	77.29	超度拉姆仪式·丢弃卡里面偶	这是南山的经书，由东巴东贵所写。	
296	77.51	超度拉姆仪式·送走里朵	是好地方斥科督（五台）的经书。	
297	77.108	超度拉姆仪式·送拉姆·射杀毒鬼仄鬼	这是南山恒柯督的古籍。	
298	77.129	超度拉姆仪式·烧灵塔	这是南山恒柯督的经书。	
299	78.39	祭绝后鬼·绝后鬼的出处与来历	祭绝后鬼的经书两册，值碎银一钱。	
300	79.47	祭祀云鬼、风鬼、毒鬼、仄鬼设置神座·撒神粮	这一本经书是高原上初柯地方的东巴东命写的，是放羊时写的，一共写了三天，写得不好。愿东巴益寿延年，愿卜师健康长寿。	
301	79.154	大祭风·开坛经	这本经书是盘垛坞中村东巴东林的。	
302	79.173	大祭风·十八支竹签的来历	这本经书是好地方恒柯督的。金子和银子，总有用完用尽的时候。书本和经书永远学不完。虽然自己认为学够了，等到要在嘴边念诵经文的时候，就又会觉得不够用了。利恩不会老，念诵了千年的经文，千年都在尝试，不要不承认这样的事实，不要不诚实。就象恒迪窝盘、古劳构补、劳周余梭这样的大神，他们知道的够多了吧，等到要在口头上念诵的时候，就又认识到自己的不足了。	
303	79.222	大祭风·迎请卢神	这一本经书是好地方初柯督的利补东巴发所写的。写这一本经书时，我的人生已经走过了七十一个年头。愿使用这本经书的东巴健康长寿。	
304	80.146	大祭风·迎接许冉·迎请众神	是达坞萨坞地的经书。	
305	80.248	大祭风·迎请莫毕精如神·卷中	这本经书是恒柯督好地方的东巴东发写的，写于东发我人生七十一岁时。愿东巴长寿健康，愿东巴家肉食不断，富裕的人家酒水不断。	
306	80.313	大祭风·大祭仄鬼·卷首	这本经书是（鲁甸）东巴东扬的。	
307	81.46	大祭风·大祭仄鬼·卷末	这本经书是好地方中村东巴东史的。	
308	81.73	大祭风·抛卡吕面偶	这一本经书，不知道是哪一个地方的东巴所写的，所说的与其他经书不大一样。	

309	81.101	大祭风・迎请刹依威德战神	是丽江下束河东巴东李的经书。从现在情况来说,它也是银子。认真地说,从现在起亲近这些经书,经文才会读好写好。	
310	81.149	大祭风・超度凶死者・为死者招魂・迎请朗久神	这一本经书写于鼠年。是拉汝瓦庚山脚下欧猛敬初村的乌宙恒写的,写于这一年的六月二十日。是超度死者和招魂两卷,没有漏掉一丝一毫,只能比别人所写的多。四十三岁这年写的,这以后,我的名声将永存。愿东巴世代代相承传,愿卜师永传不间断。	
311	81.217	大祭风・十二种牺牲的出处来历	这一本经书是东巴东阳,写这一本经书时,东阳我已经有五十岁了。	1949 年
312	81.260	大祭风・用山羊、绵羊、猪、鸡给楚鬼献牲	这本经书是崩什地方的东巴工布余登(和开文)三十二岁时所写的,(抄写的是)托鲁村的东巴普支登梭的。	
313	81.330	大祭风・用鸡给凶死者接气	这一本经书是恒柯督地方的。	
314	82.24	大祭风・砍出白木片招吊死者殉情者之魂	这本经书是东杨的。	
315	82.149	镇压呆鬼・迎请罗巴涛构及其仪式规程	这本经书是鲁甸乡新主妥鲁村的。	
316	82.179	大祭风・迎接祖先	这一本经书,是中村人东林写的。	
317	82.199	大祭风・招回祖先的魂魄・把祖先和楚鬼分开	这一本经书,是中村东林的。	
318	82.272	大祭风・超度吊死和殉情的男女给人们双双献牲	这一册经书是恒柯督地方的。	
319	83.44	超度楚鬼・寻找器物	这本经书是大清皇帝光绪二十一年写的。愿这一本经书能千代百代地使用下去。	1895 年
320	83.105	大祭风・超度吊死者・分割吊死者和呆鬼的财物	这一本经书是(丽江五台)初柯督地方东巴东贵的经书。东贵祝使用这本经书的东巴祭司长寿。	
321	83.232	祭风・给战神献饭	经书不会老,一代正确的,千代都兴收藏。恒柯督的经书。	
322	83.271	大祭风・美利董主的故事・上卷	这本经书是东杨的。	

323	84.59	大祭风·禳除年厄	盘畏树许特若山下的多由（东阳）的经书。是我三十四岁时写的经书。经书一点无差错。即使白天没时间写不了，晚上写的价值就更高了。	1933年
324	84.230/231	超度壬鬼·卷末	这本经书是九月份从区土里地方写了带回来的，是东巴我六十岁时所写的。这是一本恒柯督（丽江太安乡）地方的经书。	
325	84.252	大祭风·驮呆鬼的达耿金布马·卷首	这本经书是恒柯督地方的。	
326	84.302	大祭风·超度吊死情死者·说苦道乐	鲁甸盘坞许特局山下，东巴多杨（多阳）的经书。	
327	85.32	大祭风·悬狗镇压呆鬼·招魂·狗的出处来历	是下束河多里的经书。	
328	85.51	唤醒神灵·撒神粮	这本经书是恒柯督地方的东巴东陆写的，写于九月二十七日下雪的日子里。	
329	85.71	大祭风·开楚鬼尤鬼之门	这一本经书是利补东巴东杨的。	
330	85.93	大祭风·为祭木取名	这一本是丽江恒柯督地方的经书。	
331	85.159	大祭风·超度吊死或殉情者·产生各种鬼的故事	这一本经书是东杨的。	
332	85.187	大祭风·祭祀楚鬼尤鬼·退送鬼魂卷首	这本经书是丽江盘朵坞中村东巴和林的。	
333	85.241	大祭风·请鬼安鬼	这一本经书是利补东巴东阳的。	
334	86.212	大祭风·祭吊死鬼、情死鬼、云鬼、凤鬼·施食	该书是东巴东杨的。	
335	86.309	大祭风·超度董族的吊死者·卷首	是花甲水年这年写的，是皇朝光绪三十三年这年写的，是丽江坝中济村刷嘎坞旁边的师兄和芳写的，是人生二十岁这年写的。这一经书所写的，是美利董主家碰到事情怎么处理的故事，是写美利董主家的规矩。所有的人，若不会或不知道，就得不耻于学习。会的和知道的，也不必骄傲。不会的应该学习，自己学不会的地方应该请教别人。	
336	86.377	大祭风·给吊死者	这一本经书是东巴东杨的。	

		献冥马		
337	87.21	分开吊死者和活人	这是白龙潭的书。	
338	87.106	大祭风·偿还鬼债	是东巴东扬的经书。	
339	87.224	大祭风·迎请罗巴涛格大神	皇历甲子二十九年十二月二十四日写。由来自名宅的白龙潭的和富宗书写。在南方的无论哪一种祈福仪式兴怎么做,全部都已记在心中。	
340	88.79	大祭风·焚烧壬鬼鬼巢·鸡的出处来历·赶走壬鬼和楚鬼	这一本经书是东杨的。	
341	88.110	大祭风·迎清优麻神·砍倒壬鬼树·焚烧壬鬼巢	东扬的是。	
342	88.198/199/200/201	大祭风·招回本丹神兵	是花甲水年这年写的,皇朝光绪三十三年这年写的,是四月十五日这天写的,是东巴到坞吕肯的师兄和凤书写的,是人生三十岁这年写的。这本经书,是丽江坞吕肯的师兄和凤书,在补托水年(皇帝的年号是光绪三十三年)四月十五日写的,是在三十岁那年写的。小哥我,曾到俄亚那个地方去过。看到那里人们的生活很贫困,我一双圆圆的眼睛,黑色的眼珠,只要看到人们艰难地生活着,就对人生不抱多少希望,心里就十分悲伤。但是,又慢慢想一想,在人类生活的辽阔大地上,比较乐观的人,吹着树叶喜喜欢欢地过了一生。说人生是来受苦、受罪的这些人,受苦受累地过了一辈子。说人生是来受苦的,不必一味去受苦受难。说人生是来享乐的,也不要图一时快乐。苦和乐之间,不太苦也不太享乐地,自欺欺人地过一生吧。若要说伤心的话,这话说不尽。心儿分三瓣,是烦恼聚集和交汇的地方,不想再把凝聚在心里的伤心事提起。东巴和凤师我,手里拿着十二元钱,十二元也没有用完,就到处走过了。什么样的生活,我都过过了。什么样的事,我都做过了。作为东巴,我到过宁蒗,曾到志凤家中拜会过他。由于我办事能力强,也曾做过汉官。鼠年那一年,曾召集过一百五十九个东巴做仪式,全部算上不满二百人。这些事一时也说不完了。	1907 年
343	89.129	祭朵神和吾神·献牲献饭	这一本经书是(鲁甸)中村东巴东卢的。	
344	89.167	大祭风·祭绝嗣者	这本经书是恒柯督地方的。	

345	89.193	祭景神崩神·献牲·献饭	这一本经书是丽江鲁甸乡盘坞地方的虚腾若山旁边，利补（祭司）东杨（东阳）的经书。	
346	89.218	祭乌刹命·送木牌送鸡	这一本经书是丽江（大东乡）朗柯中村的东巴写的，写这本经书的时候，东巴我已经有六十九岁了。	
347	89.245	大祭风·超度男女殉情者·制作木身	东巴东杨的经书。	
348	90.88	大祭风·超度刚去世的吊死者·把牺牲交给他们	这一本经书由恭补余登所写，是普支登梭的。	
349	90.106	给病人招魂	这本经书是恒柯督地方的。	
350	90.138	祭风·木牌羊鸡的出处和来历·偿还毒鬼仄鬼债	这一本经书是我五十二岁生日那天写的，是和纳合的经书。让人们慢慢地瞧去吧。	
351	91.41	大祭风·超度董族吊死者·卷首·俄佑九兄弟寻找处理父亲后事的规矩	这一本经书是丽江下束河村东纳的，东纳祝愿使用这本经书的人不生疾病，健康长寿。	
352	91.55	大祭风·为死者寻找伴侣	这本经书是东巴我六十三岁时所写的，是恒柯督地方的经书。愿东巴延年益寿。	
353	91.107	大祭风·超度吊死者情死者·让木身过溜	这一本经书是东巴东杨的。	
354	91.144	大祭风·超度楚鬼尤鬼结尾经	这一本经书是利补东巴东杨的。	
355	91.203	招集本丹战神·送神	这经书是东巴东优的，愿东优一家，东巴传承不断。	
356	91.207	大祭风·木牌画画稿	这一本经书写于水补托的牛年，阴历七月十七日的属猴日蛇时写就。是太安乡汝拿化的东巴东余我四十七岁时写的。我写了一大堆大祭风仪式的经书，送给了镇督的东巴东纽。凡是能干的人，永远不会衰老，他们留下的财富，将一代又一代，千年、万年地传下去。能干的人，也不能小看别人，别看现在不怎么样，说不定以后又能成为最能干的人，说不定他们做的祭祀，诵的经文，能给人们带来更多的福泽，希望我还能看到这样的人。凡事都要想得更长远一些，就像雪山一样，把视线放得更高更远。	
357	92.211	以下雨、春雷、地	是丽江南方的东巴多福写的书，是在一个好日子里写	

		震、日月蚀占卜决庄稼丰歉	的。	
358	93.124	用五个贝占卜	天干为鼠年的正月十六日写的书。书是由肥田沃土的谷本（今丽江坝）本满（今丽江祥云）的师兄所写。了送给恩轲（今丽江长水）的师兄。不要不敬重书。愿东巴延年益寿。	
359	93.198	以异常现象占卜	是六十七岁时写的书，正值夫构庚星当值的那天写的，足够使用的都写在里面了。	
360	93.247	炙羊肩甲骨卦	大山高矮不齐那儿的山脚下的伟余我书写的。是在登施（地名）写的。送给了鲁迪（今鲁甸）坝头老大人。因是世孝，每家男主人在自家门前睡一觉的事发生的那一年写的。在东巴面前献丑了，不好意思拿出手，但还是可以一看的。愿这一群东巴都长寿安康。	
361	93.271	看病经书	写这本书是在天干属铁的一天写的，是正月初八日写的。这年属鼠年，这个鼠年的天干属火。写书者是东巴。愿以后卜病因能成功。愿延年益寿。东巴二十七岁时书写的。	
362	96.78	占异象卦辞	是光绪十五年写的书。是由达恒督盘岩刷肯的我这东巴东昌写的，不当之处请后来者接好，请慢慢看吧。我们是祖传的大东巴家，不要不学习，学习的好处以后便会见效。	1889年
363	96.236/237	以花甲的五行等推算孩子的凶吉	这本书是三月十日写的。是花甲中属土的牛年那年写的。人生到四十岁时所写。愿东巴长寿，卜师安康！愿祖孙相传万代，愿后辈能产生高明的东巴和高明的卜师。大吉大利了。	
364	97.103/104	看卦辞之书·时占属相占月占	是阿达罗冷杉树旁、高崖石桑树旁的有世交的东巴书写的，是六十三岁这年写的。这年的干支是属火。因是侄儿就写给他了，不兴取笑的。一辈子都是自家人。	
365	97.127	看日子占卜	是在兔年四月初二写的。是由白鹤岩脚的占日东恒写的，送给俄忍的东桑了。愿我们两个东巴长寿、吉祥。不兴还赠财物。	
366	97.154	以第一声春雷占卜·用两个贝占卜·寻物打卦	干支属猪的这年写的。	
367	97.243	用六十干支等占卜·时占之书	干支属铁蛇年写的。愿我们东巴延年益寿！	
368	98.312	用父子的鲁扎占卜	是在干支属火的狗年六月闰这一月二十二日为龙日	

			这一天写的。愿延年益寿!是在干支属火的狗年写的，是六月二十二日为龙日这一天写的。	
369	99.142	祭恒神吾神用两个海贝占卜的卦辞	这是富饶之地热水塘那儿的书。	
370	100.22	神寿岁与舞谱	这本经书是天干属阳木、地支属马的那年写的，是农历二月初四那天写的。书写者塔城依支崩迪的东孜东巴，没有什么差错的把它写完了。跳时可不要把它跳错了。居住在肥沃的阿时主地方的拉久恒处高原上的东巴，名叫东恒的东巴抄写的，书写得不怎么好，慢慢的看呀!	1894年
371	100.71	舞蹈的出处和来历（之二）	这是好地方（太安）吾主比东恒东巴的经书，祝东巴们延年益寿!	
372	100.82	舞蹈的出处和来历（之三）	鲁甸坝东孜东巴说，要知道舞蹈的来历，就要去打补充东恒东巴处学习。这本舞谱，是居住在拉久恒处高原旁的阿时主地方的东恒东巴抄写的，写得不怎么好，请慢慢的看呀。	
373	100.112	超度什罗、送什罗、开神路上卷·油米村忍柯人的书	这本经书是恨空陶东巴写的，祝东巴和巫者长寿。阿时主地方的恒处各村东巴东恒，看宁蒗县油米村的阮可经书，重新抄写了这本经书。	
374	100.156	说出处	东巴和开祥 1997.6.10 日	
375	100.186	杂言	这本经书是依古地方本满灿村东巴写的呀!	
376	100.235	仪式规程及杂言	这本经书是干支轮到马年那一年的十一月十三日写完的，是二十八宿轮到昂宿座的那一天写的，写的没有什么差错，念时不要念错了。这一本经书是写时可以参考的一本规程，经书写完了，是恨可督地方的东卢东巴写的。经书是永远不会学到头的，像直插云霄的高山很难翻越山顶，像浩浩荡荡的大江很难涉水而过，像天空中的星斗数也数不完，像大地上的青草算也算不尽，经书也是永远学不完的，有不如意的地方，也就让它不如意的过去吧!	
377	100.305	民歌范本	羊羊郎可地中央六十七岁的这一年写的。这样写了，不要说不好。	
378	白蝙蝠	白蝙蝠取经记	东撒东巴的经书。	
379	九种.122	占卜起源的故事	六十花甲子，癸未年写的。二月二十日的那一天才迟迟的写完了。不要责备我呀。和国樑他的书里是怎样我就怎样的写了。不知道对不对，写不好了，老了啦。	

			和尚文印 我生了三十岁的那一年，抗战胜利的民国三十四年，四川省南溪县李庄镇张家祠里，和才亲手抄写并附带着翻译成汉语。有不对的地方请指教。	
380	九种.160	多巴神罗的身世	多子的经书。三十五年阴历二月当中，和才经手来写又随带着来翻译了。	
381	九种.188	都萨峨突的故事	这一经书，民国三十四年的十一月二十八日那天写的。原本旧经书里是什么样子就照着那样的来写了，头尾都不错。经和才的手来抄写，来诵念又来翻译完了，不过也许会有不好和不对的地方，当诸位先生放在面前来看的时候，一看到有不好和不对的地方，请来指教我一下，使我今后错误的地方能得到改正。知道而不肯说那只在你，说了懂不起那就只在我了。	
382	九种.215	哥来秋招魂的故事	这册经书是抗战胜利那年，即民国三十五年三月写的，我写了念了顺带着翻译，四川南溪李庄，和才手来写的。	
383	九种.285	延寿经	三十五年九月十七日	
384	1.168/169.A10	超度死者·献牦牛	东柱是村头的。东玉写了送给我的。若头尾像碗筷一样谐和地诵读，就不会忘记的，慢慢想去吧。心儿分三瓣，慢慢想去吧。	
385	1.328.B33	祭署·送署回住地	这一本祭署经书，写于正月初三日。	
386	1.413.D9	延寿仪式·在翠柏梯上给胜利神除秽·给胜利神施药	这册经书是盘勒滞梅萨的嫩不塔写的。写了么有可能漂亮也可能不漂亮，有可能好看也可能不好看。做比说要快，嘴上说与手上做要铭记在心。怎么写就怎么好看，这是心爱之人说的话。识得山名，但不越此山，这是相处和睦，互相帮助之人说的话。太好，太漂亮了，潦草就不好看了。东巴萨嘎插应好好地铭记在心上！后面是板铃了，请来跟我学吧！就像说来容易做到难一样，就像答应容易深入难一样，要慢慢思量。	
387	2.38.A4	在二十二个地方点燃神灯	玖登空东写。	
388	2.184.A16	超度东巴什罗·破毒鬼寨	这本书是水"补托"，猪年写的，是阳坡的东迪写的。以后要想说好话，可以从这里找到。但是，有了这一本书，能否诵读呢?	
389	2.369.B7	祭署·东巴什罗开署寨之门·让署给	这是花甲猴年写的，正月初四写的，男子四十一岁时写的。祝愿东巴长寿日永!三代人看看吧。	

		主人家赐予福泽、保福保佑		
390	2.466.B24	祭署·请神赐威灵经	天干，属木，牛年的农历十一月二十二日写的，是恩颖的东支写的，是余依空白族地区城被攻破那年写的，城是农历十一月初二日攻破的。世间不知死了多少人。愿东巴延年益寿。	
391	3.71.B44	祭署·迎接刹道祖先	天干，属木，虎年农历六月十六日，羊日的一天写的，是恩颖马鞍山山麓下的高明东巴，东支写的，没有差错。如果需要读到它的话，会读的人会说，是多么好的一本经书，不懂的人来读的话，就会说，是多么不好的一本经书。	
392	4.88.C4	大祭风·诵读求神威灵经	这本经书是阿嘎坞古（阿嘎村头）这地方的。	
393	4.112.C5	祭署·抛里朵面偶	这一本经书是补托属木的猪年这一年写的，从二月写到四月初六完成。是好日子昴星身短的日子里写成的，是好日子水补托的属鸡的好日子这一天写成的。这一本经书是父亲庚庚写的（是父亲老庚庚抄写的）。	
394	4.258.D3	延寿仪式·压冷凑鬼·砍翠柏天梯梯级·末本	崩史村头的和虎写的书，是八月十五日写的。在雪山松林带，不长千肘高的树。在广大的村庄里，没有活到百岁的人。世间大地上，做"延寿仪式"，是作仪后可延年益寿。内行之人看了，会装在心头，外行人看了，则会不知所曰。我所知道的两三句，已教给别人了。而不懂的两三句，却无处求教了。好男去世了，名声要留于后世。	
395	4.369.D23	请神·头本·延寿仪式的书	是兔年正月二十七日写的。是请老师写的。愿做祭祀的东巴祭司长寿而头发白，愿东巴祭司的儿子长寿而齿黄。愿九代都是东巴祭司之家能生儿，七世相传的祭司家能育女！	
396	4.477.D28	延寿仪式·东巴弟子求赐大威灵·末本	我活到六十一岁时写的，慢慢又学吧！皇帝住的地方，皇帝跟前，有金山和银山。金山和银山，也有用完时。书这玩艺呢，永远也读不完。我所教的两三句，丢弃到远处去吧！世间大地上，是推崇古语的。雪山上的银花，是推崇山花。……是推崇海花。我这弟子的姐姐，是个粗鲁之人。世间大地上，不说则了了。说呢则心烦！	
397	和文1.A28		木虎年三月二十八写的，写的时候东知我41岁，祝愿东巴长寿富贵，吉祥	
398	和文		猪年三月初六星宿由"水尾星"当值的那天写的。	

	1.H16			
399	和文 1.C27		光绪三十四年九月初六写的，当天星宿由'水头星'当值	
400	和文 1.C33		水鸡年六月二十八日写，长水马鞍山下东巴东知写的。	
401	和文 1.C61		水鸡年六月初六写的，长水马鞍山下东巴东知写的，我六十岁那年写的。写的没有任何错误，到了读的场合，如果是会的人来读，一定会说是写的多么好的书，如果是不懂的人来读，一定会说是写得不好。	
402	和文 1.D24		四月初九写的，卯时开始写的，未时写完。	
403	和文 1.G14		大具头台石头寨母猪山下写的，写于二十六年三月。	
404	和文 1.I18		木虎年三月二十四日写的，东知我四十岁。这本书是从兹化麻朱并家请来。祝愿东巴长寿富贵。	
405	和文 1.K6		属蛇年猪板星当值的那天写的，东巴经书是一条路，经文一句是一个饭碗。见到富人不要巴结，见到穷人不要冷落。无论穷富都不要客气，只是一句名声罢了，事实就是这样的。江水有九条，经文没有那么多，但经文没有学完的时候，就如江水不会断流一样，认真考虑吧。东知我在三十二岁的那年写了这本书，祝愿吉祥如意，长寿富贵。	1845 年
406	和文 1.K24		马鞍山下长水东知写的，写这本经书时我已经有五十四岁了，四月十五那天写的。	1867 年
407	和文 1.K73		水鸡年写的，长水马鞍山下东知写的，东支我六十岁那年写的。写的没有错，读时不要错了。学无止境，不懂的要努力学习，祝愿东巴长寿。	1873 年
408	和文 1.L21		木兔年五月十四日写的经书，由"瑞"星当值的那天写的。长水马鞍山下的东巴东知我是大东巴，但是比不上以前的大东巴了。说是容易做是难，我四十二岁那年写的，祝愿东巴长寿。	1855 年
409	和文 1.L23		火龙年那年长水马鞍山下的东巴东知写的。这本经书的母本，是从白地甲告恒东巴那里请来。几句经文对于没有经书的人来说是非常困难的，别人即使有成驮的经书，不要说是借给你，就是看一眼都不允许，没有经书这样的事情，真是一言难尽。	1856 年
410	和文		这本经书是长水东知从白地甲告恒东巴那里转抄来	

	1.L24		的。人类之卵是老天生的，而孵化是大地所孵化的。无奈啊，一切都挽留不住啊。	
411	和文 1.D35		白沙村头的我在玉湖举行大祭风仪式时写的，心中波澜起伏，考虑到很多事情。山上的银花是雪山的面子，海中的鸟是大海的面子，人活在世上，只是一句名声，说不尽的世事啊。	
412	和文 1		这本经书是由甲区村的东巴夏纳杜吉写的，是属虎年的正月初十那天写的。这本经书写的时候头尾顺序没有颠倒，没有错误地写后送给了底依肯若，祝愿经师长寿，占卜师富足，写的人长寿，读的人富贵。	
413	和文 2		写这本经书嘛，是花甲铁猪年（辛亥）写的，是新皇帝登基那年写的。写嘛是六月二十二日写的，是属土属牛的一天（己丑）写的。	
414	钟文	祖先接魂经	俄日鹿角山陡峭的山脚下，阿嘎写完了。写不好呀！兹安山陡峭的山脚下，陆斥看了用了。嗡嘛尼呗蛮轰。	
415	邓文		花甲水羊年书写的经书，是拉瓦村哦塔地方的东巴东迪五十二岁写的。是求恒神的经典。祝愿后代人寿年丰，大吉大利。	1943 年
416	戈书.148 /149	骨卜经书	这是东南三坝地方我传来的，我们地方不有的。我父亲瓦刷不在了，埋葬吉古不了，我在那地方住了八年。	
417	戈书.172	碧帕卦松	好地方燕满东其的经书，祝人寿年丰。贡布培巴止的。	
418	杨书.147	人类迁徙记	水属狗年腊月间书写。水甲村基索家东巴年恒，于71 岁之际写下交给杨正文同志。写好写不好，请不要见笑！因为没有经书可借鉴，只好凭记忆写下来。天可怜见！今年还活在世上，明年也许就不在世上了啊！	1983.2.20
419	杨书.122	国气	水甲村基索家东巴年恒说下这几句话：我这人看来就要去死地了，正如凡女人都要嫁到夫家，凡夫妻都要生儿育女一样，我虽活首，心却早已远走高飞。假若真的到了那一天，随人怎么说，说了也白说，话随白云去，话随鹤影去，话随流水去，话随雁影去。我自己觉得十分伤心啊，伤心如冰雪，眼泪止不住流下，溢满了眼眶啊！	
420	和杨文.3	开丧和超度亡灵仪式·法杖之来历经	干支阴铁火虎	
421	和杨	祭署神仪式·叙述	这是三月初六日书写的，是属蛇的一天书写的，是干	

	文.5	崇忍利恩的故事，鸡的来历，用鸡作许愿经	支……	
422	和杨文.7	攘垛鬼仪式·抛丢史支鬼面偶经	这是在大鹏鸟山麓热水塘边寿准昂处书写的。	
423	和杨文.12	攘垛鬼仪式·祭莎劳古补经	这是干支属蛇的一天书写的，是拉市的东纳送给汝南化村的东严的书，送的书以后不能再拿回去了。	
424	和杨文.13	开丧仪式·燃灯，窝姆答庚经	是好地方吉子村的东若我书写的啊。	
425	和杨文.36	超度胜利者亡灵仪式·上卷、中卷经	是好地方鲁甸达坡上村的书。这是东巴教弟子祭司东士洋东督旨的经书。	
426	和杨文.37	超度胜利者亡灵仪式·下卷，给胜利者献药经	说到东巴古籍经文，说起来容易做起来难，借出去容易借回来难，我无力比别人懂得多了。	
427	和杨文.41	求寿仪式·用白水黑水念咒化符经	属虎的一年书写的，男儿我活到三十二岁这年写的啊，是汝南化村东巴祭司东严我书写的啊。	
428	和杨文.43	祭阿鬼退口舌是非鬼小仪式之合集	这本经书是在休趣（大鹏鸟）山麓的宝地葛里课村里书写的。	
429	和杨文.49	隆重攘风鬼仪式·青年男女迁徙记中卷下卷	恨柯督村东巴。	
430	和杨文.60	隆重攘风鬼仪式·说贫道富经	这是恨柯督村的经书。	

参考文献

白小丽：《通过印章判定和凤书东巴的经书》，《华西语文学刊》（第六辑），四川文艺出版社，2012年。

卜金荣主编：《纳西东巴文化要籍及传承概览》，云南民族出版社，1999年。

邓章应：《李霖灿收藏刘家驹所获东巴经略考》，《国家博物馆馆刊》，2012年第10期。

东巴文化研究所：《纳西东巴古籍译注全集》，云南人民出版社，1999—2000年。

方国瑜编撰，和志武参订：《纳西象形文字谱》，云南人民出版社，2005年。

傅懋勣：《纳西族图画文字〈白蝙蝠取经记〉研究》（上、下），日本东京外国语大学亚非语言文化研究所，1981、1984年。

甘露：《纳西东巴经跋语中的假借字研究》，《宁夏大学学报》（人文社科版），2012年第4期。

甘露：《纳西东巴经中假借字的地域研究》，《昆明学院学报》，2009年第5期。

甘露：《纳西东巴文假借字研究》，华东师范大学博士学位论文，2004年。

戈阿干：《东巴文化真籍》，云南美术出版社，2001年。

郭大烈、杨世光主编：《东巴文化论》，云南人民出版社，1991年。

和继全：《李霖灿"当今最早的么些经典版本"商榷——美国国会图书馆"康熙七年"东巴经成书时间考》，《民间文化论坛》，2010年第2期。

和继全：《美国哈佛大学燕京图书馆馆藏东巴经跋语初考》，《中央民族大学学报》，2009年第5期。

和力民、杨亦花：《重庆中国三峡博物馆东巴经藏书书目简编》，《长江文明》（第三辑），光明日报出版社，2009年。

和力民：《玉龙纳西族自治县鲁甸乡新主村东巴文化现状调查》，《丽江文化》，2007年第3期。

和品正：《丽江县鸣音乡冷水沟村东巴仪式记》，《云南民族学院学报》，1996年第2期。

和志武、郭大烈：《东巴教的派系和现状》，《东巴文化论集》，云南人民出版社，1985 年。

和志武、钱安靖、蔡家麒主编：《中国原始宗教资料丛编·纳西族羌族独龙族傈僳族怒族卷》，上海人民出版社，1993 年。

和志武：《纳西东巴文化》，吉林教育出版社，1989 年。

和自兴等主编：《丽江第二届国际东巴艺术节学术研讨会论文集》，云南民族出版社，2005 年。

黄思贤：《纳西东巴文献用字研究——以〈崇搬图〉和〈古事记〉为例》，华东师范大学博士学位论文，2008 年。

李国文：《人神之媒——东巴祭司面面观》，云南人民出版社，1993 年。

李佳：《〈纳西东巴古籍译注全集〉祝福语用字研究》，西南大学硕士学位论文，2011 年。

李静生：《纳西东巴文字概论》，云南民族出版社 2009 年。

李霖灿：《么些标音文字字典》，国立中央博物院，1945 年。

李霖灿：《么些经典译注九种》，中华丛书编审委员会，1978 年。

李霖灿：《么些象形文字字典》，国立中央博物院，1944 年。

李霖灿：《么些研究论文集》，台湾故宫博物院，1984 年。

李晓亮：《试析 $zŋ^{33}ʂər^{21}ha^{55}i^{33}$ 在东巴文献中的表现方式》，《华西语文学刊》（比较文字学专辑），四川文艺出版社，2011 年。

丽江纳西族自治县志编纂委员会编：《丽江纳西族自治县志》，云南人民出版社，2001 年。

洛克（J.F.Rock）编著，和匠宇译：《纳西语英语汉语词汇》，云南教育出版社，2004 年。

洛克：《中国西南古纳西王国》，云南美术出版社，1999 年。

木琛：《纳西象形文字》，云南人民出版社，2003 年。

木丽春：《东巴文化揭秘》，云南民族出版社，2005 年。

王元鹿：《东巴文计数习俗中所见的原始思维》，《东巴文化论》，云南人民出版社，1991 年。

杨杰宏：《溪村社会——一个纳西村落的记忆、文化与生活》，远方出版社，2005 年。

杨亦花：《和世俊、和文质东巴研究》，第十六届世界人类学与民族学大会"纳西学研究新视野论坛"研讨论文，2009 年 7 月。

杨正文：《杨正文纳西学论集》，民族出版社，2008 年。

喻遂生：《纳西东巴文研究丛稿》，巴蜀书社，2003 年。

喻遂生：《纳西东巴文研究丛稿》（第二辑），巴蜀书社，2008 年。

云南省维西傈僳族自治县志编纂委员会：《维西傈僳族自治县志》，云南民族出版社，1999 年。

中国社会科学院民族学与人类学研究所、丽江市东巴文化研究院、哈佛燕京学社：《哈佛燕京学社藏纳西东巴经书》（一——四卷），中国社会科学出版社，2011年。

钟耀萍：《纳西族汝卡东巴文研究》，西南大学博士学位论文，2010 年。

后 记

    2006 年，我们在《内江师范学院学报》上筹划了一个"民族文字与文化"栏目，喻遂生师受邀给我们提供了一篇《〈纳西东巴古籍译释全集〉中的年号纪年经典》论文，读后有耳目一新之感。后来又陆续读了喻师利用东巴文跋语资料研究东巴经的书写年代及纪年方式的多篇文章。从华东师范大学毕业回到西南大学汉语言文献所工作后，又多次听喻师谈东巴经跋语的价值，因为喻师很早关注和研究东巴文应用性文献，他从应用性文献角度敏锐地感受到跋语中有着很多可挖掘的重要信息。

    我受此启发，想到东巴经跋语中除了时间信息以外，还有东巴的信息、地域的信息、经书传递买卖以及其他信息。利用其中时间地域信息，可以进行东巴经断代和分域的工作。于是我一边收集整理现在已经刊布的东巴经跋语，一边考虑如何利用跋语信息对东巴经按人、按地域、按时代分类，为东巴经及东巴文的分域断代研究作基础性工作。同时也有意识的鼓励我的研究生参与。

    在我的鼓动下，2009 级研究生郑长丽同学选定《〈纳西东巴古籍译释全集〉跋语研究》作为她的硕士毕业论文题目，于是我把以前我整理的跋语资料转给她，让她作进一步的校对和整理。郑长丽同学很刻苦用功，花了大量时间来写作论文，其间我们反复讨论，几易其稿，最终论文评阅和答辩时获得专家们的一致好评。

    后来我们申请到了中央高校基本科研业务费项目"纳西东巴经跋语分类整理与研究"，为了做好这个项目，同时也为教育部社科规划项目"东巴文谱系整理及历时演变研究"和国家哲社规划项目"东巴文分域断代与历史层次研究"做好前期准备，我们决定继续合作，在原有基础上进一步扩展资料，作进一步研究。因为郑长丽同学毕业后到了广东大亚湾教育局工作，于是这个工作主要由我完成，我把目前已经刊布的跋语都收集进来，对跋语的地域分类重新作了调整，较大幅度的改写了第一章绪论，增写了第三章东巴经跋语的纪时记录和五章东巴经跋语所反映的文化现象。第四章东巴经跋语用字研究只作了文字上的调整和校订，内容未作大的改动。

    本书的部分内容，我们还多次在文献所第八研究室（比较文字学研究室）的讨论会上讨论过，这里要感谢研究室的全体成员。感谢喻师审读全稿并赐序言。

邓章应

dzhy77@163.com

2012 年 12 月 9 日写于山城北碚

责任编辑:马长虹
装帧设计:周方亚

图书在版编目(CIP)数据

纳西东巴经跋语及跋语用字研究/邓章应,郑长丽 著.
  -北京:人民出版社,2013.5
ISBN 978－7－01－012088－1

Ⅰ.①纳… Ⅱ.①邓…②郑… Ⅲ.①东巴文-跋-研究 Ⅳ.①H257.2

中国版本图书馆 CIP 数据核字(2013)第 093143 号

纳西东巴经跋语及跋语用字研究
NAXI DONGBAJING BAYU JI BAYU YONGZI YANJIU

邓章应 郑长丽 著

人民出版社 出版发行
(100706 北京市东城区隆福寺街 99 号)

环球印刷(北京)有限公司印刷 新华书店经销

2013 年 5 月第 1 版 2013 年 5 月北京第 1 次印刷
开本:710 毫米×1000 毫米 1/16 印张:19.5
字数:390 千字 印数:0,001-3,000 册

ISBN 978－7－01－012088－1 定价:58.00 元

邮购地址 100706 北京市东城区隆福寺街 99 号
人民东方图书销售中心 电话 (010)65250042 65289539